高等学校新商科"互联网+"经济管理系列教材

统计学基础

张 慧 刘 刚◎主 编

电子工业出版社·

Publishing House of Electronics Industry

北京·BEIJING

内 容 简 介

统计学基础是经济和管理类专业必修的专业基础课，是一门关于社会经济活动数量表现和数量关系的方法论科学。本书共 9 章，内容包括统计学概述、统计调查、数据整理、综合指标、时间数列、抽样分布与参数估计、假设检验与方差分析、相关分析与回归分析、统计预测与决策。

本书配套有教学课件、微课视频、期末试卷及答案、教学大纲、教学进度表等资源，可有效辅助教学。本书可以作为经济与管理类专业的学生教材用书，也可以作为经济管理工作者和经济研究人员的参考用书。

图书在版编目（CIP）数据

统计学基础 / 张慧，刘刚主编. -- 北京 ：电子工业出版社，2024. 8. -- ISBN 978-7-121-48715-6

Ⅰ．C8

中国国家版本馆 CIP 数据核字第 2024XD7479 号

责任编辑：袁桂春
印　　刷：北京雁林吉兆印刷有限公司
装　　订：北京雁林吉兆印刷有限公司
出版发行：电子工业出版社
　　　　　北京市海淀区万寿路 173 信箱　　邮编：100036
开　　本：787×1 092　1/16　印张：13.5　字数：329 千字
版　　次：2024 年 8 月第 1 版
印　　次：2024 年 8 月第 1 次印刷
定　　价：59.00 元

凡所购买电子工业出版社图书有缺损问题，请向购买书店调换。若书店售缺，请与本社发行部联系，联系及邮购电话：(010) 88254888，88258888。

质量投诉请发邮件至 zlts@phei.com.cn，盗版侵权举报请发邮件至 dbqq@phei.com.cn。

本书咨询联系方式：(010) 88254199，sjb@phei.com.cn。

前　言

党的二十大报告指出："教育、科技、人才是全面建设社会主义现代化国家的基础性、战略性支撑。必须坚持科技是第一生产力、人才是第一资源、创新是第一动力，深入实施科教兴国战略、人才强国战略、创新驱动发展战略，开辟发展新领域新赛道，不断塑造发展新动能新优势。"这为推动当下和未来一段时间内我国科教及人才事业的发展、构建人才培养体系指明了基本方向。

统计学基础是经济和管理类专业必修的专业基础课，是一门关于社会经济活动数量表现和数量关系的方法论科学。随着社会的发展，统计的运用领域越来越广泛，不管是在经济管理领域，还是在军事、医学、生物、物理、化学等领域的研究中，人们对数量分析与统计分析都提出了更高的要求。

为了适应统计学课程建设和教材更新的要求，适应市场经济对应用型人才的需求，把握统计学为认识社会规律服务的方向，我们根据统计教学大纲的要求，在总结多年来的教学经验并参阅大量国内外相关资料的基础上编写了本书。

本书包括 9 章：

第 1 章是统计学概述，主要介绍了统计学的产生与发展、统计学的研究、统计学的分科与基本概念，以及统计学的作用、基本任务与常用软件。通过本章的学习，学生应该掌握统计学的背景知识，如统计学的产生、概念、基本任务等。

第 2 章是统计调查，主要介绍了统计调查概述、统计数据的搜集、统计调查方案与问卷的设计、利用 Excel 编制统计表。通过本章的学习，学生应该掌握统计调查的相关知识，包括统计调查的要求、搜集数据的方法、统计调查方案的设计等。

第 3 章是数据整理，主要介绍了数据整理概述、统计表与统计图、在 Excel 中绘制统计图。通过本章的学习，学生应该掌握数据整理的相关知识，包括数据的预处理、频数分布、统计表的制作等。

第 4 章是综合指标，主要介绍了总量指标、相对指标、平均指标、标志变异指标、Excel 在综合指标计算中的应用。通过本章的学习，学生应该掌握综合指标的相关知识，包括总量指标的种类、相对指标的计算、平均指标的作用等。

第 5 章是时间数列，主要介绍了时间数列概述、水平指标与速度指标、Excel 在时间数列中的应用。通过本章的学习，学生应该掌握时间数列的相关知识，包括水平指标与速度指标等。

第 6 章是抽样分布与参数估计，主要介绍了抽样概述、参数估计的基本原理、样本容量的确定、Excel 在抽样推断中的应用。通过本章的学习，学生应该掌握抽样分布与参数估计的相关知识，包括抽样方法、区间估计、评价估计量的标准等。

第 7 章是假设检验与方差分析，主要介绍了假设检验、方差分析、Excel 在假设检验与方差分析中的应用。通过本章的学习，学生应该掌握假设检验的相关知识，包括假设检验的步骤、总体均值的假设检验、总体方差的检验等，还应该掌握方差分析的相关知识，包括方差分析的三个基本假定、方差分析中的多重比较等。

第 8 章是相关分析与回归分析，主要介绍了相关分析、回归分析、Excel 在相关分析与回归分析中的应用。通过本章的学习，学生应该掌握相关分析与回归分析的相关知识，包括相关关系的种类、多元线性回归分析等。

第 9 章是统计预测与决策，主要介绍了统计预测、统计决策、Excel 在统计预测中的应用。通过本章的学习，学生应该掌握统计预测与决策的相关知识，包括统计预测的方法、单目标决策、多目标决策等。

本书的特点如下：

（1）以"应用"为主线来构建课程和教学体系。

（2）以"能力"培养为主线来设计课程内容。

（3）根据教学大纲和实际教学的要求，每章设置了学习目标（知识目标、能力目标、素质目标）、拓展实训、知识链接等栏目，力求实现统计理论与相关统计方法的融合。

（4）在写作思路上，本书从统计数据出发，以统计数据的搜集、整理和分析为主线，运用 Excel 进行分组数据处理，使枯燥烦琐的数据处理变得生动有趣，有助于学生掌握运用统计软件进行数据处理和分析的能力。

（5）在写作方法上，本书力求简明扼要、深入浅出、实用新颖，突出应用技能。每章的复习思考题都紧密结合教材内容，以加强对学生基础知识和基本技能的训练，使其逐步养成应用统计学中搜集数据、处理数据和分析数据的思维方式。

（6）本书整体采用总—分的模式，对统计学基础的知识点进行全面细致的讲解，帮助学生全面系统地了解统计学基础这门学科。

本书由吉林师范大学张慧、哈尔滨学院刘刚任主编，全书由张慧统稿。具体分工如下：第 1～5 章由张慧编写，第 6～9 章由刘刚编写。

由于编者水平有限，书中难免存在不足之处，恳请同行和各位读者批评指正。

编　者

目 录

第 1 章
统计学概述

统计学是研究大量社会现象（主要是经济现象）总体数量方面的方法论科学。这里所指的方法论包括指导统计活动的原理原则、统计过程所应用的核算和分析方法及组织方法。

本章主要介绍了统计学的产生与发展，统计学的研究，统计学的分科与基本概念，统计学的作用、基本任务与常用软件。

↘ 教学目标

本章教学目标		
1	知识目标	● 了解统计学的定义 ● 了解统计学产生与发展的相关知识 ● 了解统计学的研究对象
2	能力目标	● 能够运用统计学的方法解决实际问题 ● 能够熟练掌握并运用统计学的常见软件
3	素质目标	● 培养学生的开拓创新、团结协作精神，使学生树立正确的世界观、价值观、人生观

1.1 统计学的产生与发展

1.1.1 统计学的定义

《中国大百科全书》认为：统计学是收集、分析、表述和解释数据的科学马里奥·F. 特里奥拉（Mario F. Triola）在其著作《初级统计学》中提到：统计指的是一组方法，用来设计实验、获得数据，然后在这些数据的基础上组织、概括、演示、分析、解释并得出结论。《韦伯斯特国际辞典（第3版）》指出：统计学是一门收集、分析、解释和提供数据的科学。可见，统计的核心词就是"数据"，统计学是一门对客观事物总体数量特征和数量关系进行计量描述和分析推论的科学，它包括数据收集、数据处理、数据分析、数据解释，以及从数据中提取结论。

数据收集重在获取所需要的数据，它是统计研究工作的起点，数据是否完整、准确、及时，直接关系到数据处理的好坏。

数据处理重在根据研究的需要，通过科学的分组、汇总、列表等加工处理，将分散的、不系统的原始数据条理化、系统化，为数据分析打下基础，它起着承前启后的作用。

数据分析重在选择适宜的统计方法和统计指标来研究数据的规律性，并对未来趋势进行预测，它是统计研究的最后阶段，能揭示数据的本质特征，并得到发展变化规律的结论，是统计工作获取成果的阶段。

1.1.2 统计学的产生

统计实践活动先于统计学理论产生。从历史发展来看，统计实践活动自人类社会初期，还没有文字的原始社会起就有了。最初的统计是社会统计，即只是反映社会基本情况的简单计数工作。在原始社会，人们按氏族、部落居住在一起打猎和捕鱼，分配食物时就要先计算有多少人、多少食物才能进行分配。因此，从结绳记事开始，就有了对自然社会现象的简单计量活动，即有了统计的萌芽。

在奴隶社会，奴隶主国家为了对内统治和对外战争的需要，进行征兵、征税，开始了人口、土地和财产的统计。现在能够看到的我国最早的统计资料，就是公元前21世纪（夏朝）人口和土地数字的记载：夏朝时中国分为九州，人口约1355万人，土地约2438万公顷（1公顷=10000平方米）。据历史记载，在秦穆公时期，商鞅在调查研究中明确提出"强国知十三数：竟内仓、口之数，壮男、壮女之数，老、弱之数，官、士之数，以言说取食者之数，利民之数，马、牛、刍藁之数。欲强国，不知国十三数，地虽利，民虽众，国愈弱至削"。这说明，我国古代的一些政治家、军事家已经意识到了统计的重要性。在古希腊、古罗马时代，人口和居民财产的统计工作已经开始了。公元前3050年，古埃及为建造金字塔，在全国进行了人口和财产统计调查。

📖 **小案例**

结绳记事

古人为了记住一件事，就在绳子上打一个结。以后看到这个结，就会想起那件事。如果要记住两件事，就打两个结；记住三件事，就打三个结；如此等等。如果在绳子上打了很多结，那么想记的事情也就记不住了，所以这个办法虽简单，但不可靠。据说，波斯王大流士给他的指挥官们一根打了 60 个结的绳子，并对他们说："爱奥尼亚的男子汉们，从你们看见我出征塞西亚人那天起，每天解开绳子上的一个结，到解完最后一个结那天，要是我不回来，就收拾你们的东西，自己开船回去。"

在封建社会，由于经济十分落后，统计发展缓慢。统计广泛迅速地发展是在资本主义社会。资本主义社会取代封建社会后，经济和文化有了很大的发展，社会分工日益发达，对情报、信息和统计的需要迫切。统计已不限于人口、土地、财产等内容，逐步扩展到了更为广泛的领域，产生了诸如工业、农业、商业、银行、保险、交通、商贸、劳动、就业等各个方面形成的各种专业的社会经济统计。1830—1849 年，欧洲出现了"统计狂热"，各国相继成立了统计机关和统计研究机构，统计成为社会分工中的一种专门行业。

▶ 1.1.3 统计学的发展

17 世纪以后，随着统计实践的发展，客观上要求对丰富的实践经验加以总结，使统计实践上升为理论，并进一步指导统计实践。当时也出现了某些统计理论著作。由于历史条件、研究领域的不同，产生了不同的学派，主要的统计学派有以下 3 个。

1. 政治算术学派

政治算术学派产生于 17 世纪资本主义的英国，代表人物是威廉·配第（William Pety）。他在 1671—1676 年写成《政治算术》一书，在撰写该部著作时，正值第三次英荷战争爆发期间，英国国内经济困难，国外面临着荷、法两国的威胁。威廉·配第为了让人们知道和确信"英国的事业和各种问题并非处于可悲的状态"，在《政治算术》中用数字比较分析了英、荷、法 3 国的经济实力和造成这种实力差异的原因，并从贸易、税制、分工、资本和利用闲散劳动力等多方面提出了英国的强盛之道。用数字来表述，用数字、质量和尺度来计量，并配以朴素的图表。这与现代统计学广泛采用的方法和内容相同。由于威廉·配第对统计学的形成有着巨大的功绩，所以，在某种程度上也可以说他是统计学的创始人。统计实践虽然已经有了几千年的历史，但作为统计科学的诞生，只有 300 多年的历史。该学派的另一个代表人物是约翰·格朗特（John Graurt），他对英国伦敦市人口的出生率和死亡率进行了分类计算，编制了世界上第一张"死亡率"统计表。遗憾的是，该学派的学者都没有使用"统计学"这个名称，他们的著作有统计学之实，却没有统计学之名，存在"名不副实"的缺陷。

2. 国势学派

国势学派又称记述学派,产生于18世纪的德国,代表人物为海尔曼·康令(Herrman Conring)。他以叙述国家显著事项和国家政策关系为内容,在大学开设了"国势学"课程,很受当时学者的喜爱。国势学派的主要继承人是阿亨华尔(Achenwall),其代表著作是《近代欧洲各国国势学概论》。他继续开设"国势学"课程,并于1749年首次使用统计学来代替国势学,认为统计学是关于各国基本制度的学问,是一个国家显著事项的整体。但他仅用文字表述,缺乏数字内容,因而对比后人所认为的统计学,也存在"名不副实"的缺陷。

政治算术学派和记述学派共存了将近200年,两派互相影响、互相争论,但总的来说,政治算术学派的影响要大得多。

3. 数理统计学派

数理统计学派以19世纪比利时的凯特勒(Quetelet)为代表,其代表作为《社会物理学》。他将概率论引入了统计学,从而开辟了统计学的新领域。凯特勒最先提出用数学中的大数定律——平均数定律,作为分析社会经济现象的一种工具。他提出,社会现象的发展并非偶然,而是具有其内在规律性的。但他在解释社会规律时,不能正确地把社会规律与自然规律区分开,提出"社会规律与自然规律一样永恒不变"的错误观点。凯特勒写过很多运用概率论相关著作,19世纪60年代,他又进一步将国势学、政治算术、概率论的科学方法结合起来,使之形成近代应用数理统计学。

其后,经过多方面的研究,特别是数理统计学吸取生物学研究中的有益成果,由葛尔登(Galton)、皮尔森(Pearson)、戈塞特(Gosset)和费希尔(Fisher)等统计学家提出并发展了回归和相关、假设检验、分布和分布等理论,数理统计学逐渐发展成为一门完整的学科。

数理统计学的产生和发展在一些根本性的问题上与社会统计学(原来政治算术意义的统计学)产生了分歧。社会统计学专门研究社会现象,而数理统计学既研究社会现象又研究自然现象,这就发生了统计学研究领域的争论。另外,社会统计学原是一门实质性科学,而数理统计学是一门方法论科学,这就产生了统计学到底是一门什么性质的科学的争论。时至今日,这两派仍在争论,在争论中两派又互相渗透。一方面,由于数理统计方法在社会实践中的广泛应用,对社会统计学产生了深刻的影响,由此,社会统计学逐渐由原来的实质性科学向方法论科学转变;另一方面,数理统计学中的"应用统计"逐渐向社会统计学靠拢。数理统计学不仅应用于社会经济领域,促进社会经济统计学的形成与发展,而且很快应用于自然科学技术领域,促进自然科学技术统计学的形成与发展。随着时间的推移,上述各学派都有了很大的发展,逐渐形成了现代的社会经济统计学、自然科学技术统计学和数理统计学。

由此可见,统计是由于适应社会政治经济的发展和国家管理的需要而建立起来的,统计的发展是和社会生产力的发展紧密联系在一起的。作为统计实践经验的理论概括——统计学,在其自身发展过程中已形成社会经济统计学、自然科学技术统计学和数理统计学。现在,国际社会都非常重视统计工作。对统计工作的重视程度,反映着一

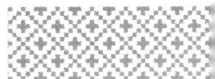

个企业乃至一个国家的科学管理水平。为适应当前社会主义市场经济建设的需要，统计学应为统计工作提供高水平的理论和方法。

目前，虽然数理统计学的丰富程度完全可以独立成为一门学科，但它也不可能完全代替一般统计学方法论。传统的统计方法虽然比较简单，但在实际统计工作中运用仍然较广，正如四则运算与高等数学的关系一样。不仅如此，数理统计学主要涉及资料的分析和推断方面，而统计学还包括各种统计调查、统计工作制度和核算体系的方法理论、统计学与各专业相结合的一般方法理论等。由于统计学比数理统计学在内容上更为广泛、更为具体，因此，数理统计学相对统计学来说不是一门并列的学科，而仅仅是统计学的重要组成部分。

从世界范围看，20世纪60年代以后，统计学的发展有4个明显的发展趋势：第一，随着数学的发展，统计学依赖和吸收的数学方法越来越多；第二，向其他学科领域渗透，或者说，以统计学为基础的边缘学科不断形成；第三，随着统计学应用日益广泛和深入，特别是借助电子计算机后，统计学所发挥的功效日益增强；第四，统计学的作用与功能已从描述事物现状、反映事物规律，向抽样推断、预测未来变化方向发展。统计学已从一门实质性的社会性学科发展成为方法论的综合性学科。

📚 小常识

中国统计学的发展简史

中国统计学的发展历史可分为中华人民共和国成立前和成立后两个阶段。

中国统计学在中华人民共和国成立前的发展阶段，基本上可概括为统计学的传入时期。最先将统计理论传入中国的是社会统计学派的日本人横山雅男，他的统计观点和学说在20世纪初对我国有较大的影响。1903年，钮永建等人翻译了横山雅男于1899年为日本陆军部第二次统计讲习会编写的《统计讲义录》；同年，林卓男翻译了横山雅男于1903年在兵库县厅印行的《统计学讲义》。这两本著作可以说是近代统计学传入中国之始。其后，又有许多学者和留学生不断翻译出版了许多国外统计学著作，其中也包括数理统计学派的著作。在国外统计学说的影响下，我国也先后出现了一批较有影响的学者和成果，其中最杰出的当属许宝騄先生，他是我国从事概率论数理统计研究并达到世界先进水平的第一位学者，在极限理论、马氏过程、多元分析、正交设计等许多方面都有突出贡献。

中华人民共和国成立后中国统计学的发展可分为3个阶段：第一阶段是1949—1965年，这一阶段可称为统计学的初期发展阶段。其中，在中华人民共和国成立伊始，我国在批判西方数理统计的同时，全盘引进了苏联的社会经济统计理论并形成体系。进入20世纪50年代中期，数理统计有了一定程度的发展。第二阶段是1966—1977年，这一阶段是统计学的基本停止发展阶段。第三阶段是从1978年至今，这一阶段可称为统计学的迅速发展阶段。1978年，党的十一届三中全会召开后，在改革开放的大潮中，伴随着社会的快速发展，学术界也开始出现百家争鸣、百花齐放的局面。在统计学界，无论是数理统计还是社会统计，无论是在统计理论上还是在统计实践上都有新的突破和发展。特别是1992年11月，在国家技术监督局发布的《中华人民共和国标准学科分类与代码》中，统计学从数学、经济学中分离出来，单列为一级学科，这称得上是中国统计学发展道路上的一个里程碑。1995 年前后，关于"大统计学"的讨论再一次将统计学界的百家争鸣推向高潮。今天，统计学作为一门独立的科学，其运用已渗入自然科学和社会科学的各个领域。统计科学工作者在总结本国经验的同时，吸收了世界各国统计科学发展的成果，正在努力建设一门具有中国特色的现代统计学。

1.1.4 统计学的性质和特点

1. 统计学的性质

人们通过对社会现象中各种数量关系的研究来认识社会现象发展的规律性。统计学描述的规律主要是平均数规律，即大量变量对平均数的偶然性离差会相互抵消，它们的集体性规律通过平均数表现出来，不了解平均数规律或者说不懂得统计学揭示的规律，就不能深入掌握经济规律。值得注意的是，统计学在研究社会经济现象时，首先从定性研究开始，即在搜集原始统计资料（统计调查）之前，就要根据所要研究对象的性质，以及研究任务、目的，确定调查对象的范围，规定分析这个对象的统计指标、指标体系和分组方法，这种定性工作是下一步定量分析的必要准备。在定量分析的基础上再达到认识社会经济现象的本质、特征或规律，这就是"质—量—质"的统计研究过程和方法。

2. 统计学的特点

统计学的特点可归纳为以下 4 个方面：数量性、总体性、具体性、社会性。

1）数量性

统计学对事物的认识首先表现在它以准确的和无可争辩的事实为基础，同时，这些事实用数字加以表现，具有简短性和明显性。数量性是统计学研究对象的重要特点。这一特点可把统计学和其他实质性的社会科学（如政治经济学）区别开来。

统计学的特点是用大量数字资料说明事物的规模、水平、结构、比例关系、差别程度、普遍程度、发展速度、平均规模和水平、平均发展速度等。其他领域的许多统计数字也都从各个方面表明我国当前社会经济发展和深化改革的基本情况。应当注意，统计学不是单纯地研究经济现象的数量方面，而是在质与量的密切联系中研究经济现象的数量方面。唯物辩证法的质与量的辩证统一关系如下：没有质量就没有数量，没有数量也就没有质量，量变引起质变，质变又能促进新的量变。这种质与量相互关系的哲学观点，是统计学研究社会经济现象数量关系的准则。

2）总体性

统计学研究社会经济现象的数量方面是指总体的数量方面。从总体上研究社会经济现象的数量方面，是统计学区别于其他社会科学的一个主要特点。

社会经济现象是各种经济规律相互交错作用的结果，它呈现出一种复杂多变的情景。统计学对社会经济现象总体数量方面的调查研究，采用的是综合研究方法，而不是对单个事物的研究，但其研究过程是从个体到总体，即必须对足够大量的个体（这些个体都表现为一定的差别、差异）进行登记、整理和综合，使它过渡到总体的数量方面，从而把握社会经济现象的总规模、总水平及其变化发展的总趋势。例如，了解市场物价情况，统计着眼于整个物价指数的变动，而不是某种商品价格的变动，但物价统计必须从了解每种有关商品的价格变动情况开始，才能经过一系列的统计工作过程，达到对物价总体数量变动情况的认识。

3）具体性

统计学研究的数量方面是指社会经济现象的具体数量方面，而不是抽象的数量关系，这是统计学不同于数学的重要特点。

任何社会现象都是质量和数量的统一。一定的质规定一定的量，一定的量表现为一定的质。因此，必须对社会经济现象质的规定性有了正确认识之后，才能统计它们的数量。数学研究抽象的数量关系和空间形式，而统计则反映一定时间、地点条件下具体社会经济现象的数量特征，是从定性认识开始的，属于定量研究。例如，只有对工资、利润的科学概念有确切的了解，才能正确地对工资、利润进行统计。

4）社会性

统计学研究社会经济现象，这一点与自然技术统计学有所区别。

自然技术统计学研究自然技术现象（如天文、物理、生物、水文等现象），自然现象的变化发展有其固有的规律，在其变化进程中，通常表现为随机现象，即可能出现或可能不出现的现象。统计学的研究对象是人类社会活动的过程和结果，人类的社会活动都是人们有意识、有目的的活动，各种活动都贯穿着人与人之间的关系，除了随机现象，还存在确定性的现象，即必然要出现的现象。所以，统计学在研究社会经济现象时，还必须正确处理好这些涉及人与人之间关系的社会矛盾。

1.2　统计学的研究

1.2.1　统计学的研究对象

统计学是一门研究客观事物数量方面的方法论科学，其研究对象是客观现象总体的数量方面，即现象总体的数量特征和数量关系。正确地确定统计学的研究对象，是一切统计研究的起点。只有对统计学的研究对象有了明确的认识，才能进一步认识统计的性质、研究领域、所特有的规律及研究这个规律的方法等。也只有解决了这一问题，才能理解统计学与其他学科的联系和区别。

统计学是一门方法论和应用性的科学，但并不能由此就认为统计学的研究对象是统计方法。统计对象的客观性决定着统计方法的客观性，脱离了统计对象，统计方法也就无从产生。一门科学的成立首先必须有它的研究对象，然后相对应的有研究这个对象的专门方法，统计学也是如此。

一切事物不但有质的方面，而且有量的方面，事物的质和量共同构成事物的规律性。现象总体的数量方面是人们认识现实社会的重要方面。作为统计研究对象的现象总体的数量方面，如人口数及其构成和变化情况、社会财富和自然资源及其利用情况、社会生产和建设的过程和结果、人民群众的物质文化生活水平等，它们的历史、现状和发展情况，构成了人们对社会的基本认识。

1.2.2 统计学的研究方法

统计工作具有多阶段性，每个阶段都有其特定的统计方法。从全过程来看，主要有下列 5 种基本的统计方法。

1. 大量观察法

大量观察法即对研究总体的全部或足够多的单位进行调查并进行综合分析。"大量"的标志不在于总体单位的多少，而在于认识总体的准确程度。只要满足一定准确性的要求，这种调查可以是全面的，也可以是部分的，甚至是少量的。统计调查中的许多方法，如统计报表、普查、抽样调查、重点调查等，都是通过对研究对象的大量观察，来认识现象总体的现状和发展情况的。

统计工作运用大量观察法，是由统计研究对象的大量性和复杂性决定的。由于现象总体是社会各方面关系的综合反映，因此，要认识它，唯一的办法是对社会做调查，但现象总体又是多样的，不仅存在共性，也存在个性，为了建立确凿可行的认识基础，就必须对大量事物进行调查。

现象总体的规模和数量对比是在一系列复杂因素的综合作用下形成的。在这些复杂的因素中，有些是主要因素，起着决定的、普遍的作用；有些是次要因素，起着局部的、偶然的作用。但不论是主要因素还是次要因素，对各单位实际发生作用的方向和程度，以及各个因素相互结合的方式都可能不同。这就使得现象总体的数量具有这些性质，即对每单位的个体来说带有一定的随机性，而对于一定多数的总体来说又具有相对稳定的共同趋势。因此，应该运用大量观察法，对同类大量现象总体进行调查和综合分析，使次要的、偶然的因素作用相互抵消，从而排除其影响，以研究主要的、共同起作用的因素所呈现的规律性。

知识链接

大量观察法的三层含义

1. 大量观察法是统计调查阶段的重要方法

统计认识社会经济现象的本质和规律性，必须按照大量观察的统计思想，依据全面、完整、系统、准确的统计资料。正如列宁指出的："应该设法根据正确的和不容争辩的事实来建立一个可靠的基础，……要这个基础成为真正的基础，就必须毫不例外地掌握与所研究的问题有关的事实的全部总和，而不是抽取个别的事实。"在调查阶段，大量观察法就是成千上万的统计机构和人员，运用统计报表、普查、重点调查、抽样调查等各种各样的统计调查方式、方法，搜集国民经济各个方面或国民经济某一方面的大量（足够多）的横纵向的原始资料和次级资料的过程，掌握"事实的全部总和"，使国民经济管理和重大决策有一个"可靠的基础"。

2. 大量观察法是统计整理阶段的重要方法

统计整理阶段使用的重要方法之一的统计分组法也必须遵循大量观察的思想或方法。统计分组是按照一定的标志将统计总体划分成若干性质不同的部分或组。分组的对象是总体，总体必须是大量的。统计分组的依据是一定的"标志"，统计分组的结果是性质不同的"组"，在统计分组中有时选择一个标志，有时选择多个标志，选择多个分组标志时，存在着分组标志的排列方式，其中之一是分组标志层叠排列，分组标志层叠排列下"组"的成员也必须是大量（足够多）的，因此，层叠排列下的分组标志数量必须有个"度"，这个"度"就是大量观察的思想或方法的具体体现。

3. 大量观察法是统计分析阶段的重要方法

大量观察法是对研究对象的全部或足够多的事物进行调查研究，使大量事物中非本质的偶然因素的影响相互抵消或削弱，借以显示整个现象的一般特征和规律的统计研究方法。大量观察法不仅适用于统计调查阶段，而且广泛地运用于统计分析阶段。

（1）统计认识社会经济现象的本质及规律性，必须依据马克思的辩证唯物主义观点，通过对大量现象的分析与综合，以达到由现象到本质、由感性认识到理性认识。列宁曾指出："如果不根据按某一个一定的纲要搜集并经统计专家综合的关于某一国家全国情况的浩繁材料，就无法加以比较认真的研究。"这就不难看出，在调查阶段应用大量观察法搜集大量的统计资料仅仅是初步，更重要的是在统计分析阶段应用大量观察法，充分利用调查阶段搜集来的统计资料进行分析研究，才能正确地认识事物的本质及规律性，否则，如果对调查来的大量统计资料弃而不用，凭历史经验，或者只用部分统计资料，其分析结论必然是片面的或不正确的。从这个意义上讲，大量观察是一种统计分析的方法。

（2）在统计分析中，在横向上，只有运用大量（足够多）的国民经济各部门的统计资料，才能对国民经济的发展有一个本质的认识；在纵向上，只有运用大量（足够多）年份的统计数据，才能对国民经济发展变化的趋势与规律有一个正确的认识。

（3）统计分析使用的综合指标都是大量观察法的具体运用，诸如总量指标、平均指标、统计指数等均是如此。以平均指标为例，仅仅掌握几个抽象的平均指标的计算公式是远远不够的，只有对同质总体中大量（足够多）的个体的标志值加以平均而得出的平均指标才是有意义的，用它说明总体各单位标志值的一般水平才具有说服力。

2. 统计分组法

将总体的所有单位按照一个标志或几个标志划分成若干组成部分，相同的归并在一起，不同的区分开，称为分组。例如，将全国人口按性别划分为男性人口和女性人口两组；将企业按所有制划分为全民、集体、个体、私营等若干组。应用分组的方法研究和认识总体现象称为统计分组法。统计分组法是经常使用的、十分重要的统计方法。

统计分组法是研究总体内部差异的方法。总体内部有各种各样的差异，有的是带有根本性质的差异，这些差异不划分开就不能进行数量上的描述和研究，就会导致认识上的错误或偏差。有的差异虽不是根本性质的，但只有应用统计分组法才能使人们对总体的认识逐步深入，在实际应用时常常要使用相互联系的许多分组，而不是只用一种分组。

由于将总体单位分组是在取得资料后整理资料时进行的，因此，分组容易被认为只是整理方法，这是一种误解。其实，无论是从实际工作过程讲，还是从作用来讲，分组都是贯穿统计活动全过程的一种重要方法，它的作用在统计设计和分析研究中都十分显著。

> **知识链接**
>
> ### 统计分组法的分组标志
>
> 分组标志分为品质标志和数量标志两种。按品质标志分组时，有些是比较复杂的，如劳动力按职业分组、生产按部门分组、产品按种类分组，这种复杂的品质分组在统计上通称为分类。在按数量标志分组时，要注意数量界限必须能够反映各组现象的质量差别。统计分组可以按一个标志进行简单分组，也可以把两个以上标志结合起来进行复合分组。复合分组可以说明更多问题，但分组的组数会成倍增加，容易使统计资料过于复杂。在一般情况下，不宜采用过多标志来编制分组资料。

3. 统计指标法

应用统计指标来反映和研究社会经济总体的数量状况的方法称为统计指标法。统计指标法对大量原始数据进行整理汇总，计算各种综合指标，以显示出现象在具体时间、地点，以及各种因素共同作用下所表现的规模、水平、集中趋势和差异程度等，以概括地描述总体的综合特征和变动趋势。

统计活动中使用的统计指标数不胜数。本书只阐述经过抽象概括的一般性统计指标，如总量指标、结构指标、平均指标、变异指标等。与分组运用相同，常常使用互相联系的许多统计指标来反映和研究总体的数量状况。

指标和分组是密切联系、相互依存的。它们共同反映现象总体的质和量。如果统计分组没有一定的统计指标来反映现象的规模水平，就不能揭示现象的数量特征，而统计指标如果没有科学分组，就容易掩盖矛盾，成为笼统的指标，甚至成为虚构的指标。因此，在研究现象总体的数量关系时，必须科学地进行分组，合理地设置指标。

4. 统计模型法

统计模型法是根据一定的经济理论和假定条件，运用数学方法模拟现实中经济现象相互关系的一种研究方法。利用统计模型法可以对社会现象和过程中存在的数量关系进行比较完整和近似的描述，从而简化了客观存在的复杂的其他关系，以便利用模型对社会经济现象变化进行数量上的评估和预测。

统计模型包括 3 个基本要素，分别是经济变量、经济参数和函数关系式。将总体中一组相互联系的统计指标作为经济变量，可将经济变量分为解释变量和被解释变量，解释变量是用来解释被解释变量变动原因的变量，又称自变量；被解释变量又称因变量。可以通过数学函数关系式来表示各个经济变量之间的关系，数学函数关系式既可以是线性的，也可以是非线性的；可以是二维的，也可以是多维的。经济参数是表明函数关系式中解释变量对被解释变量影响程度的强度指标，它是由一组实际观测值来确定的。

由此可见，统计模型法是在前 3 种研究方法的基础上，进一步系统化和精确化发展。统计模型法把客观存在的总体内部结构和各因素的相互关系，以一定形式有机结合起来，大大地提高了统计分析的认识能力。

5. 归纳推断法

归纳是指由个别到一般、由事实到概括的推理方法。统计指标法通过综合指标概括反映总体一般的数量特征，它有异于总体各单位的指标值，但又必须从各单位的指标值中归纳而来。归纳推断法可以使人们从具体的事实中得出一般的知识，扩大认识领域，增长新的知识，是统计研究中常用的方法。常常存在如下情况：人们所观察的只是部分或有限的单位，而需要判断的总体对象范围却是大量的，甚至是无限的。这样就会产生根据局部的样本资料对全部总体数量特征做判断的置信度的问题。以一定的置信标准，根据样本数据来判断总体数量特征的归纳推理方法，在统计上称为统计推断法。统计推断法既可以用于总体数量特征的估计，也可以用于对总体某些假设的检验。从某种意义上说，我们所观察的资料都是一种样本资料，因而统计推断也就广泛地应用于统计研究的许多领域。可以说，统计推断法是现代统计学的基本方法。

以上 5 种统计学基本方法，在运用上应注意多种方法的结合。在调查方法上要注意把大量观察和典型调查结合起来。统计研究现象总体和过程，运用大量观察法从整体上考察事物变化的规模和趋势，使人们的认识有一个正确充分的事实基础。但对于新生的个别事物，则必须运用典型调查，了解它的成长过程，总结先进经验。在分析方法上要把综合指标分析和具体情况分析结合起来，这样才能使人们的认识更加全面和深入。

📎 知识链接

统计描述

统计描述是统计研究的基础，它为统计推断、统计咨询和统计决策提供必要的统计数据资料。其内容可分为集中趋势分析、离中趋势分析和相关分析三大部分。

（1）集中趋势分析。集中趋势分析主要靠平均数、中数、众数等统计指标来表示数据的集中趋势。例如，考试的平均成绩是多少、是正偏分布还是负偏分布。

（2）离中趋势分析。离中趋势分析主要靠全距、四分位差、平均差、方差、标准差等统计指标来研究数据的离中趋势。例如，研究者想知道两个教学班的语文成绩中，哪个班级的成绩分布更分散，就可以用两个班级的四分位差来比较。

（3）相关分析。相关分析探讨数据之间是否具有统计学上的关联性。这种关系既包括两个数据之间的单一相关关系，如年龄与个人领域空间之间的关系，也包括多个数据之间的多重相关关系，如年龄与抑郁症发生率和个人领域空间之间的关系；既包括简单的直线相关关系，如 A 大 B 就大（小），也包括复杂的相关关系，如 $A=Y-B\times X$；既包括正相关关系，如 A、B 变量同时增大，也包括负相关关系，如 A 变量增大时 B 变量减小，还包括两个变量共同变化的紧密程度，即相关系数。实际上，相关关系唯一不研究的数据关系，就是数据协同变化的内在根据，即因果关系。

1.2.3 统计学的研究阶段

统计研究是通过统计设计、统计调查、统计整理、统计分析 4 个阶段来完成的，每个阶段虽然有各自的独立性，但又是相辅相成的统一过程。

1. 统计设计

统计设计是指在正式进行具体统计工作之前，根据统计研究对象的性质和研究目的，对统计工作各个方面和环节进行的通盘规划和安排，表现为设计各种统计方案，如统计调查方案、统计资料汇总或整理方案、统计分析提纲、统计指标体系设计等。统计设计是统计工作的第一阶段，是整个统计工作协调、有序、顺利进行的必要条件，是保证统计工作质量的重要前提。

2. 统计调查

统计调查又称统计数据的采集，是根据统计研究的任务和统计设计规定的调查方案的要求，运用科学的调查方法，有组织、有计划地采集统计资料的过程。

统计调查是认识事物的起点，这个阶段所采集的资料是否完整、准确、及时，直接影响统计整理的好坏和统计分析的结果是否正确，决定着统计工作质量的高低，因此，统计调查是整个统计工作的基础。

3. 统计整理

统计整理是指根据统计研究的目的，将统计调查所得的资料进行科学分组、汇总和列表的加工处理过程。统计整理使分散的、不系统的原始资料条理化、系统化，从而说明现象的总体特征，为统计分析奠定基础。统计整理属于统计工作的中间环节，起着承前启后的作用。

4. 统计分析

统计分析是根据统计研究的目的，综合运用各种分析方法和统计指标，对加工整理后的资料和具体情况进行定性和定量的分析，并对未来进行趋势预测。统计分析是统计工作的最后阶段，能揭示现象本质和得到发展变化结论的规律，是统计工作获取成果的阶段。

1.3 统计学的分科与基本概念

1.3.1 统计学的分科

统计方法已被应用到自然科学和社会科学的众多领域，统计学也发展成由若干分支学科组成的学科体系。从统计方法的构成来看，统计学可以分为描述统计学和推断统计学；从统计方法的研究模式和统计方法的应用角度来看，统计学可以分为理论统计学和应用统计学。

1. 描述统计学和推断统计学

描述统计学（Descriptive Statistics）研究如何获得反映客观现象的数据，并以图表形式对收集的数据进行加工处理和显示，进而通过综合概括与分析，得出反映客观现象的规律性数量特征。其内容包括统计数据的收集方法、数据的加工处理方法、数据的显示方法、数据分布特征的概括与分析方法等。

推断统计学（Inferential Statistics）是研究如何根据样本数据去推断总体数量特征的方法，它是在对样本数据进行描述的基础上，对统计总体的未知数量特征做出以概率形式表述的推断。

描述统计学和推断统计学的划分，反映了统计方法发展的前、后两个阶段；同时，也反映了应用统计方法在探索客观事物所具有的数量规律性方面的不同过程。统计研究过程的起点是统计数据，终点是探索出客观现象之间内在的数量规律性。在这一过程中，如果搜集到的是总体数据（如普查数据），则经过描述统计之后就可以达到认识总体所具有的数量规律性的目的；如果所获得的只是研究总体中的一部分数据（样本数据），那么要找到总体的数量规律性，则必须应用概率论的知识并根据样本信息对总体进行科学的推断。

描述统计和推断统计是统计方法的两个组成部分。描述统计是整个统计学的基础，推断统计则是现代统计学的主要内容。由于在现实问题的研究中获得的数据主要是样本数据，所以，推断统计在现代统计学中的地位和作用越来越重要，已成为统计学的核心内容。当然，这并不是说描述统计不重要，如果没有描述统计来收集可靠的统计数据并提供有效的样本信息，即使再科学的推断统计方法也难以得出切合实际的结论。从描述统计学发展到推断统计学，既反映了统计学发展所取得的巨大成就，也是统计学发展成熟的重要标志。

2. 理论统计学和应用统计学

理论统计学（Theoretical Statistics）是指统计学的数学原理，主要研究统计学的一般理论和统计方法的数学理论。现代统计学用到了几乎所有的数学知识，从事统计理论和方法研究的人员需要有坚实的数学基础。此外，由于概率论是统计推断的数学和理论基础，因而，广义地讲，统计学也应该包括概率论。理论统计学是统计方法的理论基础，没有理论统计学的发展，统计学不可能发展成今天这样一个完善的科学知识体系。

在统计研究领域，从事理论统计学研究的人相对较少，大部分是从事应用统计学（Applied Statistics）研究的。应用统计学研究如何用统计方法解决实际问题。由于在自然科学及社会科学领域需要通过数据分析来解决实际问题，所以，统计方法的应用几乎扩展到了所有的科学研究领域。例如，统计方法在生物学中的应用形成了生物统计学，在医学中的应用形成了医疗卫生统计学，在农业试验、育种等领域的应用形成了农业统计学。统计方法在经济和社会科学研究领域的应用也形成了若干分支学科。

統計学基础

例如，统计方法在经济领域的应用形成了经济统计学及其若干分支；在管理领域的应用形成了管理统计学；在社会学研究和社会管理中的应用形成了社会统计学；在人口学中的应用形成了人口统计学；等等。以上这些应用统计学的不同分支采用的统计方法基本相同，即都是描述统计和推断统计中的主要方法。但由于各应用领域都有其特殊性，所以，统计方法在不同领域的应用中又形成了各自的特点。

1.3.2 统计学的基本概念

1. 总体与单位

统计总体简称总体，是指客观存在的、在同一性质基础上结合起来的许多个别单位的整体。构成总体的这些个别单位称为总体单位。例如，所有工业企业就是一个总体，这是因为在性质上每个工业企业的经济职能是相同的，即都是从事工业生产活动的基本单位，这就是说，它们是同性质的。这些工业企业的集合就构成了统计总体。对该总体来说，每个工业企业就是一个总体单位。

总体可分为有限总体和无限总体。如果总体所包含的单位数是有限的，则称为有限总体，如人口数、企业数、商店数等。如果总体所包含的单位数是无限的，则称为无限总体，如连续生产的某种产品的生产数量、大海里的鱼资源数等。对有限总体可以进行全面调查，也可以进行非全面调查。对无限总体只能抽取一部分单位进行非全面调查，据以推断总体。

> **知识链接**
>
> **确定总体与总体单位的注意事项**
>
> 确定总体与总体单位，必须注意如下两个方面：
>
> （1）构成总体的单位必须是同质的，不能把不同质的单位混在总体之中。例如，研究职工的工资水平时，只能将靠工资收入的职工列入统计总体的范围。同时，也只能对职工的工资收入进行考察，对职工有其他方面取得的收入就要加以排除，这样才能正确反映职工的工资水平。
>
> （2）总体与总体单位具有相对性，随着研究任务的改变而改变。同一单位可以是总体也可以是总体单位。例如，要了解全国工业企业职工的工资收入情况，那么全部工厂是总体，各个工厂是总体单位。如果旨在了解某个企业职工的工资收入情况，则该企业就成了总体，每位职工的工资就是总体单位。

2. 标志

1）标志和标志表现

统计标志简称标志，是指统计总体各单位所具有的共同特征的名称。从不同角度考察，每个总体单位可以有许多特征，如每个职工可以有性别、年龄、民族、工种等特征，这些都是职工的标志。

标志表现是标志特征在各单位的具体表现。例如，职工的性别是"女"、年龄为"32

14

岁"、民族为"汉族"等，这里"女""32 岁""汉族"就是性别、年龄、民族的具体表现，即标志表现。

2）标志的分类

（1）标志按变异情况分类。标志按变异情况可分为不变标志和变异标志。当一个标志在各个单位的具体表现都相同时，这个标志称为不变标志；当一个标志在各个单位的具体表现有可能不同时，这个标志称为可变标志或变异标志。例如，我国第七次人口普查规定："人口普查的对象是具有中华人民共和国国籍并在中华人民共和国国境内常住的人。"按照这一规定，在作为调查对象的人口总体中，国籍和在国境内居住是不变标志，而性别、年龄、民族、职业等则是变异标志。不变标志是构成统计总体的基础，因为至少必须有一个不变标志将各总体单位联结在一起，才能使它具有"同质性"，从而构成一个总体。变异标志是统计研究的主要内容，因为如果标志在各总体单位之间的表现都相同，那么就没有进行统计分析研究的必要了。

（2）标志按性质分类。标志按性质可分为品质标志和数量标志。品质标志表示事物的质的特性，是不能用数值表示的，如职工的性别、民族、工种等。数量标志表示事物的量的特性，是可以用数值表示的，如职工的年龄、工资、工龄等。品质标志主要用于分组，将性质不相同的总体单位划分开来，便于计算各组的总体单位数，计算结构和比例指标。数量标志既可用于分组，也可用于计算标志总量及其他各种质量指标。

3. 指标

1）统计指标及其构成要素

对统计指标的含义一般有两种理解和两种使用方法。

（1）统计指标是指反映总体现象数量特征的概念，如人口数、商品销售额、劳动生产率等。统计指标包括指标名称、计量单位和计算方法 3 个构成要素。这是统计理论与统计设计上所使用的统计指标的含义。

（2）统计指标是反映总体现象数量特征的概念和具体数值。一般认为，对统计指标的这两种理解都是成立的。在做一般性统计设计时，只能设计统计指标的名称、内容、口径、计量单位和方法，这是不包括数值的统计指标。然后经过搜集资料、汇总整理、加工计算可以得到统计指标的具体数值，用来说明总体现象的实际数量状况及其发展变化的情况。从不包括数值的统计指标到包括数值的统计指标，在一定意义上反映了统计工作的全过程。

2）统计指标的特点

（1）数量性。数量性即所有的统计指标都是可以用数值来表现的。这是统计指标最基本的特点。统计指标所反映的就是客观现象的数量特征，这种数量特征是统计指标存在的形式，没有数量特征的统计指标是不存在的。正因为统计指标具有数量性的特点，所以，它才能对客观总体进行量的描述，才能使统计研究运用数学方法和现代计算技术成为可能。

（2）综合性。综合性是指统计指标既是同质总体大量个别单位的总计，又是大量个别单位标志差异的综合，是许多个体现象数量综合的结果。例如，某人的年龄、某人的存款额不能称为统计指标，一些人的平均年龄、一些人的储蓄总额、人均储蓄可称为统计指标。统计指标的形成都必须经过从个体到总体的过程，它是通过个别单位数量差异的抽象化来体现总体综合数量特点的。

（3）具体性。统计指标的具体性有两个方面的含义：一是统计指标不是抽象的概念和数字，而是一定的具体的社会经济现象的量的反映，是在质的基础上的量的集合。这一点使社会经济统计和数理统计、数学相区别；二是统计指标说明的是客观存在的、已经发生的事实，它反映了社会经济现象在具体地点、时间和条件下的数量变化。这一点又和计划指标相区别。统计指标反映的是过去的事实和根据这些事实综合计算得出的实际数量，而计划指标则说明未来要达到的具体目标。

知识链接

标志与指标的区别和联系

标志与指标的主要区别体现在以下两个方面：

（1）标志是说明总体单位特征的；指标是说明总体特征的。例如，一个工人的工资是数量标志，全体工人的工资总额是统计指标。

（2）标志有用文字表示的品质标志和用数值表示的数量标志；指标则都是用数值表示的。

标志与指标的主要联系体现在以下两个方面：

（1）统计指标的数值多是由总体单位的数量标志值综合汇总而来的。例如，工资总额是各个职工的工资之和，工业总产值是各个工业企业的工业总产值之和。由于指标与标志的这种综合汇总关系，有些统计指标的名称与标志是一样的，如工业总产值。

（2）标志与指标之间存在变换关系。如果由于统计研究目的的变化，原来的统计总体变成总体单位了，则相对应的统计指标也就变成了数量标志。反过来，如果原来的总体单位变成总体了，则相对应的数量标志也就变成了统计指标。

3）统计指标的种类

（1）统计指标按其说明总体内容的不同分类。

① 数量指标：说明总体外延规模的统计指标。例如，人口数、企业数、工资总额、商品销售额等。数量指标反映的是总体的绝对数量，具有实物的或货币的计量单位，其数值的大小随着总体范围的变化而变化，是认识总体现象的基础指标。

② 质量指标：说明总体内部数量关系和总体单位水平的统计指标，如人口的年龄构成、性别比例、农业—轻工业—重工业比例、平均单产、平均工资等。质量指标通常是用相对数和平均数的形式表现的，其数值的大小与范围的变化没有直接关系。

（2）统计指标按其作用和表现形式的不同分类。统计指标按其作用和表现形式的不同，可分为总量指标、相对指标和平均指标。总量指标又分为实物指标、劳动指标和价值指标。这些统计指标的含义、内容、计算方法和作用各不相同，将在以后各章中进行叙述。

（3）统计指标按其管理功能的作用不同分类。统计指标按其管理功能的作用不同，可分为描述指标、评价指标和预警指标。

① 描述指标：主要反映社会经济运行的状况、过程和结果，提供对社会经济总体现象的基本认识，是统计信息的主体。例如，反映社会经济条件的土地面积指标、自然资

源拥有量指标、社会财富指标、劳动资源指标、科技力量指标；反映生产经营过程和结果的国民生产总值指标、工农业总产值指标、国民收入指标、固定资产指标、流动资金指标、利润指标；反映社会物质文化的娱乐设施指标、医疗床位数指标等。

② 评价指标：用于对社会经济运行的结果进行比较、评估和考核，以检查工作质量或其他定额指标的结合使用。评价指标包括国民经济评价指标和企业经济活动评价指标。

③ 预警指标：一般用于对宏观经济运行情况进行监测，对国民经济运行中即将发生的失衡、失控等进行预报、警示。通常选择国民经济运行中的关键性、敏感性经济现象建立相应的监测指标体系。例如，针对经济增长、经济周期波动、失业、通货膨胀等，可以建立国民生产总值与国民收入增长率、社会消费率、积累率、失业率、物价水平、汇率、利率等预警指标。

4. 统计指标体系

由于现象的复杂多样性，各种现象之间相互联系的性质，只用个别统计指标来反映是不够的，还需要采用指标体系来进行描述。统计指标体系就是各种相互联系的统计指标所构成的一个有机整体，用来说明所研究现象各个方面相互依存和相互制约的关系。统计指标体系因各种现象本身联系的多样性和统计研究的目的不同而分为不同的类别。

根据所研究问题的范围大小，可以建立宏观统计指标体系和微观统计指标体系。宏观统计指标体系就是反映整个现象大范围的统计指标体系，如反映整个国民经济和社会发展的统计指标体系。微观统计指标体系就是反映现象较小范围的统计指标体系，如反映企业或事业单位的统计指标体系。介于这两者之间的可以称为中观统计指标体系，如反映各地区或各部门的统计指标体系。

根据所反映现象的范围内容不同，统计指标体系可分为综合性统计指标体系和专题性统计指标体系。综合性统计指标体系是较全面地反映总系统及其各个子系统的综合情况的统计指标体系，如国民经济和社会发展统计指标体系。专题性统计指标体系则是反映某一个方面或问题的统计指标体系，如经济效益指标体系就是专题性统计指标体系。

统计指标体系也可以指若干个统计指标之间的联系表现为一个方程关系，如工资总额=平均工资×职工人数、商品销售额=商品销售量×商品销售价格，等等。统计指标体系对统计分析和研究具有重要意义。通过一个设计科学的统计指标体系，可以描述现象的全貌和发展的全过程，分析和研究现象总体存在的矛盾及各种因素对现象总体变动结果的方向和程度，也可对未来的指标进行计算和预测，对未来现象发展变化的趋势进行预测。

5. 变异变量和变量值

统计中的标志和指标都是可变的，如人的性别有男女之分，各时期、各地区、各部门的工业总产值各有不同等，这种差别称为变异。变异就是有差别的意思，包括质的差别和量的差别。变异是统计的前提条件。

变量是数学中的一个名词，是指可以取不同值的量。在社会经济统计中，变量包括各种数量标志和全部统计指标，它是以数值表示的，不包括品质标志。变量就是数量标志的名称或指标的名称，变量的具体数值表现称为变量值。例如，职工人数是一个变量，因为各个工厂的职工人数不同。例如，第一间工厂有 852 人，第二间工厂有 1686 人，第三间工厂有 964 人等，都是职工人数这个变量的具体数值，也就是变量值。应注意区分变量和变量值，如 852 人、1686 人、964 人是 3 个变量值，不能说是 3 个变量，因为这里只有"职工人数"这一个变量，并没有 3 个变量。

变量值按是否连续可分为连续变量与离散变量两种。在一定区间内可任意取值的变量称为连续变量，其数值是连续不断的，相邻两个数值可作无限分割，即可取无限个数值。例如，生产零件的规格尺寸、测量得到的人的身高、体重、胸围等为连续变量，其数值只能用测量或计量的方法取得。不能连续取值，只能按一定顺序——列举其数值的变量称为离散变量，其数值表现为断开的。例如，企业个数、职工人数、设备台数、学校数、医院数等，都只能按计量单位数计数，这种变量的数值一般用计数方法取得。

6. 统计总体的特征

统计总体具有同质性、大量性和差异性 3 个主要特点。

1）同质性

同质性是指总体中的各个单位必须具有某种共同的属性或标志数值，如国有企业总体中每个企业的共同标志属性是国家所有。同质性是总体的根本特征，只有个体单位是同质的，统计才能通过对个体特征的观察研究，归纳和揭示出总体的综合特征和规律性。

2）大量性

大量性是指总体中包括的总体单位有足够多的数量。总体是由许多个体在某一相同性质的基础上结合起来的整体，个别或很少几个单位不能构成总体。总体的大量性，可使个别单位某些偶然因素的影响（表现在数量上的偏高、偏低的差异）相互抵消，从而显示出总体的本质和规律性。

3）差异性

差异性（或称变异性）是指总体的各单位之间有一个或若干个可变的品质标志或数量标志，从而表现出的差异。例如，某领域的职工总体中各单位间有男、女的性别属性差异，有 20 岁、21 岁、22 岁、23 岁、24 岁、25 岁、26 岁等年龄标志数值的差异。

1.4 统计的作用、基本任务与常用软件

1.4.1 统计的作用

1. 统计是认识世界的有力武器

（1）人们通过统计研究事物的量及其变化，去认识事物的质和事物发展的规律。任

何事物都是质与量的对立统一，任何量都依存于一定的质，离开质就无所谓量，也无从核算量。在社会经济和自然现象中，不与某种质相联系的量是毫无意义的，事实上也是不存在的。所以，人们通过统计研究事物的量及其变化去认识事物的质和事物发展的规律，或者密切联系事物的质去研究事物的量。

（2）统计的基本特点是以数字为语言，用数字说话，即用数字反映事物在具体时间、地点、条件下的数量表现、数量关系和数量变化，用数字反映事物的规模、水平、速度、结构和比例关系。

客观事物是质和量的对立与统一，而统计最基本的特点又是用数字说话，这使得统计有可能通过研究事物的量去认识事物的质，掌握事物发展的规律，预测事物发展的前景，指导人们正确地进行各种实践活动，以获得最佳的社会经济效益。因此，统计是人们认识世界的有力武器。

2. 统计是治国和管理的重要手段

人们认识世界的目的在于能动地改造世界。统计既然是人们认识世界的有力武器，必然会成为人们治国、管理、改革社会的重要手段。从历史的角度看，统计也是随着人类社会经济活动的发展，以及治国和管理的需要而产生和发展起来的。现在大至国际政治经济形势的分析、国家的管理，小至企业的业务经营和班组核算，统计无处不在。

📺 1.4.2 统计的基本任务

《中华人民共和国统计法》（以下简称《统计法》）第二条规定："统计的基本任务是对经济社会发展情况进行统计调查、统计分析，提供统计资料和统计咨询意见，实行统计监督。"这可概括为两个方面：通过统计调查和统计分析，提供统计资料，为各级领导施政和管理服务；同时运用这些资料，对经济社会发展情况实行统计监督，及时揭露各种矛盾，以便采取措施解决这些矛盾，促进经营管理的改善，保证社会经济稳定协调发展。简单来说，统计的基本任务就是统计服务和统计监督。

📺 1.4.3 统计的常用软件

1. Excel

Excel 是 Microsoft Office 办公软件中的电子表格程序。可以使用 Excel 创建工作簿（电子表格集合）并设置工作簿格式，以便分析数据和做出更明智的业务决策。特别是可以使用 Excel 跟踪数据，生成数据分析模型，编写公式以对数据进行计算，以多种方式透视数据，并以各种具有专业外观的图表来显示数据。简言之，Excel 是用来处理数据的办公软件。

Excel 具有广泛的用途，如会计专用、预算、账单和销售处理、报表制作、计划跟踪及日历使用等。Excel 为用户提供了大量的函数，使得用户可以轻松执行计算、分析信息，并管理电子表格或网页中的数据信息列表。

此外，Excel 还支持 VBA（Visual Basic for Application）编程。通过使用 VBA，用户可以执行特定的功能或自动化重复性高的操作，从而进一步提高工作效率。总的来说，Excel 是一个强大且灵活的工具，被广泛应用于各种领域。

2. SPSS

SPSS（Statistical Package for the Social Sciences，社会科学统计软件包）是世界上最早的统计分析软件，由美国斯坦福大学的 3 位研究生——Norman H. Nie、C. Hadlai（Tex）Hull 和 Dale H. Bent 于 1968 年研究开发成功。

SPSS 是世界上最早采用图形菜单驱动界面的统计软件，它最突出的特点就是操作界面极为友好、输出结果美观漂亮。SPSS 几乎将所有的功能都以统一、规范的界面展现出来，用 Windows 的窗口方式来展示各种管理和分析数据方法的功能，用对话框来展示出各种功能选项。用户只要掌握一定的 Windows 操作技能，精通统计分析原理，就可以使用 SPSS 软件为特定的科研工作服务。SPSS 采用类似于 Excel 表格的方式输入与管理数据，数据接口较为通用，能方便地从其他数据库中读入数据。其统计过程包括常用的、较为成熟的统计过程，完全可以满足非统计专业人士的工作需要。SPSS 的输出结果十分美观，存储时用的专用的 SPO 格式，可以转存为 HTML 格式和文本格式。对于熟悉老版本编程运行方式的用户，SPSS 还特别设计了语法生成窗口，用户只需在菜单中选好各个选项，然后单击"粘贴"按钮，就可以自动生成标准的 SPSS 程序，极大地方便了中、高级用户。

SPSS For Windows 是一个组合式软件包，它集数据录入、整理、分析功能于一身。用户可以根据实际需要和计算机的功能来选择模块，以降低对系统硬盘容量的要求，有利于该软件的推广应用。SPSS 的基本功能包括数据管理、统计分析、图表分析和输出管理等。SPSS 统计分析过程包括描述性统计、均值比较、一般线性模型、相关分析、回归分析、对数线性模型、聚类分析、数据简化、生存分析、时间序列分析和多重响应等几大类，每类中又分为多个统计过程，如回归分析中又分线性回归分析、曲线估计、Logistic 回归、Probit 回归、加权估计、两阶段最小二乘法和非线性回归等统计过程，而且每个过程中又允许用户选择不同的方法及参数。SPSS 也有专门的绘图系统，可以根据数据绘制各种图形。

> **知识链接**
>
> **SPSS 的优势**
>
> SPSS 与 Excel 都属于数据分析软件，可以对数据进行统计分析。不同的是，Excel 更适合简单场景的轻度汇总，如报表数据；而 SPSS 功能较多，适合更加专业的使用场景，如数据建模前的数据预处理等。SPSS 具有如下 5 个优势：
>
> 1. 编程方便
>
> SPSS 具有第四代语言（它在表示控制结构和数据结构的抽象基础上，不再需要规定算法细节）的特点，只要了解统计分析的原理，无须通晓统计方法的各种算法，即可得到需要的统计分析结果。对于常见的统计方法，SPSS 的命令语句、子命令及选项的选择绝大部分以"对话框"的方式完成。因此，用户无须花大量时间记忆大量的命令、过程、选项。

2. 功能强大

SPSS 与 Excel 最大的区别体现在数据统计功能方面，Excel 只内置了几个简单的统计功能，而 SPSS 全面涵盖数据分析主要操作流程，提供了数据获取、数据处理、数据分析、数据展示等操作。其中，SPSS 涵盖了各种统计方法与模型，从简单的描述统计分析方法到复杂的多因素统计分析方法，如数据的描述性分析、相关分析、方差分析、回归分析、Logistic 回归、聚类分析、判别分析、因子分析、对应分析等。

3. 数据兼容

SPSS 能够导入及导出多种格式的数据文件或结果。例如，SPSS 可导入文本、Excel、Access、SAS、Stata 等数据文件。SPSS 还能够把其表格、图形结果直接导出为 Word、Excel、PowerPoint、TXT、PDF、HTML 等格式文件。

4. 扩展便利

SPSS 具备强大的扩展性，它能够调用 R 语言和 Python 的各种统计功能模块。通过这一特性，SPSS 能够轻松实现最新统计方法的调用，从而为用户提供更为丰富和先进的统计分析工具。这一特性不仅增强了 SPSS 的实用性，也进一步提升了其在数据分析领域的竞争力。

5. 模块组合

SPSS 是一款综合性的产品，它为各分析阶段提供了丰富的模块功能。SPSS Statistics Base 是基础的软件平台，具备强大的数据管理能力、输入输出界面管理能力，以及常见的统计分析功能。其他每个独立扩充功能模块均在 SPSS Statistics Base 的基础上为其增加某方面的分析功能。用户可以根据自己的分析需要及计算机配置灵活选择，组合使用。

拓展实训

【实训目标】

通过实训，使学生初步了解统计学的相关知识点，包括统计学的产生与发展、统计学的研究、统计学的分科与基本概念，以及统计的作用、基本任务与常用软件。

【实训内容】

了解并掌握统计学的研究方法、统计学的分科、统计学的基本概念、统计的常用软件。

【实训步骤】

（1）以 2~3 人为单位组成一个团队，设 1 名负责人，负责整个团队的分工协作。

（2）团队成员通过分工协作，多渠道搜集相关资料。

（3）团队成员对搜集的资料进行整理，总结并分析与统计学相关的基础知识。

（4）各团队将总结制作成表格，派 1 人作为代表上台演讲，阐述所属团队的成果。

（5）教师对各团队的成果进行总结评价，指出不足与改进措施。

【实训要求】

（1）考虑到课堂时间有限，实训可采取"课外+课内"的方式进行，即团队组成、分工、讨论和方案形成在课外完成，成果展示安排在课内。

（2）每个团队方案的展示时间为 10 分钟左右，老师和学生的提问时间为 5 分钟左右。

复习思考题

1. 统计学的定义是什么?
2. 统计学的研究方法有哪些?
3. 统计学是怎么分科的?
4. 统计的基本任务是什么?

第2章

统计调查

统计工作中的统计设计、统计调查、统计整理和统计分析环节是彼此密切联系的。统计调查是整个统计工作的基础环节。如果统计调查做得不好，得到的资料残缺不全或有错误，就会影响整个统计工作。本章主要包括调查统计概述、统计数据的搜集、统计调查方案与问卷的设计、利用 Excel 编制统计表。

↘ 教学目标

本章教学目标		
1	知识目标	● 了解统计调查的含义 ● 掌握统计调查的要求 ● 了解统计数据的来源
2	能力目标	● 能够辨别统计调查的种类和组织方式 ● 能够合理设计统计调查方案与问卷
3	素质目标	● 培养学生的开拓创新、团结协作精神，使学生树立正确的世界观、价值观、人生观

2.1 统计调查概述

2.1.1 统计调查的含义

统计调查也称统计观察，是根据调查的目的与要求，运用科学的调查方法，有计划、有组织地搜集数据信息资料的统计工作过程。明确调查的目的、确定调查对象和调查表、规定调查时间和地点等是统计资料整理和分析的前提。统计调查是对客观事实进行的观察和登记。统计调查所涉及的资料有两种：一种是直接向调查单位搜集的未经加工、整理的资料，一般称为原始资料，又称初级资料；另一种是根据研究目的搜集，经初步加工、整理过的，能够在一定程度上说明总体现象的资料，一般称为次级资料或二手资料。统计调查一般指的是对原始资料的搜集，并将其进行加工、整理、汇总，使其成为从个体特征过渡到总体特征的资料，但有时也包括对二手资料的搜集。

2.1.2 统计调查的要求

为了保证调查资料的质量，使其正确反映客观事物，要求统计调查必须具有真实性、准确性、系统性、完整性和及时性。真实性和准确性就是如实反映客观实际，资料准确，这是保证统计资料质量的首要环节，是统计工作的生命线。如果统计资料不真实，必将给统计各个阶段的工作带来不良影响。系统性和完整性是指搜集的资料有条理，合乎逻辑，不杂乱无章，便于汇总；调查单位不重复、不遗漏、所列调查项目的资料收集齐全。如果统计资料残缺不全，就不可能反映所研究对象的全貌和正确认识社会经济现象的特征，最终也就难以对社会经济现象的规律性做出明确的判断，甚至会得出错误的结论。及时性就是时效性，即要求在统计调查方案规定的时间内，尽快提供资料。如果统计资料收集不及时，就会耽误统计整理分析的时间，使统计失去应有的作用。

> **知识链接**
>
> <u>我国对统计调查项目的分类</u>
>
> 我国对统计调查项目的分类主要是根据制定主体不同而划分的。《统计法》第十一条规定："统计调查项目包括国家统计调查项目、部门统计调查项目和地方统计调查项目。"
>
> 1. 国家统计调查项目
>
> 国家统计调查项目是指由国家统计局制定，或者由国家统计局和国务院有关部门共同制定的统计调查项目，是反映全国性基本情况，对基本国情、国力情况进行统计的统计调查项目，调查目的主要是满足国家管理和宏观决策的需要。国家统计调查项目的调查对象和调查范围较广，包括全国各地区、各部门及其所属的单位，既可以是

覆盖全国的统计调查项目，也可以是针对部分地区、行业开展的统计调查项目。目前由国家统计局组织实施的国家统计调查项目主要包括以下 3 类：

（1）重大国情、国力普查项目。每隔 10 年开展一次的人口普查、农业普查，每隔 5 年开展一次的经济普查。

（2）常规统计调查项目。目前国家统计局组织实施的常规统计报表制度有 40 多项，包括国民经济核算、基本单位、农林牧渔业、工业、建筑业、批发和零售业、住宿和餐饮业、房地产开发、服务业、能源和环境、固定资产投资、劳动工资统计等，基本覆盖了国民经济各个行业。

（3）专项统计调查项目。为及时反映国家重大政策、改革措施落实情况，以及一些经济社会热点、难点问题，组织实施的一些专项统计调查项目，如 2017 年国家统计局组织开展了农民工市民化进程动态监测调查、"四众"平台专项统计调查等。

2. 部门统计调查项目

部门统计调查项目是指由国务院有关部门制定并实施的专业性统计调查项目，是国务院有关部门依法履行职责、根据其业务管理需要进行的专业性统计调查。调查对象主要为本部门或本行业监管的单位。例如，教育部的高等学校基层统计报表制度，就是对全国经教育部批准的全国普通高等学校和成人高等学校开展的全面调查；国家海洋局组织的第一次全国海洋经济调查，就是对从事海洋经济活动的涉海法人单位开展的调查，具有很强的专业性。

3. 地方统计调查项目

地方统计调查项目是指由县级以上地方人民政府统计机构和有关部门分别制定或共同制定并实施的地方性统计调查项目，主要是为取得管理本地区经济社会活动、制定本地区经济社会发展规划所需的资料而组织实施的。地方性统计调查项目的调查对象和实施范围，基本限于本行政区域范围内。例如，北京市新设企业经营状况调查，就是北京市统计局为落实《京津冀协同发展规划纲要》，为疏解非首都功能提供数据支持，对全市范围内新设立企业经营状况进行调查的地方统计调查项目。

鉴于统计信息需求的多样化和政府统计调查主体的多元化，为有效规范统计调查行为，防止"数出多门""数据打架"，提高统计调查的整体效率，减轻基层负担，《统计法》第十二条对统计调查项目的管理做出了明确规定："国家统计调查项目由国家统计局制定，或者由国家统计局和国务院有关部门共同制定，报国务院备案；重大的国家统计调查项目报国务院审批。部门统计调查项目由国务院有关部制定。统计调查对象属于本部门管辖系统的，报国家统计局备案；统计调查对象超出本部门管辖系统的，报国家统计局审批。地方统计调查项目由县级以上地方人民政府统计机构和有关部门分别制定或者共同制定。其中，由省级人民政府统计机构单独制定或者和有关部门共同制定的，报国家统计局审批；由省级以下人民政府统计机构单独制定或者和有关部门共同制定的，报省级人民政府统计机构审批；由县级以上地方人民政府有关部门制定的，报本级人民政府统计机构审批。"《中华人民共和国统计法实施条例》（以下简称《统计法实施条例》）第六条规定："部门统计调查项目、地方统计调查项目的主要内容不得与国家统计调查项目的内容重复、矛盾。"各级人民政府统计机构和有关部门应该严格执行统计法律法规，明确职责分工，避免重复统计，维护政府统计的公信力。

2.1.3 统计调查的种类

根据不同的情况，统计调查可分为不同的类别。

1. 按调查对象包括的范围不同分类

按调查对象包括的范围不同，可分为全面调查和非全面调查。全面调查是指对调查中的全部单位无一例外地都进行登记或观察。普查、全面统计报表都属于全面调查。非全面调查是指只对调查对象总体中的一部分单位进行登记或观察。这种调查方式的调查单位少，可以用较少的人力、物力、财力和时间调查较多的内容，收集到较深入、细致的情况和资料，但未包括全面资料，因此，常常需要与全面调查结合起来使用。

2. 按调查登记时间是否有连续性分类

按调查登记时间是否有连续性，可分为经常性调查和一次性调查。经常性调查就是按不断变化的研究现象，连续不断地进行登记或观察，以反映事物在一定时期内的全部发展过程。一次性调查就是对被研究现象在某一时刻或瞬间的状况进行一次性登记或观察，以反映事物在一定时间点上的发展水平。

3. 按组织方式不同分类

按组织方式不同，可分为统计报表和专门调查。统计报表是按照统一规定的表格形式要求，自上而下地统一布置，自下而上地统一提供统计资料的一种调查组织方式。专门调查是为研究某些专门问题，由进行调查的单位专门组织的调查，这种调查属于一次性调查，如人口普查、经济普查和农业普查等。实践证明，对经济情况多组织专门的统计调查，可满足各级领导部门制定有关方针、政策和领导工作的需要。所以，专门调查在我国统计中占有重要地位，进行专门调查可以有很多种形式，如普查、重点调查、抽样调查和典型调查等。

2.1.4 统计调查的基本任务

统计调查就是为管理和决策部门提供相关的、准确的、可靠的、有效的和当前的信息。正确的决策不是靠直觉和猜测得到的。缺乏充分依据的信息，可能导致错误的决策。

统计调查的基本任务是按照所确定的指标体系，通过具体的调查，取得反映社会经济总体现象的全部数字资料的信息。这些信息是总体各单位有关标志的表现，是尚待整理、系统化的原始资料。原始资料是指向调查单位搜集的，需要由个体过渡到总体的统计资料。另外，在统计调查中，也必然会对次级资料进行搜集。次级资料是指经过加工，由个体过渡到总体，能够在一定程度上说明总体现象的统计资料。

不同的研究目的和任务，决定着不同的调查内容和范围。只有明确调查任务和目的，才能据以确定调查对象、内容和方法。确定调查目的，就是明确在调查中要解决哪些问题、通过调查要取得什么样的资料、取得这些资料有什么用途等问题。衡量一个调查设计是否科学，就是要看方案的设计是否体现调查目的的要求、是否符合客观实际。例如，调查第三产业发展情况，就可能有各种目的。如果说一种目的是要了解第三产业发展规模，就要对第三产业进行普查，相应地制定普查方案。如果说一种目的是要研究第三产业在国民经济发展中的作用，以及与第一、二产业的结构进行比较，这样就不仅要了解第三产业的发展现状，还要了解第三产业过去的发展情况，以及第一、二产业的发展情况。

📖 知识链接

我国统计"四大工程"

我国统计"四大工程"包括基本单位名录库、企业一套表制度、数据采集处理软件系统和联网直报系统4个方面的内容。

（1）建设真实完整、及时更新的基本单位名录库。坚持"全国统一管理、专业分工协作、地方分级负责、各方共同参与、信息资料共享"的原则，按照"统一标准、一库在线、分级维护、及时更新"的模式，以经济普查资料为基础，充分利用部门行政记录和专业统计信息，把作为统计调查对象的各类单位，包括国家机关、社会团体、企事业组织等整合在一起，为各类以基本单位为对象的常规统计调查提供科学完备的调查单位库和抽样框，并根据企业的变化情况及时更新名录。

（2）建立统一规范、方便填报的企业（单位）一套表制度。按照"统一设计、统一标准、统一调查单位、统一布置"的原则，将对企业分散实施的各项调查整合统一到一起，统一布置报表，统一采集原生性指标数据，统一不同专业报表中相同指标的含义、计算方法、分类标准和统计编码，建立既能有效满足各级党委政府、各类经济体和社会公众统计需求，又能满足专业统计和国民经济核算需要，便于企业填报、减轻企业和基层统计机构负担的统一规范的企业一套表制度。

（3）建设功能完善、统一兼容的数据采集处理软件系统。按照"功能完善、方便使用、标准统一、友好兼容"的总体要求，以规范的统计业务流程为依托，以解决现有数据采集处理软件多、乱为重点，以满足各项统计调查数据采集处理、实现不同专业数据共享为目标，建设能够对统计调查制度进行统一电子化设计和布置，具备数据统一管理、录入、审核、编辑、报送、汇总等功能，性能优良、便于操作的数据采集处理软件系统。

（4）建设安全畅通、便捷高效的联网直报系统。在信息化硬件设施、数据采集处理软件系统和原始数据库建设的基础上，实现调查对象和调查人员通过互联网直接向全国数据管理中心报送原始数据、各级统计机构在线共享的工作模式，转变基层统计队伍工作重点，从过去繁重的数据收集汇总、报表填报转向对原始数据的核查和企业基础统计工作的督导，有效消除可能存在的中间环节对统计数据的干扰，提高数据汇总效率和生产过程的透明度与可控性。

简单来说，统计"四大工程"就是统一的基本单位名录库中的法定调查单位，按照企业一套表制度规定的调查内容，采用统一的数据采集处理软件，将原始数据通过互联网直接报送全国统一的数据中心，实现各级统计机构在线同步接收、审核和共享原始数据，确保数据的真实准确、完整及时。"四大工程"是一个有机整体，基本单位名录库是基础，企业一套表制度是核心，统一的数据采集处理软件系统是平台，联网直报系统是手段。

2.2 统计数据的搜集

2.2.1 统计数据的来源

从统计数据本身的来源看，统计数据最初都是来源于直接调查或实验。但从使用者的角度看，统计数据主要来源于两种渠道：第一种是来源于直接调查或科学实验，这是统计数据的直接来源，被称为"一手统计数据"或"直接统计数据"；第二种是来源于别人调查或实验的数据，这是统计数据的间接来源，被称为"二手统计数据"或"间接统计数据"。本节将从使用者的角度讲述统计数据的收集方法。

1. 统计数据的间接来源

对大多数数据使用者来说，亲自调查往往是不可能的。他们所使用的数据大多数是别人调查或科学实验的数据，对使用者来说是"二手统计数据"。二手统计数据主要是公开出版或公开报道的数据，有些是尚未公开出版的数据。例如，公开出版的有《中国统计年鉴》，以及各省、市、地区的统计年鉴等。提供世界各国社会和经济数据的出版物也有很多，如《世界经济年鉴》《国外经济统计资料》和世界银行各年度的《世界发展报告》等。联合国的有关部门及世界各国也定期出版各种统计数据。除了公开出版的统计数据，还可以通过其他渠道使用一些尚未公开发布的统计数据，以及广泛分布于各种报纸、杂志、图书、广播、电视传媒中的各种数据资料。现在，随着计算机网络技术的发展，也可以在网络上获取所需的各种数据资料。利用二手统计数据对使用者来说既经济又方便，但使用时应注意统计数据的含义、计算口径和计算方法，以避免误用或滥用。同时，在引用二手统计数据时，一定要注明数据的来源，以尊重他人的劳动成果。

2. 统计数据的直接来源

统计数据的直接来源主要有两个渠道：一是调查或观察；二是实验。统计调查就是按照预定的统计任务的要求，运用各种科学的统计调查方法，有组织、有计划地向社会收集反映总体各单位标志特征的原始数据资料的过程。有统计部门进行的统计调查，也有其他部门或机构为特定目的而进行的专门调查，如市场调查等。实验是取得自然科学数据的主要手段。

2.2.2　搜集数据的方法

1. 观察法

1）观察法的概念

观察法是指调查者有目的、有计划地凭借自己的感觉器官或运用各种记录工具，深入调查现场，直接观察和记录被调查对象的行为或状态，以收集资料的一种方法。观察法是一种可替代直接发问的方法。例如，调查者到商场、各种展销会、交易会等现场，亲自观察和记录消费者的购买情况、购买情绪、同类产品竞争程度，以及各种商品的性能、式样、价格、包装等。

> **知识链接**
>
> **观察法的优缺点**
>
> 1. 观察法的优点
>
> （1）可以实地记录客观现象的发生，能够获取直接的资料，对客观现象的实际过程和当时的环境气氛可以充分了解。
>
> （2）收集到的信息在大多数情况下是完全真实客观的，无须征得被调查者的同意。
>
> （3）对被调查者的配合与否及其能力大小没有要求。
>
> （4）观察结果真实、客观，有说服力。
>
> 2. 观察法的缺点
>
> （1）调查成本较大，花费的时间较长，观察过程受时间限制。
>
> （2）调查结果往往受观察人员本身素质的影响，而且结果难以进行量化统计分析。
>
> （3）观察法只能观察表面现象，无法了解深层次的情况，因而无法获取观察现象的内在信息。

2）观察法的分类

观察法按是否使用仪器可分为直接观察和间接观察。直接观察是指观察者直接用自己的感觉器官对事物进行调查。例如，在生猪饲养调查中，调查人员深入养殖现场，"踏栏计数，目测估重"。间接观察就是观察者借助观察仪器进行的观察调查。例如，通过录像监控设备，调查营业场所消费者购买商品和营业人员营销服务的情况。

观察法按观察者是否参与被观察者活动，分为参与观察和非参与观察。参与观察是观察者加入观察对象中，通过与观察对象的共同活动，去收集观察对象的有关信息。例如，调查营业人员的工作情况，调查者与营业人员一起开展商品营销，从中收集营业人员的工作热情、业务技术、工作方法和工作效率等有关情况。非参与观察以局外人的角色对所研究的对象进行观察。例如，一个中等规模的企业，想要了解员工平时的工作状态是否积极饱满，则随机抽取一定人数的员工，并对他们进行暗中观察，这样得到的结果往往能真实地反映该企业员工的总体工作状态。

2. 实验法

1）实验法的概念

实验法是一种特殊的观察调查方法，它是在所设定的特殊实验场所，在特殊状态下，对被调查对象进行实验，以取得所需资料的一种调查方法。实验调查的目的是控制一个或多个自变量（如施肥量、降雨量等），研究在其他因素（如光照、土壤肥沃程度等）都不变或相同的条件下，这些自变量对因变量（如亩产）的影响。例如，某方便面企业为了扩大其产品在市场上的占有率，将其方便面的外包装做了改进，把改进后的样品投放到市场上，检验其是否能起到提高销售量的作用。

知识链接

实验法的优缺点

1. 实验法的优点
（1）通过实验调查能直接揭示客观现象之间的因果关系。
（2）实验调查可重复进行。
（3）实验法有利于探索解决问题的具体途径和方法。
2. 实验法的缺点
（1）应用范围有限。
（2）无法完全排除非实验因素影响。
（3）对实验者要求较高，花费的时间长。

2）实验法的分类

实验法根据场所的不同，可分为室内实验和市场实验。进行室内实验时，通常要对某些实验因素加以人为控制，进而探索自变量与因变量之间的关系。例如，把调查对象分为甲、乙两组，甲组不做任何干扰，对乙组定期推送关于转基因的信息和开展有关转基因的培训，然后观测两组的反应。室内实验法重复性强、周期短、便于操作，但有些因素由于条件限制，难以模拟环境分析状况，所以，仍需辅之以市场实验。在市场实验法中，如果其他未控制的因素真的保持不变，那么实验的结果应该是和自然科学实验一样准确的。但是市场上未能控制而又可能在实验期间内有所变化的外来因素太多（例如，消费者偏好、产品的市场需求等），这些外来因素都可能对实验的结果有所影响。为此，在进行实验设计时，要尽可能地减少这些不确定性带来的实验误差。

实验调查根据目的的不同，可分为研究性实验和应用性实验。研究性实验是以揭示实验对象的本质及其发展规律为主要目的的实验。应用性实验则是以解决实际问题为目的的实验。

3. 采访法

采访法是根据被调查者的答复来搜集统计资料的一种调查方法。采访法又可分为口头询问法和被调查者自填法。口头询问法是由调查人员与被调查者直接交谈，当面填答。被调查者自填法是由调查人员把调查表交给被调查者，向被调查者说明填表的要求和方法，并对有关注意事项加以解释，由被调查者按实际情况一一填好，然后交给调查人员审核收回。我国人口普查、城镇居民家庭收入调查中对经常性住户资料的搜集就是采用这种方法。

采访形式可以多种多样，可以是直接面对面的调查，也可以通过电话进行调查，直接面对面调查，逐项询问，互相核实，搜集的资料比较真实可靠，但需要的时间较长，且耗费大量的人力、物力和财力。电话调查是采访法的一种特殊形式，节省人力、财力和时间，成本较低，但往往不易获得对方的合作，而且不便询问比较复杂的问题。另外，还可以借助互联网进行自填式调查。目前已有很多提供调查服务的互联网平台，用户量比较多的互联网调查平台有问卷星、问卷网和第一问卷网等。借助互联网平台进行调查，具有成本低、效率高、方便数据整理等优点。但是，网络调查难以甄别被调查者是否为调查对象，样本的代表性难以保证，因而，非特殊情况不要轻易采用网络调查。

📖 **小案例**

咖啡的盛装之道

在日本有一家咖啡店，这家咖啡店的老板发觉不同的颜色能使人产生不同的感觉，于是他就做了一个实验。他邀请了 30 位参与者，让他们每人喝 4 杯相同的咖啡，但这 4 个装咖啡的杯子的颜色是不同的，有红色、黄色、青色和咖啡色。然后，他询问每位参与者："哪种杯子的咖啡浓度正好？"大家异口同声地回答："青色杯子的咖啡太淡，黄色杯子的咖啡正好，红色杯子的咖啡太浓。"还有一部分人认为："咖啡色杯子的咖啡太浓。"于是，咖啡店就改用了黄色的咖啡杯子，减少了原料，降低了成本。

📺 2.2.3 统计调查的组织方式

统计调查是取得社会经济数据的主要来源，也是获得直接统计数据的重要手段。统计调查的组织方式是指组织搜集数据信息资源的方式。统计调查的组织方式主要有普查、抽样调查、统计报表、重点调查和典型调查。

1. 普查

1）普查的概念

普查是指为了某一特定目的而专门组织的一次性全面调查。普查是一个国家或地区用于定期掌握国情、国力（如人口、经济发展状况）的统计调查方式，可为政府制定社会经济发展战略和方针政策提供依据。另外，普查所取得的资料，还可以为经常性的抽样调查提供抽样框和各种辅助资料，提高抽样调查的效果。目前，我国的普查主要有人口普查、经济普查和农业普查 3 种。

2）普查的组织方式

普查的组织方式一般有两种：一是建立专门的普查机构，配备一定人数的普查人员，对观测单位直接进行登记，如我国历次的人口普查；二是利用观测单位的原始记录和核算资料，发放调查表，由观测单位按要求填报，如物资库存普查等。但每种方式都需要由专门的机构和专门的人员来组织领导。有时，为了满足国家的迫切需要，还可以采用快速普查的形式，即改变一般普查"逐级布置，逐级汇总"的做法，直接由最高普查机构把任务布置到基层单位，基层单位直接把资料报送给最高普查机构，越过中间环节，实行越级汇总、集中汇总。

3）普查的特点

普查作为一种特殊的数据收集方式，具有以下4个特点。

（1）普查通常是周期性的。由于普查涉及面广、调查单位多，在调查过程中需要耗费大量的人力、物力和财力，所以，不宜进行连续调查，通常是间隔较长时间组织一次，一般每隔10年进行一次。

（2）规定统一的标准时点。标准时点是指对被调查对象登记时所依据的统一时点。这个时点一经确定，所有调查资料都要反映这一时点上的状况，以避免搜集资料时因情况变动而产生重复登记和遗漏现象。

（3）普查是全面调查。数据比较准确，规范化程度高，它能够掌握大量、详细、全面的统计资料。因此，它可以为抽样调查或其他调查提供基本依据。

（4）普查适用对象较窄。只能调查一些最基本、特定的现象。

知识链接

我国三大普查

我国现行周期性普查包括全国经济普查、全国农业普查和全国人口普查。全国经济普查每10年进行两次（逢3、逢8年份实施，2003年由于"非典"的特殊原因，第一次全国经济普查延至2004年实施）。经济普查的对象是在中华人民共和国境内从事第二产业、第三产业活动的全部法人单位、产业活动单位和个体经营户。经济普查主要调查第二产业、第三产业的发展规模、结构和效益的情况，普查内容包括单位基本属性、从业人员、财务状况、生产经营情况、生产能力、能源消费情况、科技活动情况等。

全国农业普查每10年进行一次（逢6年份实施）。农业普查的对象包括中华人民共和国境内的农村住户、农业生产经营户、农业生产经营单位、村民委员会、乡镇人民政府。农业普查主要调查农业、农村、农民的基本情况。普查内容包括农业生产条件、农业生产经营活动、农业土地利用、农村劳动力及就业、农村基础设施、农村社会服务、农民生活，以及乡镇、村民委员会和社区环境等情况。在第三次全国农业普查（2016年）中，普查对象的农村住户调整为居住在农村且有确权（承包）土地的住户。

全国人口普查每10年进行一次（逢0年份实施）。人口普查的对象是在中华人民共和国境内的自然人，以及在中华人民共和国境外但未定居的中国公民，不包括在中华人民共和国境内短期停留的境外人员。人口普查主要调查人口和住户的基本情况，普查内容包括姓名、公民身份证号码、性别、年龄、民族、受教育程度、行业、职业、迁移流动、婚姻生育、死亡、住房情况等。

2. 抽样调查

1）抽样调查的概念

抽样调查是指从调查对象的总体中按照随机原则抽取一部分单位作为样本进行调查，并根据样本调查结果来推断总体数量特征的一种非全面调查组织形式，如电视显像管的平均使用寿命、农民年收入情况调查等。

2）抽样调查的特点

抽样调查是实际中应用最广泛的一种调查方式，它具有以下 4 个特点。

（1）经济性。这是抽样调查的一个最显著优点。由于抽样调查的单位少，大大减轻了工作量，调查、登记和汇总都可以专业化，因而节省人力、物力和费用。特别是对于总体范围很大、单位很多、情况很复杂的现象，抽样调查更显优越性。

（2）时效性。抽样调查可以迅速、及时地获得所需要的信息。由于工作量小，调查的准备时间、调查时间、数据处理时间等都可以大大缩减，从而提高数据的时效性。与普查等全面调查相比，抽样调查可以频繁地进行，随着事物的发生和发展，及时取得有关信息，以弥补普查等全面调查的不足。例如，在两次人口普查之间，各年份的人口数据都是通过抽样调查取得的。

（3）准确性。抽样调查的数据质量有时比全面调查更高，因为全面调查的工作量大、环节多，登记性（或调查）误差往往很大；而抽样调查工作量小，可使各环节的工作做得更细致，误差往往很小。当然，用样本数据去推断总体时，不可避免地会有推断误差，但这种误差的大小是可以计算并加以控制的，因此推断的结果通常是可靠的。

（4）适应性。抽样调查可以获得更广泛的信息，它适用于各个领域、各种问题的调查。从适用的范围和问题来看，抽样调查既能调查全面调查能够调查的现象，也能调查全面调查不能调查的现象，特别是对一些特殊现象的调查，如产品质量检验、农产品实验和医药的临床实验等。从调查的项目和指标来看，抽样调查内容和指标可以更详细、更深入，能获得更全面、更广泛和更深入的数据。

3. 统计报表

1）统计报表的概念

统计报表是按照国家有关法规，自上而下地统一布置，以一定的原始记录为依据，按照统一的表式、统一的指标项目、统一的报送时间和报送程序，自下而上、逐级地定期提供统计资料的一种调查方式。

2）统计报表的特点

一是报表资料的来源建立在各个基层单位原始记录的基础上，基层单位可利用其资料对生产、经营活动进行监督管理。

二是由于统计报表是逐级上报和汇总的，故各级领导部门都能获得管辖范围内的报表资料，了解本地区、本部门的经济和社会发展情况。

三是统计报表属于经常性调查，调查项目相对稳定，有利于积累资料，并进行动态对比分析。

3）统计报表的分类

统计报表根据其性质和要求不同，可以分为以下 4 类。

（1）按照报送范围不同分类。按照报送范围不同，统计报表可分为全面统计报表和非全面统计报表。全面统计报表要求调查对象中的每个单位都填报，如中国公路水路交通行业发展统计公报、中国海洋经济统计公报等报表。非全面统计报表只要求调查对象中的一部分单位填报。目前，我国大多数统计报表要求调查对象全部填写，具有统一性、全面性、周期性和可靠性的特点。

（2）按照报送周期长短不同分类。按照报送周期长短不同，统计报表可分为日报、旬报、月报、季报、半年报和年报等。除年报外，一般称为定期报表。其中，日报和旬报也可称为进度报表。这些报表不仅反映时间长短的差别，且所包括指标项目的繁简也有所不同。周期短的，要求资料上报迅速，因此项目不能多；周期长一点的，内容就要求全面一些，对指标的要求也可以详细一点。年报具有年度总结性质，指标要求更全面，内容要求更详尽。

（3）按照报表内容和实施范围不同分类。按照报表内容和实施范围不同，统计报表可分为国家统计报表、部门统计报表和地方统计报表。国家统计报表也称国民经济基本统计报表，由国家统计部门统一制发，用以反映全国性的经济和社会基本情况，包括农业、工业、建筑、物资、商业、外贸、劳动工资和财政等方面最基本的统计资料。部门统计报表是为了适应本部门业务管理需要而制定的专业统计报表，在本系统内实行，用以搜集有关部门的业务技术资料。地方统计报表是针对地区特点而补充规定的地区性统计报表，它是为本地区的计划和管理服务的。

（4）按照填报单位不同分类。按照填报单位不同，统计报表可分为基层统计报表和综合统计报表。基层统计报表即由基层企事业单位填报的报表；综合统计报表是由主管部门或统计部门根据基层报表逐级汇总填报的报表。统计报表的资料来源于基层单位的原始记录。从原始记录到统计报表，中间还要经过统计台账和企业内部报表。因此，建立和健全原始记录、统计台账和企业内部统计报表制度，是保证所搜集到的统计资料具有高质量的基础。

4. 重点调查

1）重点调查的概念

重点调查是指只在调查对象中选择一部分重点单位进行调查，借以了解总体基本情况的一种非全面调查。重点单位是指就调查标志而言，其标志值占总体标志总量的大部分比例的少数单位。通过搜集重点单位的资料，就可以掌握调查对象的基本情况和发展趋势。例如，我国的钢铁企业有数百家，但钢铁产量的高低差别很大，其中首钢、宝钢、鞍钢和包钢等几个大型钢铁企业，虽然在企业数上只是少数，但在全国钢铁总产量中所占的比例是绝对大的，只要对这些重点企业进行观测，就可以大概了解全国钢铁生产的基本情况。又如，要了解棉花、木材等的生产情况，只要对主产区进行观察就可以掌握大致的情况。

2）重点调查的特点

重点调查的特点是省时、省力，能反映总体的基本情况。重点调查既可用于经常性调查，也可用于一次性调查。当调查任务只要求掌握调查对象的基本情况，而在总体中部分单位又能较集中地反映所要研究的问题时，进行重点调查是比较适宜的。

知识链接

重点调查小知识

组织重点调查的重要问题是确定重点单位。重点单位选多选少，要根据调查任务确定。一般来说，选出的单位应尽可能少一些，而这些单位又能反映总体的一般情况。这样，选中的单位能提供较为可靠的资料，达到重点调查的目的。但值得注意的是，重点调查的结果不能用数理统计的方法进行分析。

5．典型调查

1）典型调查的概念

典型调查是指根据调查的目的和要求，在对研究对象进行全面分析的基础上，有意识地选择部分有代表性的单位进行的一种非全面调查。典型调查的目的是通过典型单位来描述或揭示客观现象的本质和规律，因此，所选择的典型单位应具有所研究问题的本质属性或特征。例如，要研究家电企业的经济效益问题，可以在全国家电行业中选择一个或几个经济效益有代表性的企业进行深入、细致的调查，以探寻企业经济效益形成的过程、原因和特点。

2）典型调查的方式

典型调查有两种选"典"方式：一种是"解剖麻雀"式，如果在调查单位之间情况差异较小，则可选择一个或两个典型单位进行研究性调查，主要用于探寻事物发生发展的原因和规律；另一种是"划类选典"式，如果作为调查对象的各个单位之间差异较大，则先按有关标志将研究对象分类，再在各类别中选择有代表性的单位进行调查。典型调查的优点是调查范围小、调查单位少、灵活机动、具体深入，以及节省人力、财力和物力等。其不足之处在于实际操作中选择真正有代表性的典型单位比较困难，而且容易受人为因素的干扰，从而可能导致调查的结论有一定的倾向性。典型调查的结果一般情况下不宜用于对总体的推断。

知识链接

统计调查小贴士

不同的统计调查方式，各有其特点和作用。在实际工作中，并非单用一种方式，而是多种方式结合运用。这是因为国民经济和社会发展的情况复杂，国民经济门类众多，必须应用多种多样的统计调查方式，才能搜集到丰富的统计资料；任何一种统计调查方式，都有它的优越性与局限性，各有不同的实施条件，只用一种统计调查方式，不能满足多种需要。

2.2.4　统计数据的误差

统计数据的误差是指调查结果所得到的统计数字与调查总体实际数量表现的差别。统计数据的误差包括登记性误差和代表性误差。

1. 登记性误差

登记性误差又称调查误差，是指在调查过程中各个环节上造成的误差，有计算错误、记录错误、计量错误、抄录错误、汇总错误、计算机输入误差等，以及被调查者不愿或难以提供真实情况的误差，有时还存在调查人员弄虚作假的误差和各种人为因素干扰的误差。这种误差在所有的调查中都会产生，并且一般情况下，调查范围越广越大，观测的个体越多，产生误差的可能性就越大。登记性误差在理论上来讲是可以避免的。

2. 代表性误差

代表性误差是指由于不同的随机样本的选取所造成的误差，分为系统性误差和抽样误差。系统性误差又称偏差，是由于从总体中抽取调查单位时违反随机原则而造成的误差。抽样误差是偶然性的代表性误差，是指在抽样调查中，即使严格按照随机原则抽取调查单位，也不可避免的误差，这是由于抽样中的不同随机样本造成的。

2.2.5　统计数据的质量要求

数据的质量包括多方面的含义，不仅仅指数据本身的准确性或误差的大小。就一般的统计数据而言，可将统计数据的质量评价标准概括为 6 个方面，如表 2-1 所示。

表 2-1　统计数据的质量评价标准

评 价 标 准	解 释 说 明
精度	最低的抽样误差或随机误差
准确性	最小的非抽样误差或偏差
关联性	满足用户决策、管理和研究的需要
及时性	在最短的时间内取得并公布数据
一致性	保持时间序列的可比性
经济性	在满足以上标准的前提下，以最低成本取得数据

现在，人们对统计数据的质量提出了越来越高的要求，当我们为满足某一需要收集统计数据时，在调查方案的设计、数据的收集、数据的处理与分析的各个环节中，都应该注意保证数据的质量，以便得出切合实际的客观结论。

2.3 统计调查方案与问卷的设计

2.3.1 统计调查方案的设计

统计调查是一项复杂细致的工作。在统计调查工作正式开始之前,需要制订一个完整、周密的调查方案。正确制订统计调查方案是保证统计调查有计划、有组织地进行的首要步骤,统计调查方案是对整个调查工作的通盘考虑和安排,是指导整个调查过程的纲领性文件。一个完整的统计调查方案主要包括以下 5 个方面。

1. 调查目的

确定调查目的是制订统计调查方案的首要问题,也是应该首先明确的核心问题,这是统计调查的第一步工作,调查活动的各个方面、各个环节都是围绕调查目的进行的。调查目的,就是所要达到的具体目标。确定调查目的,就是明确在调查中要解决哪些问题,通过调查要取得什么样的资料、取得这些资料有什么用途等问题。只有明确了调查目的,才能进一步确定调查对象、内容和方法。调查目的要明确、具体,突出重点,易于理解和把握。

2. 调查对象和调查单位

在确定调查目的后,就要据此确定调查对象和调查单位,其目的是回答向谁调查、由谁来提供统计资料的问题。调查对象是所调查的客观现象的总体,由大量具有共同属性的被调查个体组成。调查单位是指在某项调查中登记其具体特征的单位,即构成调查对象的每个基本单位。调查单位是调查项目和标志的承担者或载体,是收集数据的基本单位。例如,调查目的是获取某地区工业企业的产值,调查对象就应该是该地区的所有工业企业,而调查单位就是构成该地区工业企业总体的每家工业企业。又如,我国第七次人口普查的对象是指普查标准时点在中华人民共和国境内的自然人,以及在中华人民共和国境外但未定居的中国公民,不包括在中华人民共和国境内短期停留的境外人员。人口普查以户为单位,户分为家庭户和集体户。

在确定调查对象和调查单位时,应注意以下 3 个问题。

(1)由于调查对象的复杂性,因此必须用科学的理论为指导,严格规定调查对象的含义,并指出它与其他有关现象的界限,以免造成由于界限不清而发生的差错。例如,以城市职工为调查对象,就应明确职工的含义,划清城市职工与非城市职工、职工与居民等概念的界限。

(2)调查单位的确定取决于调查目的和对象。如果调查目的和对象改变,调查单位也要随之改变。例如,要调查城市职工本人的基本情况时,调查单位就不再是每户城市职工,而是每个城市职工。

（3）不同的调查方式会产生不同的调查单位。如果采取普查方式，则调查总体内所包含的全部单位都是调查单位；如果采取抽样调查方式，则用各种抽样方法抽出的样本单位是调查单位。为此，要明确给出具体的抽样设计思路。

知识链接

调查单位与填报单位的区别

调查单位与填报单位有区别。填报单位也称为报告单位，是负责提供资料的单位、人或组织机构。调查单位是调查项目的承担者，可以是人、机构，也可以是物。填报单位和调查单位有时是一致的，例如，调查辽宁省工业企业的生产经营状况，调查单位和填报单位均可以是辽宁省的每个具体的工业企业；两者有时又是不一致的，例如，调查 2021 年全国高校教师的工资情况，调查单位为全国的每名高校教师，而填报单位一般是每所高校。所以，在确定调查对象、调查单位的同时，需要确定填报单位，以保证调查工作紧密衔接。

---

3. 调查项目和调查表

调查项目就是调查中所要登记的调查单位的特征，也就是需要被调查者回答的具体问题。调查项目可以是调查单位的数量特征，例如，人的收入、超市的营业额、企业的产量及产值等；也可以是调查单位某种属性或品质特征，例如，人的职业、籍贯、性别，企业所属的行业类别等。在拟定调查项目时要注意以下 3 个问题：一是所选择的项目必须是能取得确切资料的，对于不必要或者虽然需要但没有可能取得资料的项目，就不应该列入；二是调查的每个项目应该有确切的含义和统一的解释，以免调查人员或被调查者按照各自不同的理解进行回答，使调查结果无法汇总；三是各个调查项目相互之间尽可能做到互相联系，彼此衔接，以便从整体上了解现象的相互联系，也便于有关项目相互核对，提高调查资料的质量。

按照一定的顺序把各个调查项目排列在一定的表格上，就构成了调查表。调查表是统计调查的核心部分。好的调查表，项目要少而精、措辞要精练，要使被调查者易填、易答。调查表有一览表和单一表两种形式。一览表是能够登记多个调查单位资料的调查表。在调查项目不多时，一般采用一览表。一览表较为简单，便于合计和核对数据。单一表是只登记一个调查单位资料的调查表，可容纳较多标志，单一表便于分类整理，一般在调查项目较多的时候使用。

调查表一般由表头、表体和表外附加三部分组成。表头是调查表的名称，用来说明调查的内容，以及被调查单位的名称、性质、隶属关系等；表体是调查表的主要部分，内容包括调查的具体项目；表外附加又称表脚，通常由填表人签名、填表日期、填表说明等内容组成。

4. 调查时间

统计上的调查时间包括两个方面的含义，即调查时间和调查期限。调查时间是指调查资料所属时间。在统计调查中，如果所调查的是时期现象，就要明确规定调查资料所属时间。

如果要调查的是时点现象，则要明确规定调查资料所属时点。调查期限是指整个调查工作的起止时间，包括收集资料和报送资料等全部工作所需要的时间。

5. 调查工作组织计划

为了使调查工作顺利进行，在着手调查之前首先要制订调查工作组织计划，其主要内容可概括为以下 5 个方面：

（1）确定调查工作的领导机构和办事机构。

（2）明确调查人员的组织与分工。

（3）明确调查前的准备工作，包括宣传教育、人员培训、文件资料的印发、方案的传达布置、调查经费的预算及开支办法等。

（4）规定调查工作的检查、监督方法。

（5）确定公布调查结果的时间等。

2.3.2 调查问卷的设计

调查问卷又称调查表或询问表，这种调查表是现代调查中最为普遍使用的搜集资料的工具。尤其是抽样调查，一般使用调查问卷。

> **知识链接**
>
> ### 问卷的作用
>
> 问卷的作用有如下 3 个：
>
> （1）可以使调查研究规范化。规范化是使提问和答案的内容和形式一律标准化。
>
> （2）可以使调查研究程序化。调查访问按问卷规定的提问和回答的次序进行，所以持卷访问又称结构式访问。
>
> （3）可以使调查研究科学化。科学化是指使用调查问卷可以提高搜集资料的可靠性和分析资料的正确程度。

1. 问卷设计的原则

在问卷的设计过程中应该遵循以下 5 个原则。

（1）有明确的主题。根据调查主题，从实际出发拟题，问题目的明确，重点突出，没有可有可无的问题。

（2）结构合理，逻辑性强。问题的排列应有一定的逻辑顺序，符合应答者的思维习惯。一般是先易后难，先简后繁，先具体后抽象。

（3）通俗易懂。问卷应使应答者一目了然，并愿意如实回答。问卷的语气要亲切，符合应答者的理解能力和认知能力，避免使用专业术语。对敏感性问题采取一定的技巧，使问卷具有合理性和可答性，避免主观性和暗示性，以免答案失真。

（4）控制问卷的长度。回答问卷的时间控制在 20 分钟左右，问卷中既不要浪费一个问句，也不要遗漏一个问句。

（5）便于资料的校验、整理和统计。

2. 问卷设计的程序

问卷设计应遵循以下 5 个步骤。

1）确定主题和资料范围

根据调查目的，研究调查内容、所需收集的资料及资料来源、调查范围等，酝酿问卷的整体构思，将所需要的资料一一列出。分析哪些是主要资料、哪些是次要资料、哪些是可要可不要的资料，淘汰那些不需要的资料，再分析哪些资料需要通过问卷取得、需要向谁调查等，并确定调查地点、时间及对象。

2）分析样本特征

分析了解各类调查对象的社会阶层、社会环境、行为规范和观念习俗等社会特征，需求动机、潜在欲望等心理特征，理解能力、文化程度和知识水平等学识特征，以便针对其特征来拟题。

3）拟定并编排问题

首先构想每项资料需要用什么样的句型来提问，尽量详尽地列出问题；然后对问题进行检查、筛选，看有无多余的问题，有无遗漏的问题，有无不适当的问句，以便进行删、补、换。

4）进行试问试答

站在调查者的立场试行提问，看问题是否清楚明白，是否便于资料的记录、整理；站在应答者的立场试行回答，看是否能答和愿答所有的问题，问题的顺序是否符合逻辑思维。估计回答时间是否合乎要求。有必要在小范围内进行实地试答，以检查问卷的质量。

5）修改、复印

根据试答情况，对问卷进行修改，再试答，再修改，直到完全合格以后才定稿付印，制成正式问卷。

知识链接

调查问卷中的问题设置

问卷中的问题有多种类型，总体上可分为两大类，即封闭式问题和开放式问题。

封闭式问题是在问题后设计了若干可能的答案，被访者只能从备选答案中选择出一个或几个作为选项。其优点是标准化程度高，回答方便，易于归类和分析，有利于提高问卷的回收率和有效率；缺点是被访者只能在限定的答案范围内选择，自由度小，可能无法反映其他各种有目的的、真实的想法。

开放式问题所提出的问题不列出答案，由被访者自由作答。其优点是被访者可以按照自己的想法和方式回答问题或发表意见，不受限制，所得数据主动、具体、信息量大；缺点是难以归类汇总，也不便于定量分析。

在设置问题时，务必注意提问的方式：避免提笼统抽象的问题，如"您对某超市的印象如何"；避免使用含糊不清的概念，如"您是否经常去超市购物"；尽量不要使用专业性术语，如"您对当前电视销售中的低价倾销策略有何看法"；避免引导性提

问，如"消费者反映某品牌电脑物美价廉，您是否有购买计划"；切忌语言生硬、令
人难堪，如"您家至今不买电脑的原因是什么"；避免问断定性问题，如"您一天抽
多少支烟"；避免问敏感性、禁忌性问题，如"您逃过几次税"；等等。

3. 问题的分类

1）根据调查内容不同分类

根据调查内容不同，问题可分为事实性问题、意见性问题和解释性问题。

（1）事实性问题要求被调查者依据现有事实来做出回答，不必提出主观看法。这些
问题又称分类性问题，因为可根据所获得的资料而将应答者分类。例如，"您目前的职业
是什么？""您使用什么品牌的洗发水？"等。在问卷调查中，通常将事实性问题放在后
面，以免应答者在回答有关私人的问题时有所顾忌，从而影响以后的答案。

（2）意见性问题即态度调查问题。固然要考虑应答者是否愿意表达他真正的态度，
但态度、强度各有不同，如何从答案中衡量其强弱，显然也是一个需要克服的问题。意
见性问题用于了解被调查者的意见、看法、评价、态度、要求和打算等，例如，"您是否
喜欢××电视节目？""您对目前所从事的职业是否满意？"等。

（3）解释性问题用于了解被调查者行为、意见、看法等产生的原因，了解个人内心
深层的动机。例如，"您为什么喜欢看××电视节目？""您为什么要从事目前的职业？"
等。解释性问题虽然回答难度和统计处理难度加大了，但收集到的资料能比较深入地说
明所研究的问题。

2）根据回答方式不同分类

根据回答方式不同，问题可分为开放式问题和封闭式问题。

（1）开放式问题也称为自由回答式问题，是指不提供备选答案而需要被调查者自由
做出回答的。例如，"您对我国目前大学生就业难有何看法？"显然，应答者可以自
由回答以上问题，并不需要按照问卷上已拟定的答案加以选择，因此，应答者可以充分
表达自己的看法和理由，并且比较深入，有时还可获得研究者始料未及的答案。通常而
言，问卷上的第一个问题采用自由式问题，让应答者有机会尽量发表意见，这样可制造
有利的调查气氛，缩短调查者与应答者之间的距离。然而，开放式问题也有其缺点。例
如，调查者的偏见，因为记录应答者的答案是由调查者执笔的，所以，极可能失真或并
非应答者原来的意思。如果调查者按照自己的理解来记录，就有出现偏失的可能，但这
些不足可运用录音设备来弥补。开放式问题的第二个主要缺点是资料整理与分析的困难。
由于各种应答者的答案可能不同，用词各异，所以，在答案分类时难免出现困难，整个
过程相当耗费时间，而且免不了夹杂整理者个人的想法。因此，开放性问题在探索调研
中是很有帮助的，但在大规模的抽样调查中，开放性问题就弊大于利了。

（2）封闭式问题是指已列出所有可能的答案以供被调查者选择。封闭式问题的优点
包括以下3个方面：

① 答案是标准化的，对答案进行编码和分析比较容易。

② 回答者易于作答，有利于提高问卷的回收率。

③ 问题的含义比较清楚。因为所提供的答案有助于理解题意，这样就可以避免回答

者由于不理解题意而拒绝回答。

封闭式问题存在以下两个缺点：

① 回答者对题目有不正确理解的，难以觉察出来。

② 可能产生"顺序偏差"或"位置偏差"，即被调查者选择答案可能与该答案的排列位置有关。

研究表明，对陈述性答案被调查者趋向于选第一个或最后一个答案，特别是第一个答案；对一组数字（数量或价格）则趋向于取中间位置的。为了减少顺序偏差，可以准备几种形式的问卷，每种形式的问卷答案排列的顺序都不同。

4．问卷的结构

调查问卷一般可由3部分组成：卷首语（开场白）、正文和结尾。

1）卷首语

问卷的卷首语或开场白是致被调查者的信或问候语。其内容一般包括下列7个方面：

（1）称呼、问候，如："××先生、女士：您好！"

（2）调查人员自我说明调查的主办单位和个人的身份。

（3）简要地说明调查的内容、目的和填写方法。

（4）说明作答的意义或重要性。

（5）说明所需时间。

（6）保证作答对被调查者无负面作用，并替他保守秘密。

（7）表示真诚的感谢，或说明将赠送小礼品。

开场白的语气应该是亲切、诚恳而礼貌的，简明扼要，切忌啰嗦。问卷的开头是十分重要的。大量的实践表明，几乎所有拒绝合作的人都是在开始接触的前几秒就表示不愿参与的。如果潜在的调查对象在听取介绍调查来意的一开始就愿意参与，那么绝大部分人都会合作，而且一旦开始回答，大部分人都会继续并完成，除非在非常特殊的情况下才会中止。

2）正文

问卷的正文包含如下3部分：

第一部分包括向被调查者了解最一般的问题。这些问题应该适用于所有的被调查者，并能使被调查者可以很快、很容易地回答问题。在这一部分不应有任何难以回答的或敏感的问题，以免吓坏被调查者。

第二部分是主要内容，包括涉及调查的主题的实质和细节的大量题目。这一部分的结构组织安排要符合逻辑性并对被调查者来说应是有意义的。

第三部分一般包括两方面的内容，一是敏感性或复杂的问题，以及测量被调查者的态度或特性的问题；二是人口基本状况、经济状况等。

3）结尾

问卷的结尾一般可以加上一两道开放式题目，给被调查者一个自由发表意见的机会。然后，对被调查者的合作表示感谢。在问卷的最后，一般应附上一个"调查情况记录"。

这个记录一般包括调查人员（访问员）的姓名、编号；受访者的姓名、地址、电话号码等信息；问卷编号；访问时间；其他（如设计分组等）。

5. 问卷设计应注意的问题

问卷设计时应注意以下 3 个方面的问题。

1）问卷的开场白

问卷的开场白必须慎重对待，要以亲切的口吻询问，措辞应精心，做到言简意赅，亲切诚恳，使被查者自愿与之合作，认真填好问卷。

2）问题的语言

由于不同的字眼会对被调查者产生不同的影响，所以，往往看起来差不多的相同的问题，会因所用字眼不同，而使应答者做出不同的反应和给予不同的回答。故问题所用的字眼必须小心，以免影响答案的准确性。一般来说，在设计问题时应遵循以下两个原则：

（1）避免一般性问题。如果问题的本来目的是求取某种特定资料，但问题过于一般化使应答者所提供的答案资料无实际意义。

（2）问卷的语言尽量要口语化，符合人们交谈的习惯，避免过于书面化。

3）问题的选择及顺序

通常问卷的前几个问题可采用开放式问题，旨在使应答者多讲话，多发表意见，使应答者感到十分自在，不受拘束，这样应答者与调查者之间的陌生距离便会缩短，应答者能充分发表自己的见解。不过要留意，最初安排的开放式问题必须较易回答，不可具有高敏感性（如困窘性问题）。如果最初的提问就被应答者主观抵触，那么以下的问题就会很难继续。

因此，问题应是容易回答且具有趣味性的，旨在提高应答者的兴趣。核心问题往往置于问卷中间部分，分类性问题如收入、职业、年龄通常置于问卷之末。

在问卷中，问题的顺序一般按下列规则排列：

（1）容易回答的问题放前面，较难回答的问题及困窘性问题放后面，个人资料的事实性问题放卷尾。

（2）封闭式问题放前面，自由式问题放后面。由于自由式问题往往需要时间来考虑答案和语言的组织，因此，放在前面会引起应答者的厌烦情绪。

（3）要注意问题的逻辑顺序，按时间顺序、类别顺序等合理排列。

2.4 利用 Excel 编制统计表

下面以编制 A 商场中 B 店铺 2017—2021 年的销售情况的统计表为例进行介绍。A 商场中 B 店铺 2017—2021 年的销售收入分别为 400000 元、500000 元、650000 元、820000

统计学基础

元、960000 元；销售支出分别为 160000 元、210000 元、280000 元、340000 元、420000 元。具体操作步骤如下：

Step 1 打开 Excel 工作表，在其中输入工作表标题"A 商场中 B 店铺 2017—2021 年的销售情况统计表"，接着输入其他数据，如图 2-1 所示。

Step 2 选中 A1:F4 单元格区域，设置文本对齐方式为居中对齐。选中 A1:F1 单元格区域，选择"开始"选项卡，在"对齐方式"组中单击"合并后居中"按钮，将 A1:F1 单元格区域合并为一个单元格并居中对齐，如图 2-2 所示。

	A	B	C	D	E	F
1	A商场中B店铺2017—2021年的销售情况统计表					
2	年份	2017年	2018年	2019年	2020年	2021年
3	销售收入/万元	40	50	65	82	96
4	销售支出/万元	16	21	28	34	42
5						

图 2-1　输入数据

	A	B	C	D	E	F
1	A商场中B店铺2017—2021年的销售情况统计表					
2	年份	2017年	2018年	2019年	2020年	2021年
3	销售收入/万元	40	50	65	82	96
4	销售支出/万元	16	21	28	34	42
5						

图 2-2　设置文本对齐方式

Step 3 选中 A1:F4 单元格区域，选择"开始"选项卡，在"字体"组工具栏中单击"其他边框"下拉按钮，在弹出的下拉列表中选择"其他边框"选项，如图 2-3 所示。

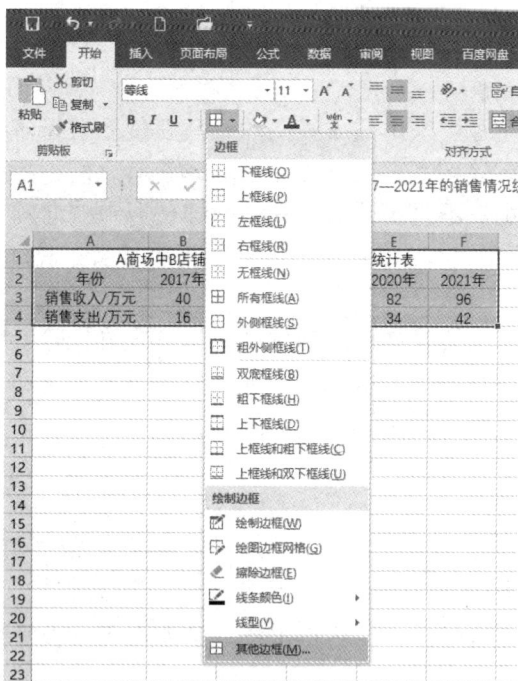

图 2-3　选择"其他边框"选项

Step 4 弹出"设置单元格格式"对话框，选择"边框"选项卡，对表格的边框进行如图 2-4 所示的设置。

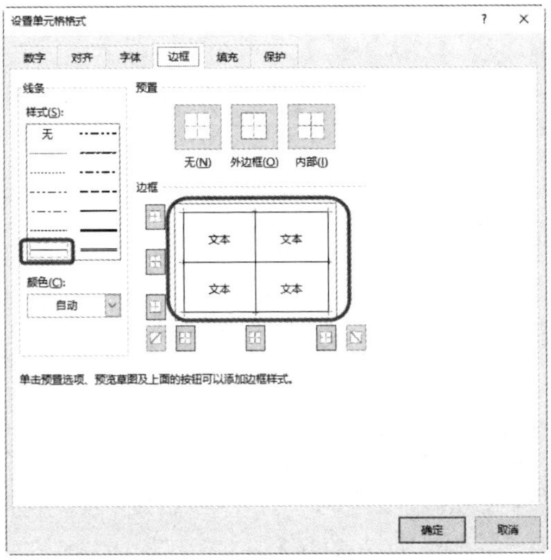

图 2-4 "设置单元格格式"对话框

Step 5 设置完成单击"确定"按钮，完成对表格边框的设置。返回 Excel 工作表，即可看到表格被添加了边框，如图 2-5 所示。

	A	B	C	D	E	F
1	A商场中B店铺2017—2021年的销售情况统计表					
2	年份	2017年	2018年	2019年	2020年	2021年
3	销售收入/万元	40	50	65	82	96
4	销售支出/万元	16	21	28	34	42
5						

图 2-5 表格添加边框

拓展实训

【实训目标】

通过实训，使学生初步了解统计调查的相关知识，包括统计调查的含义、要求、种类，统计数据的搜集、统计调查方案与问卷的设计。

【实训内容】

了解并掌握统计数据的搜集，以及统计调查方案与问卷的设计。

【实训步骤】

（1）以 2～3 人为单位组成一个团队，设负责人 1 名，负责整个团队的分工协作。

（2）团队成员通过分工协作，多渠道搜集相关资料。

（3）团队成员对搜集的资料进行整理，总结并分析如何合理有效地搜集统计数据。

（4）各团队将总结制作成表格，派 1 人作为代表上台演讲，阐述自己团队的成果。

（5）教师对各团队的成果进行总结评价，指出不足与改进措施。

【实训要求】

（1）考虑到课堂时间有限，实训可采取"课外+课内"的方式进行，即团队组成、分工、讨论和方案形成在课外完成，成果展示安排在课内。

（2）每个团队方案展示时间约为 10 分钟，老师和学生提问时间约为 5 分钟。

复习思考题

1. 统计调查的分类标准有哪些？
2. 搜集数据的方法有哪些？
3. 统计调查方案的设计包括哪些内容？
4. 问卷设计的原则有哪些？

第 3 章
数据整理

通过统计调查或从现成的调查中获取的统计数据，只是一些个别单位分散的、不系统的原始数据，所反映的问题常常是事物的表面现象，不能深刻揭示事物的本质，更不能从量的方面反映事物发展变化的规律性。只有根据统计研究的目的，运用科学的方法，对数据进行加工整理，同时用图表形式将数据展示出来，才能发现经济社会现象的数量规律性，以便于我们进一步理解和分析。

↘ 教学目标

本章教学目标		
1	知识目标	● 了解数据的预处理 ● 了解数据分组的方法 ● 了解统计表的概念与结构
2	能力目标	● 能够掌握统计表的编制规范 ● 能够熟练掌握在 Excel 中绘制统计图的方法
3	素质目标	● 培养学生的开拓创新、团结协作精神，使学生树立正确的世界观、价值观、人生观

3.1 数据整理概述

3.1.1 数据的预处理

统计数据的预处理是统计数据整理的前期步骤，它是在对数据进行分类或分组之前所做的必要处理。数据预处理包括统计数据的审核、统计数据的汇总、统计数据的预加工处理。

1. 统计数据的审核

统计数据的审核是保证统计数据整理质量的重要手段，为进一步的数据整理与分析打下坚实基础。从不同渠道取得的统计数据，在审核的内容和方法上都有所不同。对于通过直接调查取得的原始数据，主要从数据的完整性和准确性去审核；对于通过其他渠道取得的二手统计数据，除了要对其完整性和准确性进行审核，还要着重审核数据的适用性和时效性。

1）数据的完整性审核

数据的完整性审核主要是审核所有调查项目和指标是否填写齐全、调查单位是否有遗漏，即检查是否有调查单位无回答或项目无回答。对于直接调查取得的原始数据，应该检查调查问卷或调查表项目是否填写完整，如果空白太多，应询问调查人员，确定是调查人员的疏忽所致还是调查对象不能回答或不愿意回答，即刻进行空白填补工作。对于二手统计数据，要看其调查项目是否完备（或者说是否符合我们的研究分析的需要）、是否存在很多缺失值。

2）数据的准确性审核

数据的准确性审核是检查所填报的资料是否准确可靠。常用数据的准确性审核方法有以下两种：

一是逻辑检查。首先检查数据是否真实地反映了客观实际情况，内容是否符合实际；其次审核数据是否符合逻辑，内容是否合理，各项目或数字之间有无互相矛盾的现象。

二是计算检查。主要检查各项指标的计算口径、计量单位是否符合规定，并通过各种计算方法来检查各指标之间的数字是否相互衔接。

3）数据的适用性和时效性审核

二手统计数据可以来自多种渠道，有些数据可能是为了特定目的而通过专门调查取得的，或者是已经按照特定目的的需要进行了加工整理。作为使用者来说，首先应弄清楚数据的来源、数据的口径及有关的背景材料，以便确定这些数据是否符合自己分析研究的需要、是否需要重新进行加工整理等，不能盲目地生搬硬套。

此外，还要对数据的时效性进行审核。对于有些时效性较强的问题，如果所取得的数据过于滞后，则可能会失去研究的意义，一般需要使用最新的统计数据。数据在经过审核后，确认适合我们的实际需要，才有必要对其进行进一步的加工整理。

2. 统计数据的汇总

统计数据的汇总主要是针对直接调查取得的原始数据。通过统计调查搜集的原始数据，其中很大部分数据是以问卷或调查表格形式存在的，这些数据往往分散、不系统，不易表现出总体的数量特征。通过将问卷或调查表格记录的各单位信息汇总成一个更大的数据表，作为进一步整理的基础。选择恰当的汇总技术，对提高汇总速度和保证汇总质量具有重要意义。

统计数据的汇总技术主要有两种方法，即手工汇总和电子计算机汇总。

1）手工汇总

手工汇总是指用算盘和小型计算器进行汇总。采用手工汇总的方法有画记法、过录法、折叠法、卡片法。手工汇总适合总体单位数量和调查项目较少的调查研究，在总体单位数量和调查项目较多的调查研究中，手工汇总不仅花费的时间会很长，而且容易出错。

2）电子计算机汇总

电子计算机的运用大大提高了数据汇总的速度和精确度，目前电子计算机汇总已成为我国统计工作的重要工具。电子计算机汇总大体分为以下 5 个步骤：

（1）选择统计软件，目前比较常用的统计软件有 Excel、SPSS、SAS 等。

（2）设置变量。

（3）录入问卷或调查表的数据。

（4）逻辑检查。

（5）保存为数据表。

3. 统计数据的预加工处理

将数据录入计算机形成电子文档后，通常还需要对搜集到的数据做进一步的预加工处理，以保证数据被"清洗干净"，这是数据整理过程中不可缺少的一个关键步骤。而且，随着数据分析的不断深入，对数据的加工处理还会多次反复，实现数据加工和数据分析的螺旋上升过程。数据的预加工处理服务于数据分析和建模，常用的统计数据的预加工处理方法主要有数据筛选、数据排序、缺失值处理、变量计算。

1）数据筛选

数据筛选主要包括两方面的内容：一是将某些不符合要求的数据或有明显错误的数据予以剔除；二是将符合某种特定条件的数据筛选出来。

2）数据排序

对于分类数据，如果是字母型数据，排序有升序、降序之分，但习惯上用升序；如果是汉字型数据，排序方式有很多种，与分析的目的有关系。对于数值型数据，排序方式只有两种，即递增和递减。

3）缺失值处理

缺失值处理主要包括两种路径：一是直接删除含有缺失值数据的样本；二是用合理的替代值替换缺失值。

4）变量计算

在原有数据的基础上，根据实际分析的需要，计算产生一些具有新含义的变量，或者对数据的原有分布进行转换等。

3.1.2 统计分组

1. 统计分组的概念和作用

1）统计分组的概念

统计分组是指根据统计研究目的和要求，以及总体的内在差异，按照某一分组标志（或几个分组变量）将总体区分为若干性质不同又有联系的几个部分。构成总体的各个总体单位之间既具有共性又有差异，统计分组操作的目的就是将那些具有某个或某几个相同性质的总体单位归结在一起，而将不同性质的现象分开，即经过分组的资料，组内具有同质性，组间具有差异性。因此，统计分组的实质是在现象总体内进行的一种分类，揭示总体内在的数量结构，以及总体之间的数量依存关系。

从分组的性质来看，分组兼有分和合的双重含义。对于现象总体而言，是"分"，即把总体分为性质相异的若干部分；而对于总体单位而言，又是"合"，即把性质相同的许多单位结合为一组。对于分组标志而言，是"分"，即按分组标志将不同的标志表现分为若干组；而对于其他标志而言，是"合"，即在一个组内的各单位，即使其他标志表现不相同，也只能结合在一组。由此可见，选择一种分组方法，突出了一种差异，显示了一种矛盾，必然同时掩盖了其他差异，忽略了其他矛盾。不同的分组方法，可能得出不同的结论。因此，统计分组必须先对所研究现象的本质进行全面的、深刻的分析，确定所研究现象类型的属性及其内部差别，而后才能选择反映事物本质的正确分组标志。

2）统计分组的作用

统计分组在统计研究中的重要作用主要表现为以下 3 个方面。

（1）划分现象的类型。在整理大量的统计资料时，有必要运用统计分组方法将所研究的现象总体划分为不同的类型组来进行研究。例如，国民经济按产业分组，第一产业分成农、林、牧、渔业各组；第二产业分成工业和建筑业；第三产业分成批发和零售业、交通运输、仓储和邮政业、住宿和餐饮业、金融业、房地产业、其他等。

（2）揭示现象内部结构。在划分类别的基础上，将总体各单位连同其标志值分别归入所属的类型组中，汇总各组单位数和标志总量，计算各分组单位数或指标数值占总体单位总数或标志总量的比重，就可以揭示总体内部的构成，表明部分与总体、部分与部分之间的关系。

（3）分析现象之间的依存关系。一切社会经济现象都是相互联系、相互依存、相互制约而不是孤立存在的。但是，这种相互依存和制约关系的方向和程度却难以直接观察，通过统计分组，可以揭示这种关系及其在数量上的表现。

2. 统计分组标志的选择

统计分组可以按照不同的标志来进行，统计分组的标志是划分数据的标准和依据。统计分组标志的选择是否得当，关系到能否正确地反映总体的数量特征及其变化规律。

1）正确选择统计分组标志需考虑的因素

正确选择统计分组标志，需要考虑以下两点：一是根据研究问题的目的来选择。每个研究对象都有许多特征或属性，如果统计分组标志选择不恰当，分组的结果就不能反映总体的性质特征，也就不能达到我们所要研究的目的；二是结合现象所处的具体环境和条件来选择。社会经济现象会随着时间、地点、条件的变化而变化，历史条件不同，事物的特征也会有所变化。分组标志的选择绝对不是一个单纯的技术性问题，而是需要研究者对研究目的、研究对象的特征有比较好的了解和把握。在此基础上，才能选择合适的分组标志。

2）统计分组遵守的原则

统计分组必须遵守穷尽和互斥两个原则。穷尽原则就是要求总体中的每个单位都应该有组可依，或者说各分组的空间足以容纳总体所有的单位。互斥原则就是在特定的分组标志下，总体中的任何一个单位只能归属于某一组，而不能同时或可能归属于几个组。只有遵循了穷尽和互斥两个原则，才能使得每个总体单位有且只有某一个组可以归属。

3. 统计分组的种类

1）按分组标志的多少不同，可分为简单分组与复合分组

简单分组是按照一个标志来分组，只反映总体某一方面的分布状况和内在结构，如对班级学生只按照性别标志划分。

复合分组是对同一总体选择两个或两个以上标志层叠起来进行分组，即先按第一个标志进行分组，各组再按第二个标志分成小组，各小组继续按第三个标志分成更小的组，如此下去，直至完成所有标志的分组，形成复合分组体系。例如，对某高校教师总体按性别、年龄、职称和学位4个标志进行分组。

2）按分组标志的性质不同，可以分为品质分组与数量分组

品质分组又称属性分组，是指总体按某一个或某几个标志进行分组，并在品质标志变异的范围内，划定各组的性质界限，根据每个个体的标志表现把它们分别归入不同的分组中。品质分组比较简单，分组标志一经确定，一个品质标志表现即为一组，组的名称和组数也随之确定。例如，对班级学生按照性别进行分组。

数量分组又称变量分组，是指总体按某一个或某几个数量标志进行分组，并在数量标志变异的范围内，划定各组的数量界限，根据每个个体的标志表现把它们分别归入不

同的分组中。数量分组是反映总体内部数量差异的重要方法之一，并能够通过组间数量差异体现出性质不同。

4. 统计分组的方法

1）品质分组

品质分组是按品质标志进行分组。一般，对于以定类尺度或定序尺度计量的，采取品质分组。

2）数量分组

数量分组是按数量标志分组。一般对于以定距尺度或定比尺度计量的，采取数量分组。按数量标志分组，应注意如下两个问题：首先，分组时各组数量界限的确定必须能反映事物质的差别；其次，应根据被研究的现象总体的数量特征，采用适当的分组形式，确定相宜的组距、组限。

知识链接

单项式分组与组距式分组

单项式分组就是用一个变量值作为一组，形成单项式变量数列。例如，某高校在校本科生年龄分组，可以分为 19, 20, 21, 22 等组。单项式分组一般适用于离散型变量，且多用于变量值较少的情况，组数太多不便于观察数据分布的特征和规律。离散型变量是指所描述对象的变量值可以按一定次序——列举的数量变量。组距式分组就是将变量依次划分为几段区间，把一段区间内的所有变量值归为一组，形成组距式变量数列。组距式分组适用于连续型变量。例如，某个班级的学生身高可以被划分为不同区间范围。

3.1.3 统计汇总

1. 统计汇总的含义

在统计分组的基础上，根据汇总方案中确定的分组标志和组数，将总体各单位分别归纳到各组中，计算各组的总体的单位数和标志值，使原始统计资料转化为综合统计资料的工作过程，称为统计汇总。

2. 统计汇总的组织形式

统计汇总的任务是确定各组的单位数和计算各组的标志总量。

统计汇总工作是统计整理过程中一个重要的环节，这是一项十分繁杂的工作，需要有一整套科学的组织形式。为了提高汇总的工作质量，保证提供资料的准确、及时，必须采用科学的组织形式。统计汇总一般有逐级汇总、集中汇总和综合汇总 3 种形式。

1）逐级汇总

逐级汇总是按照一定的统计管理体制，将统计调查资料自下而上逐级汇总并逐级上报，直至最高机构。我国现行的统计报表制度主要采用逐级汇总，一些专门调查也常采用逐级汇总。

> **知识链接**
>
>
>
> **逐级汇总的优缺点**
>
>
>
> 1．逐级汇总的优点
> （1）有利于就地审查核对资料，便于及时更正。
> （2）能及时满足各级管理机构对统计资料的需要。
> （3）有利于发挥各级统计部门的作用，充分利用其优势。
> 2．逐级汇总的缺点
> （1）汇总的层次多、费时，影响资料的时效性。
> （2）反复转录资料，发生登记性误差的可能性较大。
> （3）不适用于对保密性资料的汇总。

2）集中汇总

集中汇总是指将统计调查资料直接集中到组织统计调查的最高机构或某一级的统计机构进行统一汇总。集中汇总可分为越级汇总和超级汇总。

（1）越级汇总是指在自下而上的汇总过程中，越过一定中间层次而进行的汇总，介于逐级汇总和超级汇总之间。

（2）超级汇总是在自下而上的汇总过程中，越过一切中间层次，将统计调查资料由基层直接上报到组织统计调查的最高机构统一汇总。

> **知识链接**
>
>
>
> **集中汇总的优缺点**
>
>
>
> 1．集中汇总的优点
> （1）缩短汇总时间，适用于时效性要求高的统计调查，如快速普查。
> （2）汇总的层次少，发生登记性误差的可能性相对较小。
> （3）便于利用某级机构的汇总优势。
> （4）便于特殊资料的保密。
> 2．集中汇总的缺点
> （1）原始资料如有差错，不能就地及时更正。
> （2）汇总资料不能满足各级管理的需要。
> （3）不便于充分利用各级统计资源。

3）综合汇总

综合汇总是将逐级汇总与超级汇总结合使用的方式，即将各级所需要的最基本的统计指标实行逐级汇总，同时又将全部原始资料集中到最高机构进行超级汇总，这样，既可以满足各级单位对统计资料的需要，又通过集中汇总解决了逐级汇总的不足。

我国人口普查资料的汇总曾采用这种组织形式。

近年来，随着计算机的普及和计算机网络的迅速发展，统计汇总的组织形式也发生了变化，越来越多地向综合汇总方式发展，数据输入计算机，各级汇总都由计算机来完成，大大提高了汇总效率和质量。

3. 统计汇总的技术方法

统计汇总技术也称横向汇总法，是指将同级单位的统计调查资料进行汇总的方法。在我国统计汇总工作中，采用的统计汇总技术主要有手工汇总和电子计算机汇总。

1）手工汇总

在计算机迅速普及的今天，手工汇总作为一种传统的汇总方式，在许多场合仍然有其不可替代的用途。常用的手工汇总方法有以下 4 种：

（1）划记法。划记法又称点线法，就是用点、线等记号代表每个总体单位，根据总体单位所属的组别，在汇总表上相应的组中记一个点或画一条短线，最后计算各组中的点或线的数目，即得出各组的总体单位数。常用的点划记号有"正""卌"等。划记法简单易行，适用于各组总体单位数的汇总，但不能汇总各组和总体的标志总量，一般在总体单位数不多的情况下使用，如表 3-1 所示。

表 3-1 某公司竞选经理选票汇总情况

候 选 人	记 号	选票数/张
张×	正正正正正	25
李×	正	5
王×	正正	10
赵×	正正正一	16
合计	—	56

（2）过录法。过录法是将各个单位的调查资料过录到预先设计的汇总表（工作表）中，然后计算加总，求出各组总体单位数和标志值的合计数，再填入正式的统计汇总表。采用这种方法汇总的内容多，既可以汇总单位数，也可以汇总标志值，而且便于核对和计算。但过录工作量比较大，而且费时费力，过录易发生差错。在总体单位不多而分组又不太复杂的情况下，采用过录法比较合适。

（3）折叠法。折叠法是将所有调查表或报表中需要汇总的项目和数值全部折在边上，一张接一张叠放在一起，露出数字，然后直接汇总同一纵栏或同一横行中的数字。这种方法简单易行，不需要过录，省力、省时。其缺点就是一旦出现差错，不易查明原因，往往要从头返工。

（4）卡片法。卡片法是事先准备好摘录卡片，将每个总体单位需要汇总的项目和数值摘录至卡片上，然后利用卡片进行分组归类、汇总计算。这是汇总大量调查资料的一种比较科学的方法，比前几种手工汇总方法更为简便准确。卡片法适用于总体单位多，且复合分组多的情况。卡片法可以保证汇总质量和较高的时效性。

2）电子计算机汇总

计算机的应用是统计工作的一项重大改革，广泛使用计算机技术是我国统计工作现代化的重要标志之一。计算机汇总速度快、精度高，在程序控制下自动工作，能进行各种逻辑判断，并能存储大量的数据信息。

电子计算机汇总大体分为以下 5 个步骤。

（1）编制程序：按计算机语言对汇总工作进行全面系统的安排，计算机将按规定进行逻辑运算和数学运算。

（2）编码：根据程序的规定把汉字信息数字化。

（3）数据录入：把经过编码后的数据和实际数字通过录入设备输入计算机。

（4）逻辑检查：按照事先规定的一套逻辑检查规则对输入计算机的原始数据进行筛选、整理等。

（5）制表打印：所有数据经过逻辑检查之后，由计算机按照事先规定的汇总表式和汇总层次进行统计制表，并通过输出设备把结果打印出来。

3.1.4　变量数列

变量数列又称变量频数分布，它是经过变量分组后形成的分布数列，其组别表现为不同的数值或数值区间。变量数列分为单项数列和组距数列。

1. 单项数列

单项数列是指总体按单项式分组而形成的数列，每个变量值为一组，按顺序排列。表 3-2 所示为某企业工人按日产量分组所形成的单项数列。

表 3-2　某企业工人按日产量分组所形成的单项数列

日产量/件	工人数 f/人	占总人数的比重 $f/\sum f$/%
22	30	15
23	50	25
24	60	30
25	40	20
26	20	10
合计	200	100

各组变量值　　　　　　次数　　　　　　频率

单项数列一般适用于离散型变量，且变量值不多、变量值变动范围较小的情况。当离散型变量变动范围比较大、总体单位数又很多的情况下，若采用单项式分组，把每个变量值作为一组，势必会造成分组的组数过多，各组次数过于分散，不能反映总体内部各部分的性质和差异，从而失去了统计分组的真正意义。至于连续型变量，由于其变量值无法一一列举，更不能采用单项式分组，因此，在上述情况下就需要采用组距式分组方法。

2. 组距数列

组距数列是指按变量值的一定范围对现象总体进行分组形成的数列。在现象总体的变动范围内，将其划分为若干个区间，各区间内的所有变量值作为一组，其性质相同，组与组之间的性质相异。与单项式数列相比较，各组的变量值不是具体的一个值，而是一个区间。例如，某公司职工基本工资分组表如表 3-3 所示。

表 3-3　某公司职工基本工资分组表

按月工资分组/元	职工人数 f /人	比重 $f/\sum f$ /%
1000 以下	25	2.2
1000～1500	64	5.7
1500～2000	118	10.5
2000～2500	400	35.5
2500～3000	366	32.4
3000～3500	109	9.7
3500 以上	45	4.0
合计	1127	100.0
各组变量值	次数	频率

组距数列既可用于离散型变量，也可用于连续型变量，一般在变量值变动幅度较大的情况下采用。

在组距式分组中，涉及组限、组距、组数、组中值等分组要素。

1）组限

组限是用来表示各组界限的变量值，其中，在每组中最小的变量值为下限，最大的变量值为上限。如表 3-3 所示，第一列所包含组的每组两端的变量值都是组限，例如，在第三组"1500～2000"中，1500 是下限，2000 是上限。

组限的表达形式与变量的特点密切相关。如果分组标志是连续型变量，则组限必须用重叠式表达，即前一组的上限与后一组的下限使用同一个变量值，这样才不会造成遗漏，如表 3-3 中各组的组限 1000,1500,2000,2500,3000,3500 既作为前一组的上限，又作为后一组的下限；如果分组标志是离散型变量，则组限可重叠也可不重叠，选择不重叠时，后一组的下限与前一组的上限的变量值是紧密相连的，一般表现为两个连续的自然数。例如，在人口年龄构成抽样调查中，将人口按年龄分为 0～14 岁、15～64 岁、65 岁及以上 3 组。

当组距数列的组限重叠时，如果某一变量值正好等于组限，为了保证变量值的互斥性，那么这些变量值的归属，一般按"上限不在内"或"下限不在内"原则处理。

如果变量值为越高越好的变量，如工资、企业产值、生产计划完成情况等，则属于正指标，用"上限不在内"原则确定变量值的归属，即该变量值应归属于它作为下限那一组。在表 3-3 中，第三组"1500～2000"及第四组"2000～2500"，如果某工人的月工资正好是 2000 元，那么 2000 元工资应归属于它作为下限那一组，即第四组，这样才能避免重复。

如果变量值为越低越好的变量，如原材料消耗、成本计划完成情况等，则属于逆指标，用"下限不在内"原则确定变量值的归属，即该变量值应归属于它作为上限那一组。例如，按成本计划完成情况分组，若分为以下 4 组：90%以下、90%～100%、100%～110%、

110%以上，如果变量值正好等于100%，那么100%应归属于第二组，而非第三组，因为前两组是完成计划的组，后两组是未完成计划的组，而100%是正好完成计划的，这样归属就保证了"组内同质性"和"组间差异性"原则。

数量标志分组时确定组限必须注意以下两个方面。

（1）要突出质的差别。例如，百分制的60分就是一个质的分界点，因此，在分组时如果将55分与65分放在一组就不恰当。

（2）正确选择决定事物性质差别的数量界限。例如，人口按年龄分组，男性分为0～6岁、7～17岁、18～59岁、60岁以上，女性分为0～6岁、7～17岁、18～54岁、55岁以上，这是由于国家对男女职工规定退休年龄的不同而有所差别。再如，我国在研究人的成长状况时，按年龄分组，0～6岁为婴幼儿；7～17岁为少年儿童；18～59岁为中青年；60岁（其中，女性为55岁）以上为老年。

2）组距

组距是指一组变量值的区间长度，也就是每组的上限与下限之间的距离，即组距=上限−下限。例如，在表3-3中，第二组的组距=1500−1000=500（元），第五组的组距=3000−2500=500（元）。

在组距式分组中，常常使用首末两组"开口"的情况，即用"××以下"表示第一组，用"××以上"表示最后一组，这些有上限无下限或有下限无上限的组称为开口组，如表3-3中"1000元以下"和"3500元以上"即为开口组。

在组距数列中，根据各组的组距是否相等可以分为等距数列和异距数列。各组组距都相等的数列称为等距数列，各组组距不都相等的数列称为异距数列或不等距数列。

在编制组距变量数列时，采用等距数列还是异距数列，要根据研究目的和现象的特点来确定。等距数列能清楚地反映总体的分布特征，而异距数列则能比较准确地反映总体内部各组成部分的性质差异，例如，研究人口总体在人生各发展阶段的分布，就需要按照人生中自然的和社会的发展规律采用不等距分组，如按年龄分组（岁）：1岁以下、1～3岁、3～6岁、6～18岁、18～35岁、35～60岁、60岁以上，这样就将全部人口划分为婴儿组、幼儿组、学龄前儿童组、青少年组、青年组、中年组、老年组7个类别，这样可以更清楚地显示出人口的年龄构成。

3）组数

组数即分组个数。在所研究总体一定的情况下，组数的多少和组距的大小是紧密联系的。一般来说，组数和组距成反比关系，即组数少，则组距大；组数多，则组距小。如果组数太多，组距过小，会使分组资料烦琐、庞杂，难以显现总体现象的特征和分布规律；如果组数太少，组距过大，可能会失去分组的意义，达不到正确反映客观事实的目的。在确定组距和组数时，应注意保证各组都能有足够的单位数，组数既不能太多，也不宜太少，应以能充分、准确地体现现象的分布特征为宜。

4）组中值

组中值即组距的中点数值，它是各组变量值的代表水平。在重叠式组限的分组中，组中值是各组上限与下限的简单算术平均数；在非重叠式组限的分组中，组中值是本组

下限与后一组下限的简单算术平均数，即

$$重叠式组限组的组中值 = \frac{上限 + 下限}{2}$$

$$非重叠式组限组的组中值 = \frac{本组下限 + 后一组下限}{2}$$

当遇到缺少上限或下限的开口组时，其组中值以相邻组组距为依据计算，即

$$缺下限组的组中值 = 上限 - \frac{邻组组距}{2}$$

$$缺上限组的组中值 = 下限 + \frac{邻组组距}{2}$$

应当指出，在组距式分组中，组距掩盖了分布在组内各单位的实际变量值，因此，需要用组中值来代表该组的一般水平，这就是组中值在统计分析中被广泛采用的原因，组内变量值分布越均匀，组中值代表性越强；否则，越弱。

3.2 统计表与统计图

3.2.1 统计表

1. 统计表的概念与结构

1）统计表的概念

统计资料整理的结果可以用不同的形式来表现，统计表是应用最广泛的形式，它是由纵横交叉的线条所组成的，用于显示统计数据的表格。

广义上的统计表包括统计工作各个阶段中所用的一切表格；狭义上的统计表则是指统计整理与分析研究阶段所使用的表格。本节侧重讨论狭义上的统计表。

> **知识链接**
>
> **统计表的主要作用**
>
> （1）阅读方便，一目了然，统计数据的显示简明、直观、易懂。
>
> （2）通过合理、科学地排列统计资料，便于读者进行对照比较，从而发现现象之间的规律。
>
> （3）便于汇总、审查、计算和分析。

2）统计表的结构

（1）从形式上看，统计表主要由总标题、横行标题、纵栏标题和指标数值 4 部分构成。

总标题是统计表的名称，用以简明扼要地概括说明整个表的内容，一般位于表的上

方中部；横行标题是横行内容的名称，代表统计所要说明的对象（总体及其分组），一般列在表的左方；纵栏标题是纵栏内容的名称，在统计表中通常用来表示统计指标的名称，一般列在表内的上方；指标数值是各项指标的具体数值，内容由横行标题和纵栏标题所限定，其数字可以是绝对数、相对数或平均数。

此外，为了补充统计表中未说明的问题，有些统计表还增列补充资料、指标计算方法、注解、资料来源、填表时间、填表单位等表脚。

（2）从内容上看，统计表可分为两个部分：一部分是统计表所要说明的总体及其分组的名称，它可以是各个总体单位名称或总体各个分组的排列，也可以是总体现象所属时间的排列，被称为主词栏，主词通常用横行标题来表示；另一部分是说明总体的统计指标，包括指标名称和指标数值，被称为宾词栏，一般由纵栏标题和指标数值组成。

通常，统计表的主词栏就是统计整理的分组部分，列在横行标题的位置，宾词栏中的指标名称列在纵栏标题的位置，但不是固定不变的，有时为了编排合理与阅读方便，可以将主词和宾词的位置互换。

2. 统计表的种类

统计表按对总体分组的情况不同，可以分为简单表、分组表和复合表。

1）简单表

简单表是指对总体未做任何分组，仅按单位名称或时间顺序排列而成的统计表。简单表是对原始资料进行初步整理所采用的形式。

2）分组表

分组表又称简单分组表，是对总体的统计单位按一个标志进行分组而形成的统计表。例如，表 3-4 所示为 2023 年某地区工业企业按固定资产分组的企业个数与职工人数统计表。运用简单分组表可以说明不同类型现象的特征，以揭示现象内部的结构，以便分析现象之间的相互关系。

表 3-4　2023 年某地区工业企业按固定资产分组的企业个数与职工人数统计表

按固定资产分组/万元	企 业 个 数	职 工 人 数
400 以下	5	2250
400～600	10	6029
600～800	12	9280
800 以上	3	3140
合计	30	20699

3）复合表

复合表又称复合分组表，是对总体的统计单位按两个或两个以上的标志进行交叉重叠分组而形成的统计表。例如，表 3-5 所示为 2024 年某财经大学师资状况。复合表可以反映所研究对象受几种因素的共同影响而发生的变化。

表 3-5 2024 年某财经大学师资状况

职　　务	年　　龄	性　别	人　　数
高级职称 （教授、副教授）	45 岁以上	男 女	50 30
	45 岁以下	男 女	80 40
非高级职称 （讲师、助教）	45 岁以上	男 女	40 10
	45 岁以下	男 女	110 50

3. 统计表的编制规范

统计表的设计应尽可能做到简洁、明确、实用、美观，便于使用者进行比较、分析及阅读。统计表的设计包括表式设计和内容设计，设计时应遵循如下规则。

1）表式设计

（1）根据统计表的内容，全面考虑表的布局，合理安排主词栏和宾词栏，避免出现统计表过长、过短、过宽、过窄的现象，使表的大小适度、比例恰当、醒目美观。

（2）统计表的表式为开口式，即表的左右两端不封闭（不画纵线），表的上下端顶线和底线通常用粗线或双线，表内如有两个或两个以上不同的内容，也要用粗线或双线隔开。

（3）统计表各纵列需合计时，一般应将合计列在最后一行；各横行若需合计时，可将合计列在最前一栏或最后一栏。表中的合计栏可以排在前面，也可以排在最后，如果只列出其中部分项目，则合计栏必须排在前面。

（4）当统计表栏数较多时，通常要加编号，并说明其相互关系，横行各栏与计量单位各栏可用甲、乙、丙等文字标明；纵列各栏可用数字编号标明。

（5）统计表的资料来源及其他需要说明的问题应加注解，一般在统计表的下端注明"资料来源"或其他需说明或解释的问题。

2）内容设计

（1）无论是总标题，还是横行、纵栏标题，都应简明扼要，简练而又准确地表述出统计资料的内容及所属的时间和空间范围，纵栏、横行的排列内容要对应，应反映出它们之间的逻辑关系。

（2）横行和纵栏，一般先列各个项目，后列总体。若无必要列出全部项目，就应先列总体，后列其中一部分重要项目。内容不宜罗列太多和过于庞杂。

（3）指标数值。表中数字应填写整齐，对准位数。当数字因小而忽略不计时，可填写为"0"；当缺某项数字资料时，可用符号"…"表示，以免被误认漏报；不应有数字时用符号"—"表示；免填数字用"×"；用"#"表示其中的主要项。

（4）计量单位。统计表必须注明数字资料的计量单位。当全表只有一种计量单位时，可以把它写在表头的右上方。如果表中各栏的指标数值计量单位不同，可在横行标题后添一列计量单位。

3.2.2 统计图

1．统计图的概念

统计图是根据经过整理的统计数字资料，运用几何图形或具体事物的形象绘制的表现研究对象数量关系和数量特征的图形，是人们用来展示统计整理结果的另一种常用形式。与统计表相比，统计图对问题的表现具有更为鲜明、形象、生动、直观的特点。统计图没有冗长的数据和呆板的表格形式，易被人们接受和理解。

2．常见的统计图

常用的统计图有直方图、条形图、折线图、曲线图、圆形图、环形图等。

1）直方图和条形图

（1）直方图是用矩形的宽度和高度来表示频数分布的图形。在平面直角坐标系中，横轴表示数据分组，纵轴表示频数或频率，这样各组与相应的频数就形成了一个矩形，即直方图。直方图只能用于展示数值型变量，不能用于展示品质型变量。某公司职工基本工资分布直方图如图 3-1 所示。

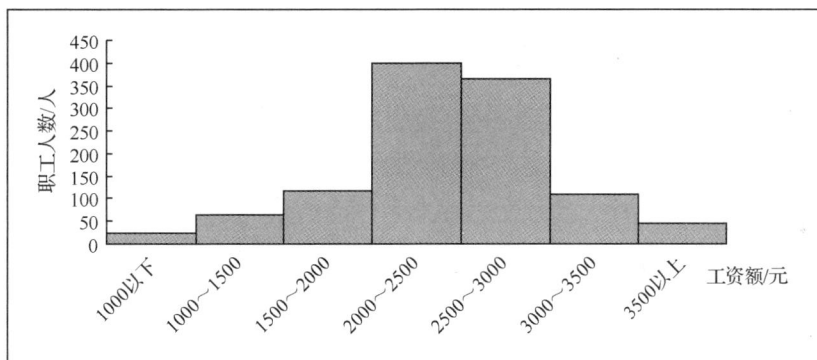

图 3-1 某公司职工基本工资分布直方图

（2）条形图是用宽度相同的条形的高度或长度来表示数据变动的图形，有单式条形图、复式条形图等形式，绘制时，各类别可以放在纵轴，称为条形图，也可以放在横轴，称为柱形图。条形图既可以用于品质型数据的绘制，也可以用于数值型数据的绘制。中国主要河流长度如图 3-2 所示。

> **知识链接**
>
> **条形图与直方图的区别**
>
> 条形图与直方图的区别主要体现在以下 4 个方面。
>
> （1）条形图是用条形的长度（横置时）表示各类别频数的多少，其宽度（表示类别）则是固定的。

（2）直方图是用矩形的高度表示每组的频数或百分比，宽度则表示各组的组距，其高度与宽度均有意义。

（3）直方图的各矩形通常是连续排列的，条形图则是分开排列的。

（4）直方图主要用于展示数值型数据，而条形图既可展示数值型数据，也可以展示品质型数据，常用于展示品质型数据。

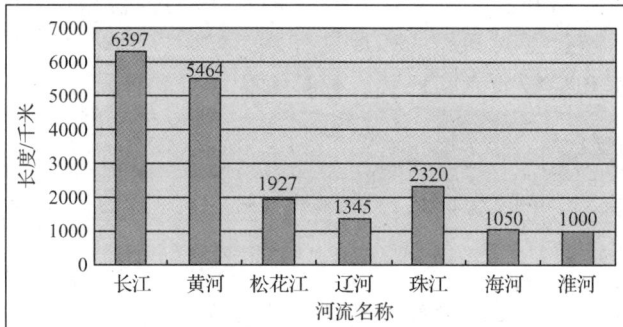

（a）

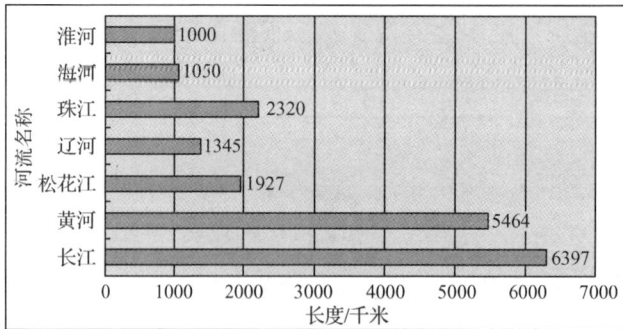

（b）

图 3-2　中国主要河流长度

2）折线图和曲线图

（1）折线图也称频数多边图。在直方图的基础上把直方图顶部的中点（组中值）用直线连接起来，再把原来的直方图抹掉，就形成了频数分布折线图。

（2）曲线图是用曲线的升降起伏来表示被研究现象的变动情况及其趋势的图形。

在频数分布折线图的基础上，当变量数列的组数无限增多时，折线图便近似地表现为一条平滑的曲线，折线图就变成了频数分布曲线图。

3）圆形图和环形图

（1）圆形图又称饼图，是用圆形及圆内扇形的面积来表示数值大小的图形。圆形图主要用于表示总体或样本各组成部分所占的比例，对于研究结构性问题十分有用。绘制圆形图时，总体中各部分所占的百分比用圆内的各个扇形面积表示，这些扇形的中心角度，是按各部分数据百分比占 360° 的相应比例确定的。

例　设甲、乙两个教学班学生对张老师的"市场营销"课程教学情况评价表如表 3-6 所示，据此资料做出统计图。

表 3-6 "市场营销"课程教学情况评价表

班别	非常不满意	不满意	一般	满意	非常满意
甲班	2%	5%	20%	50%	23%
乙班	5%	10%	30%	40%	15%

圆形图可以展示一个总体的结构分布，在表 3-6 中，可以选择乙班，做出相关的圆形图，如图 3-3 所示。

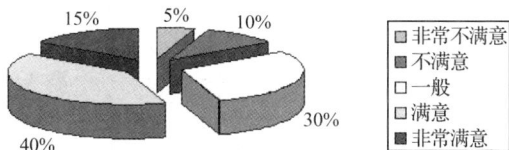

图 3-3 乙班"市场营销"课程教学评价圆形图

（2）环形图中间有一个"空洞"，总体中的每部分数据用环中的一段表示。环形图与圆形图类似，但又有区别：圆形图只能显示一个总体各部分所占的比例，环形图则可以同时绘制多个总体的数据系列，每个总体的数据系列为一个环，环形图可用于结构比较研究；环形图主要用于展示分类和顺序数据，也可用于数值型数据。

如对表 3-6 中的甲、乙两班进行课程教学评价比较，可以更清晰地反映出各评价类别所占比重的差别，如图 3-4 所示。

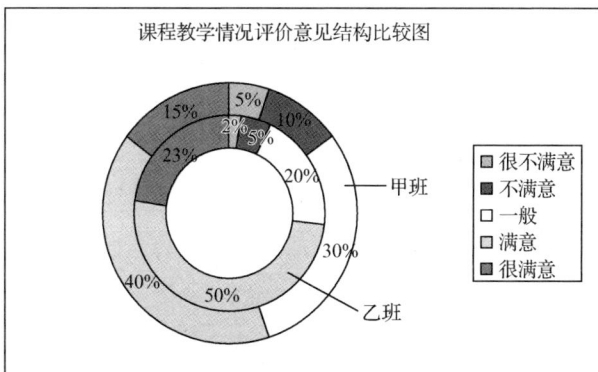

图 3-4 甲、乙两班课程教学评价环形图

📖 **知识链接**

统计图的绘制要求

绘制统计图时，应遵循以下 4 个原则。

（1）统计图应有标题和标目。标题用来概括说明图的主要内容，应简明扼要。标目分为横标目和纵标目，分别表示横轴和纵轴代表的指标和计量单位。

（2）选择恰当的统计图。在统计实践中，应根据统计研究的目的与任务，结合统计数据的特点，选择最合适的图形。

（3）为纵轴和横轴选择恰当的计量单位，以使整个图形在直角坐标系中分布均匀。

（4）统计图所反映的内容必须重点突出，必要时可以使用不同的线条和颜色表示不同对象的统计量，以示区别。

3.3　在 Excel 中绘制统计图

Excel 设置了各种常用统计图表的绘制功能，操作方法十分简便，下面仅以柱形图的绘制过程来加以说明，其他图形的绘制过程大致相同。下面以销售分析表为例，将上面所提到的知识点综合在一起，详细讲解在一张表格中如何完整地绘制一张合格的统计图，具体操作步骤如下：

Step 1　打开"销量分析.xlsx"文件，如图 3-5 所示。选中 A2:B20 单元格区域，单击"插入"选项卡"图表"组工具栏中的"插入柱形图或条形图"下拉按钮，弹出下拉列表，选择"簇状柱形图"选项，如图 3-6 所示。

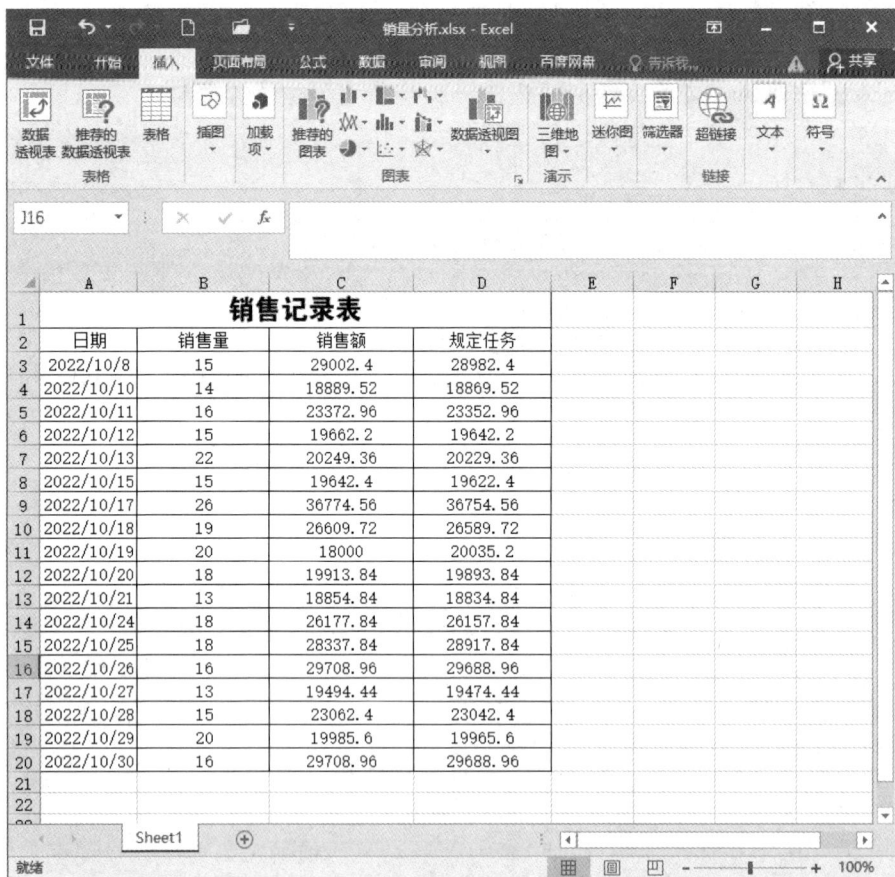

图 3-5　打开"销量分析.xlsx"文件

图 3-6 选择"簇状柱形图"选项

Step 2 随即可在 Excel 中插入一个柱形图，如图 3-7 所示。

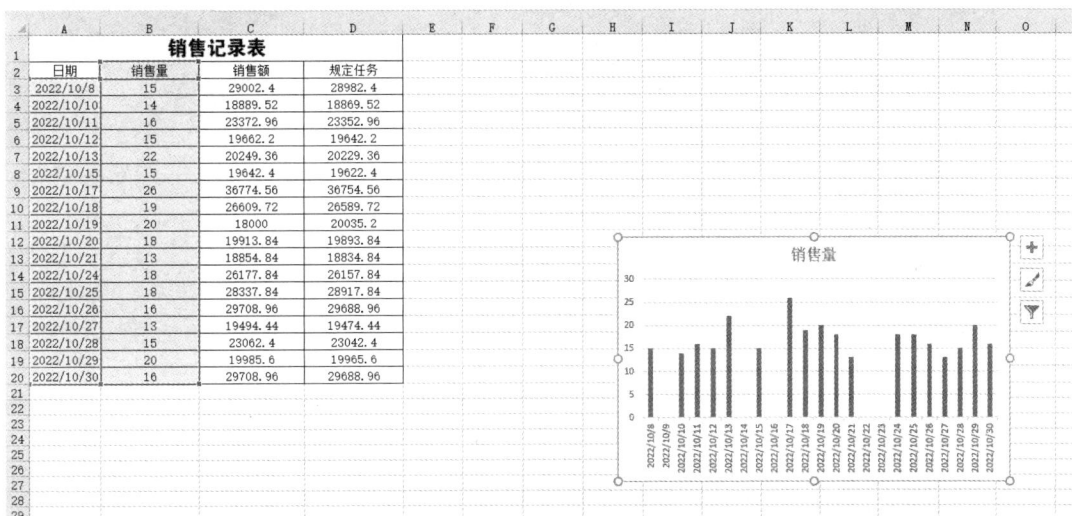

图 3-7 插入柱形图

Step 3 选择"图表工具—设计"选项卡，在"图表布局"组工具栏中单击"添加图表元素"下拉按钮，在弹出的下拉列表中选择"坐标轴"子项中的"更多轴选项"选项，弹出"设置坐标轴格式"任务窗格，如图 3-8 所示。

Step 4 在"坐标轴类型"选项组中选中"文本坐标轴（I）"单选按钮，单击"数字"下拉按钮，如图 3-9 所示。

Step 5 在"类型"下拉列表中选择"3/14"选项，如图 3-10 所示。

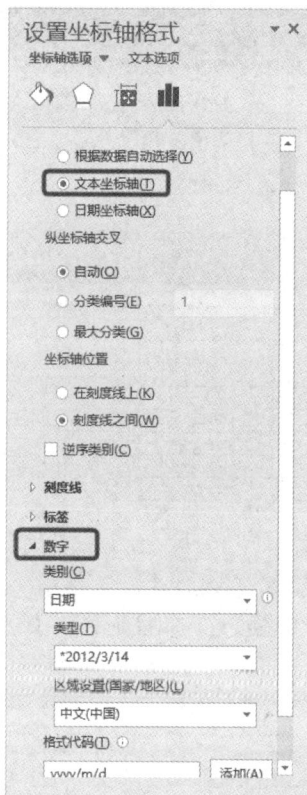

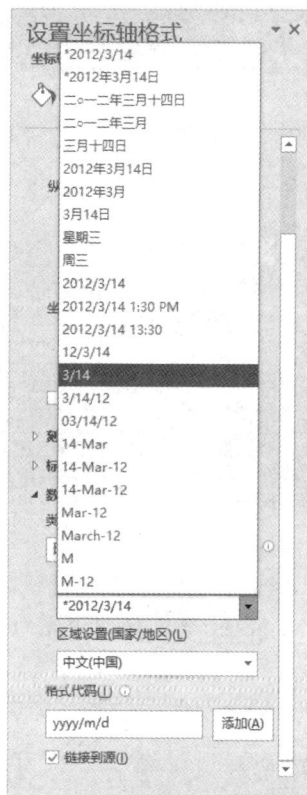

图 3-8 "设置坐标轴格式"任务窗格　　图 3-9　设置坐标轴类型　　图 3-10　选择数字类型

Step 6　关闭"设置坐标轴格式"任务窗格。单击图表，将鼠标移动到图表右下角，当鼠标箭头变为形状时，按住鼠标左键，双箭头变为十字形状，拖动鼠标，调整图表的大小，调整完成后，释放鼠标左键，如图 3-11 所示。

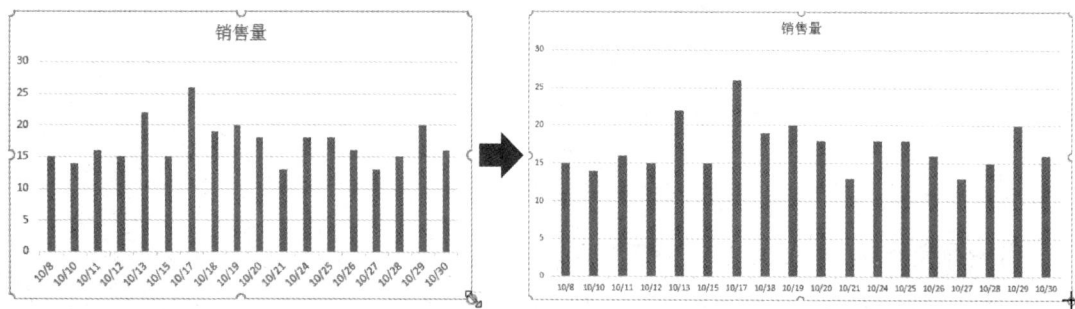

图 3-11　调整图表大小

Step 7　选择"图表工具—设计"选项卡，在"图表样式"组工具栏的列表框中选择"样式 7"选项，如图 3-12 所示。

图 3-12　选择"样式 7"选项

Step 8 在"图表布局"组工具栏中单击"添加图表元素"下拉按钮,在弹出的下拉列表中选择"数据标签"子项中的"数据标签外(O)"选项,如图 3-13 所示。

Step 9 单击"添加图表元素"下拉按钮,选择"趋势线(T)"选项,在弹出的子项中选择"其他趋势线选项(M)"选项,弹出"设置趋势线格式"任务窗格,选中"多项式(P)"单选按钮,如图 3-14 所示。

Step 10 在"设置趋势线格式"任务窗格中单击"填充与线条"按钮,在"线条"选项组中选中"实线(S)"单选按钮,设置"颜色(C)"为"橙色,个性色 6,深色 25%",如图 3-15 所示。

Step 11 关闭"设置趋势线格式"任务窗格,单击图表标题,将光标定位到文本框中,修改图表标题为"销售走势分析",如图 3-16 所示。

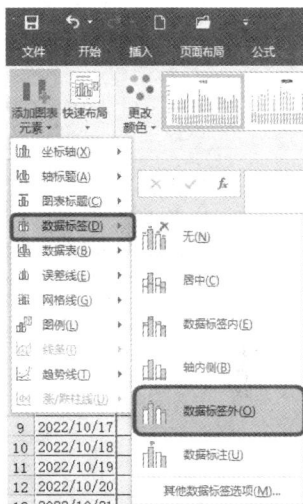

图 3-13　选择"数据标签外（ O ）"选项

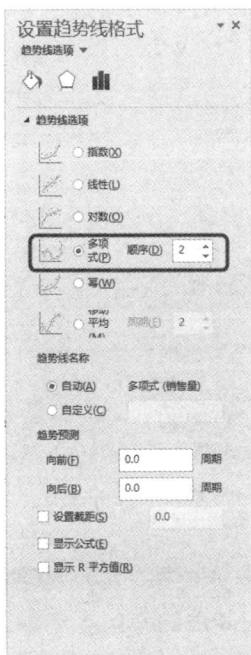

图 3-14　设置趋势线格式

图 3-15　设置填充线条与颜色

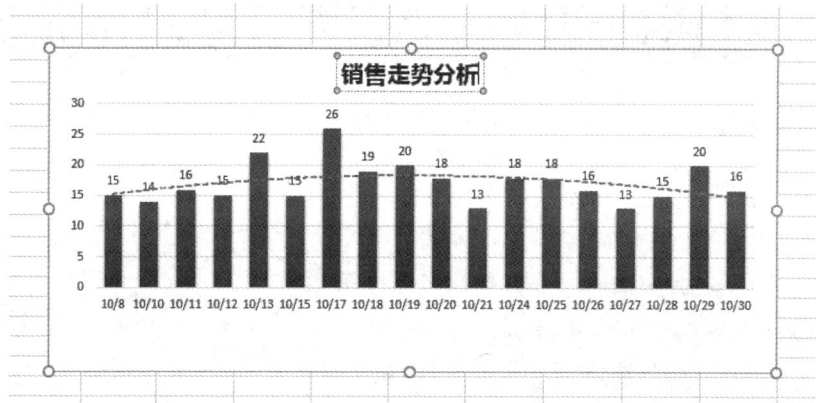

图 3-16   修改图表标题

Step 12 在图表标题文本框上单击鼠标右键，在弹出的快捷菜单中选择"字体"命令，弹出"字体"对话框，选择"字符间距"选项卡，在"间距"下拉列表框中选择"加宽"选项，在"度量值"数值框中输入"2"磅，单击"确定"按钮，如图 3-17 所示。

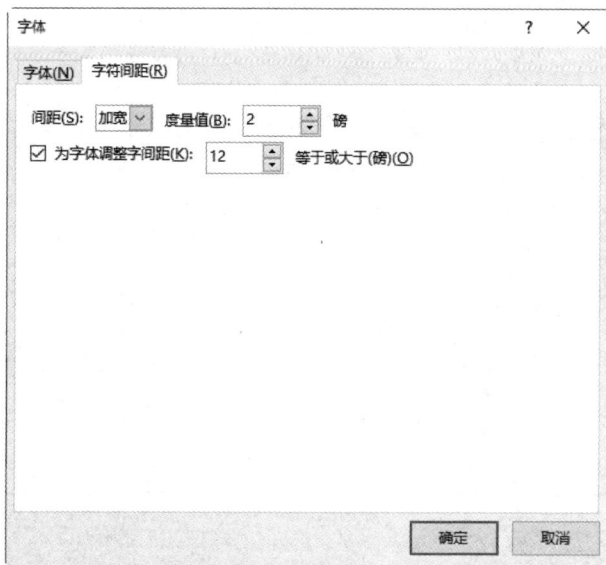

图 3-17   设置字符间距

Step 13 选择"开始"选项卡，将图表标题的字号设置为"20"。选择"图表工具—设计"选项卡，在"图表布局"组工具栏中单击"添加图表元素"下拉按钮，在弹出的下拉列表中选择"图例"子项中的"顶部"选项，并调整图表的高度，使其各元素显示在适当位置，如图 3-18 所示。

Step 14 在图表上单击鼠标右键，在弹出的快捷菜单中选择"移动图表"命令，弹出"移动图表"对话框，选中"新工作表"单选按钮，在其后的文本框中输入"销量分析"，单击"确定"按钮，如图 3-19 所示。

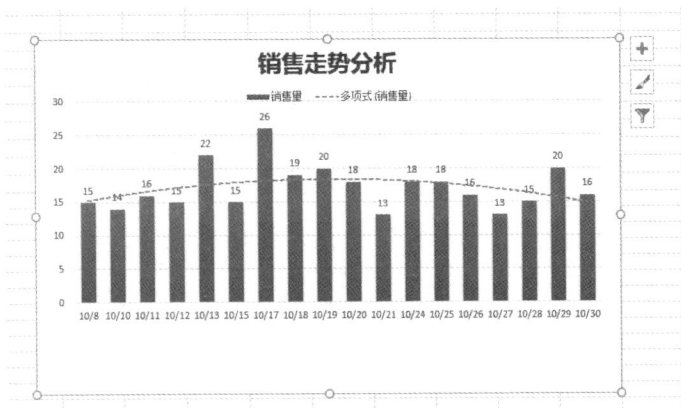

图 3-18　更改图例位置

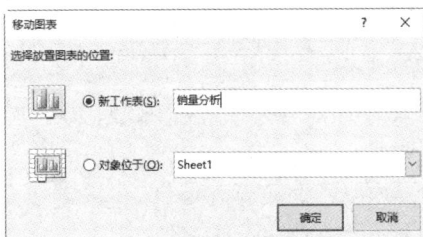

图 3-19　"移动图表"对话框

Step 15 Excel 自动将新建"销量分析"表格，并将图表独占其中。

拓展实训

【实训目标】

通过实训，使学生初步了解数据整理的相关知识，包括统计数据的预处理、统计分组、数据汇总、统计表、统计图，以及在 Excel 中绘制统计图。

【实训内容】

了解并掌握统计数据的搜集，统计调查方案与问卷的设计。

【实训步骤】

（1）以 2～3 人为单位组成一个团队，设负责人 1 名，负责整个团队的分工协作。

（2）团队成员通过分工协作，多渠道搜集相关资料。

（3）团队成员对搜集的材料进行整理，总结并分析如何制作统计表与统计图。

（4）各团队将总结制作成表格，派 1 人作为代表上台演讲，阐述自己团队的成果。

（5）教师对各团队的成果进行总结评价，指出不足与改进措施。

【实训要求】

（1）考虑到课堂时间有限，实训可采取"课外+课内"的方式进行，即团队组成、分工、讨论和方案形成在课外完成，成果展示安排在课内。

（2）每个团队方案展示时间为 10 分钟左右，老师和学生提问时间为 5 分钟左右。

复习思考题

1. 统计分组的概念是什么？
2. 统计分组的种类有哪些？
3. 统计表的种类有哪些？
4. 统计图的概念是什么？

第 4 章

综合指标

本章主要介绍统计学工作中的综合指标，主要包括总量指标、相对指标、平均指标等。综合指标在统计学工作中发挥着重要作用，选择合理的指标进行数据分析有利于统计工作的开展。

↘ **教学目标**

本章教学目标		
1	知识目标	● 了解总量指标的概念与种类
		● 掌握相对指标的概念与作用
		● 了解平均指标的概念与特点
		● 了解标志变异指标的概念与作用
2	能力目标	● 能够掌握总量指标、相对指标、平均指标和变异指标的计算方法并能在实际中应用
		● 能够掌握平均指标编制的相关知识
3	素质目标	● 培养学生的开拓创新、团结协作精神，使学生树立正确的世界观、价值观、人生观

4.1 总量指标

4.1.1 总量指标的概念

总量指标是反映社会经济现象在一定时间、空间条件下的总规模、总水平的综合统计指标。总量指标的表现形式为绝对数，因此又称"统计绝对数"。例如，我国的人口数、土地面积、粮食产量、国内生产总值等，都是反映现象的总量，因此都是总量指标。

4.1.2 总量指标的种类

总量指标可以按照不同的标准分类。

1. 按反映总体现象的内容不同分类

按反映总体现象的内容不同，总量指标分为单位总量和标志总量。单位总量是指总体中个体的总数，标志总量是指总体中各单位某种标志值的总和。

例如，研究某地区工业企业的生产经营状况，则工业企业的总数是单位总量，工业总产值、工人数等是标志总量。在一个特定的总体中，只能存在一个单位总量，但可以同时存在多个标志总量。单位总量和标志总量并不是固定不变的，随着研究目的的不同，两者可以相互转换。又如，同样是研究某地区工业企业，若研究目的是了解工业企业工人的平均工资水平，则工人数是单位总量，工资总额是标志总量。

2. 按反映总体现象的时间状况不同分类

按反映总体现象的时间状况不同，总量指标分为时期指标和时点指标。

1）时期指标

时期指标是反映现象在一段时期内发展的累计总量的指标，如国内生产总值、社会总产品、人口出生数等。时期指标具有如下 3 个基本特点：第一，不同时期的指标数值可以累计相加，反映现象在更长时期范围内的累计总量；第二，时期指标的数值大小与其对应的时期长短有直接关系，时期越长，对应的指标数值就越大；第三，时期指标一般是通过经常性调查取得的。

2）时点指标

时点指标是说明现象在某一时点（瞬间）上的状况的总量指标。例如，某一时刻的库存量、耕地面积、人口数等。时点指标也具有 3 个基本特点：第一，不同时点的指标数值不具有可加性，也就是相加后不具有实际意义；第二，时点指标的数值大小与其时间间隔的长短无直接关系；第三，时点指标数值是间断计数的，一般是通过一次性调查取得的，因为不可能对每个时点的数量都进行登记，通常是隔一段时间登记一次。

📹 **知识链接**

时期指标与时点指标的区别

时期指标与时点指标的区别主要表现在如下 3 个方面：第一，时期指标的指标数值具有可加性，加总后表示更长时期内的指标值，时点指标的指标数值不具有可加性，加总后的指标值没有实际意义；第二，时期指标的数值大小与其对应的时期长短有直接关系，时点指标的数值大小与其时间间隔的长短没有直接关系；第三，时期指标的数值通常是通过经常性调查取得的，时点指标的数值通常是通过一次性调查取得的。

▶️ 4.1.3 总量指标的作用

总量指标是最基本、最重要的统计综合指标，是对统计调查得来的原始资料进行分组和汇总后得到的各项总计数字，是统计整理阶段的直接结果。在社会经济统计中，总量指标的应用十分广泛，其主要作用有以下 3 个方面。

1. 总量指标是认识社会现象总体的起点

总量指标反映现象的总体规模和发展变化水平，以及某部门、单位等人、财、物的基本数据。总量指标可用来反映一个国家的基本国情和国力。例如，人们往往需要掌握一个国家在一定时间的人口总数、劳动力总量、社会总产值、国民收入、钢铁产量、粮食产量等总量指标，这是因为社会经济现象的基本状况往往首先表现为总量。例如，我国土地面积约为 960 万平方千米，2022 年我国人口总数为 14.11 亿人，这两个统计绝对数反映了我国幅员辽阔、人口众多的基本特点。

2. 总量指标能够反映社会经济的发展规模、国情、国力和生产建设成果

总量指标是进行宏观调控、制定经济发展政策的重要依据之一。例如，衡量国内生产总值的增长、市场货币供应量，以及进行国民经济的供给与需求的平衡、物资平衡、财务的借贷与核算等，都必须应用总量指标。

3. 总量指标是计算相对指标和平均指标的基础

相对指标和平均指标一般是在相关总量指标的基础上计算得出的，是总量指标的派生指标。例如，人口性别比例是男性人口与女性人口之比、单位面积粮食产量是粮食总产量与播种面积之比等。

▶️ 4.1.4 总量指标的计量单位

总量指标的数值不是抽象的数量，而是一定社会经济现象的数量表现，因此，它有相应的计量单位。正确确定总量指标的计量单位，才能准确地反映社会经济现象的规模

或水平，以保证不同时期、不同地区同类总量指标的统一性和可比性。

根据总量指标所反映社会经济现象性质的不同，其计量单位分为实物单位、价值单位和劳动量单位 3 种形式。

1. 实物单位

实物单位是表示实物数量多少的计量单位，包括自然单位、度量衡单位与标准实物单位。自然单位指按被研究对象的自然状况来度量其数量，如企业以个计、自行车以辆计、电视机以台计等。度量衡单位指按统一的度量衡制度的规定来度量其数量，如粮食以千克计、棉布以米计、耕地以公顷计、水以吨计等。标准实物单位是将规格不同、基本用途相同的同类事物，按一定标准计算来度量其数量。例如，各种氮肥折合成含氮量 100%的标准氮肥计算，各种不同发热量的能源折合为 7000 大卡/千克的标准煤计算、各种不同型号的拖拉机折合为 15 马力/台的标准台计算等。

2. 价值单位

价值单位是以货币来度量社会物质财富或劳动成果的一种计量单位。例如，工农业总产值、社会商品零售总额、产品成本、利润等都是以价值单位来计量的。

按价值单位计量的指标的最大特点是它具有最广泛的综合性和概括能力，可以呈现现象的总规模和总水平，但它脱离了物质内容，因此比较抽象，有时甚至不能正确反映实际情况。所以，在实际工作中常常需要把价值单位和实物单位结合起来使用。

3. 劳动量单位

劳动量单位是用劳动时间来表示的计量单位。例如，在很多工业企业内部，广泛使用劳动量单位来核算车间、班组和个人的工作量或产品的产量，并作为编制和检查计划的依据。

知识链接

总量指标的统计要求

1. 总量指标要有明确的统一含义并使用科学的统计方法

总量指标的统计并非单纯的汇总技术问题，而需要明确其统计含义，确定合理的统计方法。例如，统计国内生产总值，首先必须明确什么是国内生产总值，它与国民生产总值等指标有什么不同；其次要明确怎样计算国内生产总值，或者说使用什么方法计算国内生产总值。只有这样，才能统计出科学、准确的总量指标。

2. 要有统一的计量单位

同一个总量指标在不同时间、地点进行计量时，应选择一致的计量单位。当出现不一致的情况时，应进行换算，使之一致，以便进行汇总、对比和分析。

📺 4.1.5 总量指标的计算

1. 总量指标的计算方法

总量指标的计算方法有直接计算法和间接计算法。

1）直接计算法

直接计算法就是计算构成总体的全部单位数或将总体单位按某一标志值汇总计算其总量。例如，在我国的统计实践中，全国工业总产值就是采用直接计算法根据每个工业企业的产值汇总得到的。

2）间接推算法

间接推算法是一种估计方法，是根据事物之间的相互联系，采用一定的数字方法间接推算总体总量的。在实际工作中，间接推算法的形式多种多样，以下是 3 种常用的方法。

（1）平衡关系推算法。平衡关系推算法即根据社会经济现象之间的平衡关系，利用已知指标推算未知的总量指标。例如，"期初库存+本期购进=本期销售+期末库存"，根据此关系式可以对关系式中某一指标进行推算。在社会经济生活中广泛存在着平衡关系，因此，平衡关系推算法是一种非常实用的方法。但应用平衡关系推算法时要求平衡关系中的各收支项目不能重复和遗漏，同时计算口径必须一致，否则，容易出现误差和错误。

（2）因素关系推算法。因素关系推算法即根据社会经济现象的因果关系，利用已知的因素资料估算未知的有关资料。例如，工业生产总值=工人人数×工人劳动生产率；商品销售额=商品销售量×价格等。关系式中的某两项已知就可推算出另一种未知因素的数值。运用因素关系推算法的关键在于正确分析社会经济现象的组成因素及其联系。一般来讲，社会经济现象各因素之间，凡是有相乘或相除关系的，都可以采用因素关系推算法对总量指标及其变动进行估算。

（3）比例关系推算法。比例关系推算法是根据已知的某一时期、某一地区或某一单位的某种指标与其相关指标的比例关系，推算另一时期、另一地区或另一单位的指标；或者根据总体组成部分的比例关系，推算总体资料。例如，已知某地区农民全部货币收入中出售农副产品和工业产品的收入约占 90%，其余 10%则是从事运输、其他劳务、城市汇款，以及国家补助和救济等项收入。在农民出售的产品中约有 85%直接出售给国有企业，其余15%在集贸市场成交。如果国有企业购买该地区农民的产品价值为 500 万元，则估算出农民出售产品的全部货币收入为 588.24（500÷85%）万元。应用比例关系推算法，必须注意作为推算依据的事物与所推算的事物之间具有同类性，即时间、地区或单位等各方面条件要比较相近，有一定的可比性。如果条件相差太多，则推算的结果将失去可靠性。

2. 总量指标的计算原则

总量指标是反映现象总规模和总水平的指标，具有实际的经济内容。为了正确计算和运用总量指标，必须遵循如下 3 个原则。

1）科学性原则

必须以科学的理论方法为依据来确定总量指标的名称、含义、统计范围和计算方法。

2）可比性原则

在计算总量指标时，应注意历史、经济条件的变化对指标内容和范围的影响。含义、统计范围和计算方法不同的总量指标，不能直接汇总，只有经过调整后才能相加。

3）统一性原则

在计算总量指标时，要注意指标的计算口径、计算方法和计量单位的统一性。不同类的实物总量指标的数值不能汇总。例如，研究工业产品产量时，由于各种产品的使用价值不同，因而不能简单地把钢铁产量、原煤产量、石油产量等相加。同时，同类现象的总量指标的数值，其计量单位也必须一致才能汇总。例如，进行粮食产量统计时，稻谷、小麦、玉米等必须折合为标准产量（吨或千克）才能进行汇总。

> **小常识**
>
> **总量指标的统计要求**
>
> 为使总量指标资料准确，在进行总量指标统计时有以下两个要求。
>
> （1）对总量指标的实质（如含义、范围等）进行明确、科学的界定。因为总量指标的计算并不是单纯的汇总技术问题。
>
> （2）要有统一的计量单位，选择正确、合理的计算方法。

4.2 相对指标

4.2.1 相对指标的概念

相对指标是质量指标的一种形式。在社会经济生活中，事物与事物之间及事物本身各部分之间是相互依存、相互制约的。要深入了解事物的本质，不仅要了解事物的总体特征，还要从事物内各部分之间及与其他事物的关联程度的角度进行深入研究，以认识事物的本质和规律。相对指标就是应用对比的方法，将两个相互联系的指标数值加以对比计算得出的比值。相对指标是反映社会经济现象中某些相关事物间数量对比关系的综合指标，其表现形式为相对数，如比重、比例、速度、程度、密度等。相对指标又称"相对数"，是两个有联系的指标数值之比。

4.2.2 相对指标的作用

1. 相对指标为人们深入认识事物发展的质量与状况提供了客观依据

在分析一种社会经济现象时，仅仅利用某一项指标，而不把有关指标联系起来进行比较分析，是很难对事物的发展变化情况、事物间的比例构成状况等有深刻、全面的认识的。运用相对指标，可以帮助人们观察某一总体的任务完成情况、内部的结构比例状况、事物在另一事物中的普遍程度、强度和密度等，从而有利于分析同类现象在不同时空上的联系与区别，为进一步认识现象的本质和特点提供客观依据。例如，增加值率就是一定时期内增加值占总产出的比重，是反映企业经济效益的重要指标。

2. 相对指标提供了现象之间的比较基础

相对指标为不能直接对比的现象提供了可以对比的基础。例如，要研究不同类型企业的生产经营状况，由于条件、产品不同，一般不能使用产值指标直接进行对比。但如果各企业都计算出劳动生产率、单位产值能耗等相对指标，就可以进行比较。

▶ 4.2.3 相对指标的表现形式

相对指标的表现形式有两种：复名数、无名数。

1. 复名数

复名数是以分子、分母的复合单位来计量的，一般是双重的计量单位。复名数主要用于强度相对指标的表示。例如，平均每人分配的粮食产量的计量单位为"千克/人"，一个地区的人口密度的计量单位为"人/平方千米"，速度指标的计量单位为"米/小时""米/秒"，能源消耗统计中的计量单位为"吨/万元"，等等。

2. 无名数

无名数是一种抽象化的计量单位，常用倍数、系数、成数、百分数、百分点、千分数表示。倍数与系数是将对比的基数抽象为"1"而计算出来的结果。成数是将对比的基数抽象为"10"而计算出来的结果。例如，粮食增产一成，即增长 1/10。百分数是将对比的基数抽象为"100"而计算出来的结果，它是相对指标中最常用的一种表现形式。两个数字对比，若分子数值远大于分母数值，则可用倍数表示；若分子数值远小于分母数值，则可以采用千分数等表示。例如，人口出生率、死亡率、自然增长率一般都用千分数表示。

▶ 4.2.4 相对指标的分类及计算方法

随着统计分析的目的和对比基础的不同，对比所起的作用也有所不同，从而形成不同的相对指标。相对指标一般分为计划完成情况相对指标、结构相对指标、比例相对指标、比较相对指标、动态相对指标和强度相对指标。

1. 计划完成情况相对指标

计划完成情况相对指标是将某一时期内（月、季、年）的实际完成数与计划任务数进行对比所得出的比值，借以表明计划完成程度的综合指标，通常用百分数表示。计划完成情况相对指标的计算公式如下：

$$计划完成情况相对指标=实际完成数÷计划任务数×100\%$$

计划完成情况相对指标是统计工作中最常用的相对指标，用来检查和分析计划执行的进度和均衡程度，反映计划执行的结果，并作为编制下期计划的参考。在计算时，要求分子、分母在指标的内容、范围、计算方法、计算单位及时间长度等方面完全一致。计算计划完成情况相对指标的基数是计划任务数，由于基数的表现形式有绝对数、平均数和相对数 3 种，因而计划完成情况相对指标在表现形式上有所不同，但在计算方法上仍然以计划指标作为对比的基础或标准。

例 4.1 某企业 2023 年计划工业总产值为 560 万元，实际完成 616 万元，其计划完成情况相对指标为多少？

解： 根据公式，可以计算出该企业 2023 年工业总产值计划完成情况相对指标。

$$计划完成情况相对指标=实际完成数÷计划任务数×100\%=616÷560×100\%=110\%$$

计划完成情况相对指标为 110%，表示该企业 2023 年工业总产值超额 10% 完成。

由于计划任务的要求不同，对计划完成情况的评价也就有所不同。若计划指标是以最低限额规定的，如产量、产值、劳动生产率、利润等，一般来说，计划完成情况相对指标以等于或大于 100% 来表示完成和超额完成计划，大于 100% 的部分为超额完成计划部分。若计划指标是以最高限额规定的，如单位成本、经费预算等，则计划完成情况相对指标以小于或等于 100% 来表示完成和超额完成计划，小于 100% 的部分为超额完成计划部分。

2. 结构相对指标

结构相对指标是在统计分组汇总的基础上，各组的数值与总体数值之比，又称比重，一般用百分数表示，各组比重之和等于 1 或 100%。结构相对指标的计算公式如下：

$$结构相对指标=总体某组数值÷总体全部数值×100\%$$

公式中分子、分母数值可以是单位总量，也可以是标志总量。

📌 知识链接

结构相对指标的作用

结构相对指标是统计分析中的常用指标，其作用如下：

第一，分析总体内部的结构，说明现象总体的性质和特征。例如，在人口调查的基础上，按文化程度将人口分为大学本科、大学专科、中专、高中、初中、小学、不识字或识字很少几个类别，计算各类别的人数比重，可以反映出人口素质的高低。

第二，分析总体内部构成情况所发生的变化，显示现象发展变化趋势。

---

3. 比例相对指标

总体内部各个组成部分之间存在一定的联系，并在客观上保持着适当的比例。比例相对指标是反映总体中各组成部分之间数量联系程度和比例关系的综合指标，它是总体内部不同部分的数值进行对比的比值。比例相对指标的计算公式如下：

比例相对指标=总体中某一部分数值÷总体中另一部分数值×100%

比例相对指标可以反映社会经济现象的重大比例关系。例如，投资与消费，进口与出口，轻工业与重工业，第一产业、第二产业、第三产业等之间的关系。按适当标准可以判断比例关系是否协调，以促进国民经济协调发展。

4．比较相对指标

在同一时期内，同类事物不同总体由于所处的空间条件不同，发展状况也不一样，要了解它们之间的差异程度，就需要对不同空间条件下的同类事物进行对比。所谓"不同空间条件"，是指它既可以进行不同国家、地区、企业之间的比较，也可以与标准水平或者平均水平进行比较。比较相对指标是将两个性质相同的指标做静态对比得出的综合指标。比较相对指标的计算公式如下：

比较相对指标=某条件下某类指标数值÷另一条件下同类指标数值×100%

例 4.2   以某企业生产同类产品的甲、乙两个班组的平均每人日产量为例，可以根据公式求得比较相对指标，如表 4-1 所示。

表 4-1   甲、乙两个班组的平均每人日产量及比较相对指标

班　　次	平均每人日产量/个	比较相对指标/%
甲	250	125（250÷200×100%）
乙	200	80（200÷250×100%）

通过比较相对指标可以得出：以 100%作为标准，甲班平均每人日产量比乙班高 25%（125%–100%），而乙班平均每人日产量比甲班低 20%（100%–80%）。

比较相对指标既可以用于不同国家、地区、企业之间的比较，反映相互之间的发展差距，也可用于先进与落后的比较，还可用于与标准水平、平均水平、先进水平或落后水平的比较，以确定自己的奋斗目标。

5．动态相对指标

动态相对指标是同一总体中同一指标在不同时间上的数值之比。这个指标用于反映现象发展的速度，并据以推测现象变化的趋势。统计上把用来作为比较标准的时期称作"基期"，而把与基期进行对比的时期称作"报告期"。动态相对指标的计算公式如下：

动态相对指标（发展速度）=报告期某指标数值÷基期同一指标数值×100%

6．强度相对指标

社会经济现象之间的数量对比关系，不仅表现为总体的内部各组成部分之间，而且表现为同一事物在不同空间的联系，以及有联系的不同事物之间的对比关系。强度相对指标是不属于同一总体的两个性质不同但相互间有联系的总量指标对比的比值，是用来反映现象的强度、密度和普遍程度、利用程度的综合指标，如某省单位工业增加值能耗

为 1.08 吨标准煤/万元。强度相对指标的计算公式如下：

强度相对指标=某一总体总量指标÷另一有联系而性质不同的总体总量指标×100%

例 4.3 我国国土面积约为 960 万平方千米，2016 年年末总人口数为 138271 万人，求我国当年的人口密度。

解：人口密度属于强度相对指标，根据公式可得：

我国的人口密度=138271 万人÷960 万平方千米=144.03（万人/万平方千米）

强度相对指标的分子、分母数值可以相互对调，因此，强度相对指标就有正指标和逆指标之分。一般数值大小与现象强度、密度或普遍程度呈正相关的称为"正指标"，呈负相关的称为"逆指标"。例如，每平方千米的人数这一强度相对指标越大，表示人口密度越大，故为正指标；而人均拥有的耕地面积这一指标越大，表示人口的密度越小，故为逆指标。

强度相对指标被广泛用于反映一个国家或地区的发展水平和经济实力的强弱，如人均 GDP、人均国民收入等；也可以反映现象的密度或普遍程度，如人口密度、商业网点密度、高速公路密度等；还可以反映社会生产活动的条件或经济效果，如农业机械化程度、每百万元产值利润等。

4.2.5 相对指标的统计要求

1. 正确选择对比的基数

相对指标的可比性是指对比的指标在含义、内容、范围、时间、空间和计算方法等口径方面是否协调一致、相互适应。如果各个时期的统计数字因行政区划、组织机构、隶属关系的变更，或者因统计制度方法的改变而不能直接对比的，就应以报告期的口径为准，调整基期的数字。许多用金额表示的价值指标，由于价格的变动，各期的数字进行对比，不能反映实际的发展变化程度。一般要按不变价格换算，以消除价格变动的影响。

2. 保持相对指标的可比性

相对指标数值的计算方法是否可比，要注意研究发展的具体条件。对统计资料进行国与国之间的对比时，要慎重研究不同社会制度的国家所采用的指标计算方法的可比性问题。因为指标计算方法不仅涉及实际的技术处理方法上的问题，还反映出理论观点上的原则区别，从而影响指标所包含的内容。

由于社会经济现象繁多且复杂，相对指标的种类多，结合对比分析的不同任务和目的，对比指标的可比性具有一定的相对性，不能绝对化。就动态相对指标而言，报告期与基期的时期长短应该相同，才是可比的。但根据统计研究的任务，为了说明某些具体问题，不能过于强求指标数值的可比性。

计算和运用相对指标时，之所以需要遵循可比性原则，主要是为了保证对比的结果能够确切说明问题，得出有意义的正确结论。因此，与可比性原则直接有关的问题就是选择基数和基期。基数是指标对比的标准，如果选择不当，就会失去相对指标的作用，导致似是而非或错误的结论，甚至歪曲真相。一般来说，应结合研究目的来选择基数，

选择的基数应当具有典型性。例如，在计算比较相对指标时，对比的分母可以是平均水平、先进水平或国家制定的有关标准。基数与基期密切相连，一般应选择经济与社会发展比较稳定，以能说明国民经济生活方面有重要意义的时期作为基期，以便通过与这些时期进行对比，反映我国各个部门、各个环节和各个方面在不同阶段蓬勃发展的新局面。

3. 注意相对指标和总量指标的结合使用

绝大多数的相对指标都是两个有关的总量指标数值之比，用抽象化的比值来表明事物之间存在的对比关系的程度，并不能反映事物之间在绝对量方面的差别。因此，如果相对指标离开了据以形成对比关系的总量指标，就不能深入地说明问题。

4. 注意定性分析与定量分析相结合

计算相对指标数值的方法是简便易行的，但要正确地计算和运用相对指标，还应注重定性分析与定量分析相结合的原则。因为事物之间的对比分析，必须是同类型的指标，只有通过统计分组，才能确定被研究的现象是同质总体，从而便于同类现象之间的对比分析。也就是要在确定事物性质的基础上，再进行数量上的比较或分析，而统计分组在一定意义上也是一种统计的定性分类或分析。即使是同一种相对指标在不同地区或不同时间进行比较，也必须先对现象的性质进行分析，判断是否具有可比性。同时，通过定性分析，可以确定两个指标数值的对比是否合理。

5. 注意各种相对指标的综合应用

各种相对指标的具体作用不同，但都是从不同的侧面来说明研究的问题的。为全面深入地说明现象及其发展过程的规律性，应根据统计研究的目的，综合应用各种相对指标。例如，为了研究工业生产情况，既要利用生产计划的完成情况指标，又要计算生产发展的动态相对数和强度相对数。此外，把几种相对指标结合起来运用，可以比较、分析现象变动中的相互关系，更好地阐明现象之间的发展变化情况。由此可见，综合运用结构相对数、比较相对数、动态相对数等，有助于剖析事物变化中的相互关系及结果。

4.3 平均指标

4.3.1 平均指标的概念、特点与作用

1. 平均指标的概念

平均指标又称统计平均数，是反映总体各单位某一数量标志值在一定时间、地点条件下达到一般的数目水平的综合指标，一般用平均数表示。平均指标也是将总体各单位数量标志差异抽象化，以反映总体一般水平、集中趋势的统计指标。

集中趋势是指一组数据中各观测值向中心值集中的趋势，在中心值附近的观察值数

目较多，远离中心值的数目较少。统计中一般用平均指标描述集中趋势。

2. 平均指标的特点

平均指标主要有以下 3 个特点。

（1）平均指标将总体各单位变量值之间的差异抽象化，反映总体的综合特征。总体中每个单位的数量大小受许多因素的影响，有些是必然因素起决定作用，使各单位具有一定水平；还有一些是偶然因素起决定作用，使各单位在数量上存在差异。通过平均可以消除偶然因素造成的差异，显示出必然因素作用达到的一般水平。

（2）平均指标能测定次数分布数列中各变量值分布的集中趋势。大量的客观事物总体服从于钟形分布，这种分布表明靠近平均数的变量值出现的次数较多，而远离平均数的变量值出现的次数较少。分布从两边向中间集中，中间是平均数，因此，平均数反映了总体的集中趋势。

（3）平均指标也是质量指标的一种表现形式，其数值的大小不随总体范围的大小而增减。需要指出的是，平均指标只能对同质总体计算，如果总体单位是异质的，计算其平均数，只能是"虚构"的平均数，它不仅不能反映总体的一般水平，甚至会得出错误结论。

3. 平均指标的作用

平均指标作为总体的代表值和总体次数分布的特征值，在统计分析和统计研究中具有重要的作用。

1）广泛的比较作用

平均指标是代表值，它不仅使个别单位标志值的差异相互抵消，而且不受总体单位数量的影响，便于比较不同总体的水平。例如，比较生产规模不同的企业之间的生产水平，就不能简单地用总产量、总产值等总量指标，而应计算平均产量、平均产值等，这样才能确切反映不同企业生产的一般水平。

运用平均指标还可以对比分析同类现象在不同地区的特征。例如，要分析研究甲、乙两个乡的粮食产量水平，就不能用两个乡的粮食总产量对比，因为粮食总产量受到播种面积的影响；也不能用一块地的粮食产量来比较，因为它不反映粮食生产的一般水平。要比较粮食生产水平，应该计算平均每公顷粮食产量，并分析两个乡不同的生产条件，这样才能说明生产水平的高低。

2）可以反映总体发展变化的趋势

现象在不同时期的数量表现常常受到时间因素变动的影响。这就需要利用平均指标把总体单位之间的数量差异抽象化，用平均数说明现象在不同时期发展的趋势或规律。例如，用历年我国职工的平均工资说明职工平均工资变动趋势，用某一地区不同年份的农民家庭平均每人纯收入反映农民生活水平的变动趋势。

3）可以分析现象之间的依存关系

在对现象分组的基础上，结合平均指标，可以分析现象之间存在的制约关系。例如，将耕地按施肥标志分组，在此基础上计算单位面积产量，可以分析单位面积产量与施肥量之间的关系；对流通企业按商品流转额分组，再计算各组企业的平均商品流通费用率，可以看出商品流转额的不同规模和流通费用率升降的依存关系。

4）是统计推断的基础

在抽样调查中，常常利用平均指标推断总体的总量指标。例如，用抽样调查的农村居民年平均收入推断全部农村居民的总收入；在农产品产量抽样调查中，利用样本的平均公顷产量推断全部播种面积总产量；利用平均指标制定企业劳动、材料消耗定额等。

4.3.2　平均指标的种类

社会经济统计中的平均指标有算术平均数、调和平均数、几何平均数、中位数和众数等形式。前 3 种平均数是根据总体各单位的标志值计算的，称为数值平均数；后两种平均数是根据与其所处位置有关的部分标志值计算的，称为位置平均数。在某些特定场合，位置平均数可以替代数值平均数来反映现象的一般水平。

1. 算术平均数

算术平均数是统计中最常用的一种平均指标。算术平均数的计算方法与大多数社会经济现象中个别现象与总体现象之间客观存在的数量关系一致。在统计中，算术平均数是总体标志总量与总体单位总量之比，即用总体中个体单位标志值的总和除以总体单位总量。例如，农作物平均产量是总产量与播种面积之比。

算术平均数的计算公式如下：

算术平均数=总体标志总量÷总体单位总量

在计算算术平均数时，总体标志总量和总体单位总量必须属于同一总体，且所包含的内容在口径上应该严格一致，否则，计算的平均指标便失去了意义。这里要说明的是，算术平均数和强度相对数相似，都反映两个总量指标的对比关系，但强度相对数中用作对比的两个总量指标来自不同的总体，分子、分母不存在一一对应关系，即不存在各个标志值与各个单位相对应的问题；而算术平均数是同一总体各单位标志值的平均，表现为总体标志总量与总体单位总量之比，分子、分母存在一一对应关系，即一个单位必然对应一个标志值，分母量是分子量的承担者，因此，计算算术平均数时，分子、分母不能互换。

由于掌握的资料与计算复杂程度不同，算术平均数的计算通常会采用简单算术平均数和加权算术平均数两种形式。

1）简单算术平均数

如果统计中没有直接掌握算术平均数基本计算公式中分子与分母项的资料，而只掌握了总体各单位的标志值（变量值），那么在计算平均数时，可将各单位的标志值相加得出标志总量，再用标志总量除以总体单位总量。这种计算方法被称为简单算术平均数法。

设 $\bar{x}$ 代表算术平均数，x_i（其中，$i=1,2,3,\cdots,n$）表示各单位的标志值，则简单算术平均数的计算公式为

$$\overline{x} = \frac{x_1 + x_2 + \cdots + x_n}{n} = \frac{\displaystyle\sum_{i=1}^{n} x_i}{n}$$

式中，x_i 为第 i 个数据；n 为数据个数；$\overline{x}$ 为算术平均数。

2）加权算术平均数

一个总体中的单位数往往有很多，要对某一方面的现象进行研究，首先需要将统计资料整理成变量分配数列，然后根据各组标志值及相应的单位数或频率计算加权算术平均数。加权算术平均数的计算分为以下两种：

（1）由单项数列计算加权算术平均数。在直接掌握各组标志值及相应的频数的条件下，计算加权算术平均数时，必须先将各组的标志值乘以频数，以求出每组的标志总量，然后将各组的标志总量相加，求出总体标志总量，再用总体的标志总量除以总体单位总量（各频数相加），得到加权算术平均数。

用 x_i 代表各组标志值，f_i（其中，$i=1,2,3,\cdots,n$）代表相应的频数，加权算术平均数的计算公式可表示为

$$\overline{x} = \frac{x_1 f_1 + x_2 f_2 + \cdots + x_n f_n}{f_1 + f_2 + \cdots + f_n} - \frac{\displaystyle\sum_{i=1}^{n} x_i f_i}{\displaystyle\sum_{i=1}^{n} f}$$

由上式可以看出，加权算术平均数的大小不仅受总体各单位标志值 x_i 的影响，还受频数 f_i 的影响。频数多的标志值对平均数影响大，频数少的标志值对平均数影响小。

标志值的频数对平均数的大小有权衡轻重的作用，因此，把频数称为计算算术平均数的权数，把标志值乘以频数的过程称为加权。

（2）由组距分配数列计算加权算术平均数。由组距分配数列计算加权算术平均数，是以各组的实际平均数乘以相应的权数来计算的。

在实际工作中，在编制组距数列时，很少计算组平均数，通常会用各组的组中值近似地作为各组的代表值，同时假定各组内的标志值均匀分布或对称分布。然而，各组内的标志值不可能完全均匀或对称分配，因此，组中值与组平均数之间必然会有一定的误差，计算出来的加权算术平均数与实际平均数是有差别的。

2. 调和平均数

调和平均数是一种在特定情境下非常有用的统计工具，其计算方式如下：将一组数值的倒数进行求和，然后取这个总和的倒数。这种方法在处理某些特定的社会经济现象时显示出独特的优势和应用价值。

调和平均数的一个常见应用场景是计算平均速度。在物理学和交通运输领域，当需要计算不同速度下的平均速度时，调和平均数能够提供一个更为精确的结果。这是因为调和平均数考虑了速度的变化对总时间的影响，从而更真实地反映了实际运动情况。

此外，调和平均数还常用于计算平均比率。在经济学和商业分析中，比率是一个重要的概念，它可以帮助我们理解不同变量之间的关系。通过调和平均数计算平均比率，

可以消除不同数值之间的差异性，使得结果更加合理和准确。这对于企业决策、市场分析和政策制定都具有重要意义。

虽然调和平均数具有许多优点，但在使用时也需要注意其局限性。特别是在数据中存在极端值的情况下，调和平均数的准确性可能会受到影响。极端值会显著改变数值的倒数，进而影响调和平均数的计算结果。因此，在应用调和平均数时，需要对数据进行仔细分析和筛选，确保结果的可靠性。

3. 几何平均数

几何平均数是统计学中一个至关重要的概念，其计算方法是将一组数值的乘积取 n 次方根，其中 n 代表数值的数量。几何平均数在社会经济现象的多个领域中得到了广泛应用，特别是在计算复利增长率和平均增长率时。由于几何平均数考虑了数据序列中每个数值的乘积，所以，能够更真实地反映数据的长期增长趋势和稳定性。

对于经济增长和投资回报等复杂社会经济问题的分析，几何平均数提供了一个有力的工具。通过几何平均数可以更准确地把握经济增长的动态变化，从而制定出更加科学、合理的政策。然而，几何平均数的计算对数据的要求较高，一旦数据中出现负数或零，就无法进行有效的计算。这一局限性使得我们在使用几何平均数时，需要特别注意数据的完整性和准确性，以确保分析结果的可靠性。

尽管存在这些限制，但几何平均数仍然是社会经济统计中一个不可或缺的工具，其对于长期趋势和稳定性的揭示能力使得它在多个领域都具有广泛的应用前景。

4. 中位数

将一组数据按照从小到大的顺序进行排序，位于中间位置的数就是中位数。中位数的位置取决于数据的总数是奇数还是偶数，若为奇数，则中位数就是正中间的那个数；若为偶数，则中位数是中间两个数的平均值。这种特性使得中位数在描述数据分布时具有独特的优势。

在社会经济统计中，中位数因稳健性而备受青睐。当数据存在偏态分布时，中位数能够避免被极端值影响，更能真实地反映数据的中心位置。特别是在分析人均收入、房价等社会经济现象时，中位数往往比算术平均数更能代表大多数人的实际情况。这是因为算术平均数容易受到高收入或高房价等极端值的影响，导致结果偏高，而中位数则能更准确地反映大多数人的收入水平或房价水平。

此外，中位数还用于分析社会经济现象的分布情况。通过计算不同组别或不同地区的中位数，可以比较其差异，了解社会经济现象的空间分布和变化趋势。这为政策制定者提供了有力的依据，有助于制定更加精准、有效的政策。

5. 众数

作为描述数据分布特性的另一个重要指标，众数指的是一组数据中出现次数最多的数值。在统计学中，众数能够反映数据的集中趋势，对于分析社会经济现象具有重要意义。

在消费市场中，众数常被用来分析消费者的消费习惯和偏好。例如，通过调查某一地区消费者的购物记录或消费数据，可以找出该地区消费者购买最多的商品或服务，即众数。这些信息对于企业制定市场策略至关重要，可以帮助企业了解市场需求，优化产品结构，提高市场竞争力。

此外，众数还可以用于分析社会经济现象的集中趋势。例如，在分析某一行业的收入水平时，如果众数较小，说明大多数人的收入水平较低，行业内的贫富差距较大；如果众数较大，则说明大多数人的收入水平较高，行业内的收入分配相对较为均衡。这些信息对于政策制定者同样具有重要意义，有助于制定更加公平、合理的政策。

▶ 4.3.3　平均指标在市场经济管理中的应用

平均指标代表事物发展变化的一般水平和总体趋势。在市场经济管理中，运用平均指标可以解决如下两方面的问题。

1. 市场经济发展变化的平均速度

在市场经济管理中，经常需要了解某小区居民的月平均生活消费情况。由于不同家庭的经济条件不同，每个月的生活消费情况也不同。要了解小区居民的月平均生活消费情况，一般只能通过抽查方式进行：抽查一定数量的各类家庭（经济条件好、中和差等），得到各类家庭的每月生活消费数据；结合各类家庭的抽查量算出整个小区居民每月的平均生活消费情况。要抽查各类家庭，就涉及分组。若要求平均数，因各组抽查量不同，一般只能采用加权平均数算法来计算。

例 4.4　某机构随机抽查了某小区 20 户家庭的生活消费情况，抽查结果如表 4-2 所示（表中的户数为频数）。

表 4-2　某小区 20 户家庭的月生活消费情况

月消费/元	1000	2000	2500	3000	4000
户数	4	4	7	3	2

根据加权平均数算法，可得整个小区居民的月平均生活消费情况为

$$\bar{x} = \frac{x_1 f_1 + x_2 f_2 + \cdots + x_n f_n}{f_1 + f_2 + \cdots + f_n}$$

$$= \frac{1000 \times 4 + 2000 \times 4 + 2500 \times 7 + 3000 \times 3 + 4000 \times 2}{20} = 2325（元）$$

我们经常会遇见如下问题：知道了某地区、某个时间段的经济增长情况，需要计算该地区的经济平均增长速度。针对此类问题，有不少人可能会直接通过求算术平均数来计算该地区的平均增长速度。但是，他们没有考虑到该段时间的经济增长是在上个时间段的基础上进行的，因此，对于此问题应该通过计算几何平均数来解决。

2. 判断同类产品的质量

在现实经济环境中，有些商家往往利用消费者对经济知识的局限性做一些文字游戏，以次充好来欺骗消费者。

例 4.5　甲、乙、丙 3 家家电厂商在广告中声称，其生产的某种电子产品在正常情况下的平均使用寿命均为 8 年。对于一般人来说，看到 3 家家电厂商的广告后，会认为它们的产品质量一样好。通过质量检测部门对这 3 家厂商销售的产品使用情况进行跟踪调查，得到了表 4-3 所示的结果。

表 4-3　甲、乙、丙 3 家家电厂商销售产品的使用情况

单位：年

甲厂	4	5	5	5	5	7	9	12	13	15
乙厂	6	6	8	8	12	9	10	8	14	15
丙厂	4	7	4	6	4	9	13	16	15	16

如果你是消费者，你会选择哪家的产品？

从质量检测部门跟踪调查的数据来看，甲、乙、丙 3 家家电厂商的产品质量不一样，这说明广告有问题吗？对熟悉集中趋势方面知识的人来说，这个问题很容易就弄清楚了。

（1）甲家电厂商电子产品使用寿命的平均数为

$$\overline{x}_甲 = \frac{\sum x_i}{n} = \frac{4+5+5+5+5+7+9+12+13+15}{10} = 8（年）$$

即甲家电厂商广告中电子产品在正常情况下的使用寿命为 8 年，指的是使用寿命的算术平均数。

（2）乙家电厂商电子产品使用寿命的平均数为

$$\overline{x}_乙 = \frac{\sum x_i}{n} = \frac{6+6+8+8+12+9+10+8+14+15}{10} = 9.6（年）$$

那么，乙家电厂商广告中声称的电子产品在正常情况下的使用寿命 8 年指的是什么呢？先将该组数据按从小到大的顺序排序，得到 6、6、8、8、8、9、10、12、14、15 一组数据，从此组数中可看出：8 有 3 个，6 有 2 个，9、10、12、14、15 各有 1 个，故 8 出现的次数最多。因此，对于乙家电厂商广告中声称的电子产品正常情况下的使用寿命为 8 年，指的是该电子产品使用寿命的众数。

（3）丙家电厂商电子产品使用寿命的平均数为

$$\overline{x}_丙 = \frac{\sum x_i}{n} = \frac{4+7+4+6+4+9+13+16+15+16}{10} = 9.4（年）$$

那么，丙家电厂商广告中声称的电子产品在正常情况下的使用寿命 8 年指的是什么呢？先将该组数据按从小到大的顺序排序，分别是 4、4、4、6、7、9、13、15、16、16，则该组数据的中位数为 $\frac{7+9}{2} = 8$。因此，对于丙家电厂商广告语中声称的电子产品在正常情况下的使用寿命 8 年，指的是产品使用寿命的中位数。

从上述分析可知，虽然 3 家家电厂商在广告中都说电子产品正常情况下的使用寿命为 8 年，但电子产品的真正平均使用寿命分别为 8 年、9.6 年和 9.4 年，由此可得出：乙厂的电子产品的质量最好，丙厂次之，甲厂最差。

我们可以利用集中趋势解决市场经济环境中变化的平均速度和产品质量好坏等问

题。这些问题看起来简单，但又很容易被大家忽视。若要了解清楚明白，就需要学习并掌握统计分析方面的知识。

▶ 4.3.4　平均指标指数

1. 平均指标指数的概念

平均指标指数是同一经济现象在两个不同时期或不同空间条件下的平均指标数值对比计算的数值。这里的平均指标不仅包括前面定义的平均指标，也包括形式上与平均指标相似的相对指标，如人均国内生产总值。平均指标指数说明两个时期总平均水平变动的方向和程度。

平均指标指数不是两个总量指标对比，而是两个总量指标的平均值对比。平均指标指数适用于在某些情况下不便用总量指标对比计算的经济现象的对比分析。

平均指标指数的一般公式为

$$K = \frac{\overline{X_1}}{\overline{X_0}}$$

式中，$\overline{X_1}$ 表示报告期平均指标数值；$\overline{X_0}$ 表示基期平均指标数值。

在分组条件下，平均指标数值受各组标志值的大小和各组频数在总体中所占比重的大小两个因素的影响，即

$$\overline{X} = \frac{\sum xf}{\sum f} = \sum x \cdot \frac{f}{\sum f}$$

常见的平均指标指数有平均劳动生产率指数、平均工资指数、平均单位成本指数等。例如，平均工资指数公式为

$$\overline{K} = \frac{\overline{X_1}}{\overline{X_0}} = \frac{\dfrac{\sum x_1 f_1}{\sum f_1}}{\dfrac{\sum x_0 f_0}{\sum f_0}}$$

式中，$\overline{X_1}$，$\overline{X_0}$ 分别表示报告期、基期的平均工资；x_1，x_0 分别表示各组报告期、基期的工资水平；f_1，f_0 分别表示各组报告期、基期的人数。

上式也可以写成如下形式：

$$\overline{K} = \frac{\sum x_1 \cdot \dfrac{f_1}{\sum f_1}}{\sum x_0 \cdot \dfrac{f_0}{\sum f_0}}$$

由此可以看出，平均工资指数受各组工资水平变动和各组人数在总人数中所占比重变动的影响。这是因为加权算术平均数本身包括标志值和权数两个因素，所以，平均指标指数所反映的变动程度也受经济指标及总体内部结构两个因素的影响。

2．平均指标指数的编制

平均指标指数一般包括可变构成指数、固定构成指数、结构影响指数。编制时，应先以平均指标的计算公式为依据。由于总平均水平（$\overline{X}$）的变动受各组水平（x）的变动和各组结构比重$\left(\dfrac{f}{\sum f}\right)$的变动的影响，所以，平均指标可以分解为平均水平和比重两个因素。

平均指标指数中两个因素的关系类似于总量指标综合指数形式中两个因素的关系。为了测定其中一个因素对平均指标指数的影响，需要将另一个因素固定下来，因此，可以利用因素分析法对平均指标的变动进行分析。

进行因素分析的关键问题之一在于确定同度量的因素。选择同度量因素，由加权算术平均数公式确定，即指标与加权比率互为同度量的因素。加权比率就是相对数中的结构指标，又称构成指标。至于同度量因素时间的确定，依据编制综合指数的一般原则。

各组频数在总体单位总量中所占比重为$\dfrac{f}{\sum f}$，虽然是以相对数表示的，但其实质还是数量指标，因此，以其为同度量因素时，将其固定在报告期；而各组指标值则是质量指标，因此，以其为同度量因素时，应将其固定在基期。这样，根据指标的内在联系，平均指标指数体系按绝对权数形式表现如下：

$$K = \frac{\overline{X_1}}{\overline{X_0}} = \frac{\sum x_1 f_1}{\sum f_1} \div \frac{\sum x_0 f_0}{\sum f_0}$$

（可变构成指数）

$$= \left(\frac{\sum x_1 f_1}{\sum f_1} \div \frac{\sum x_0 f_1}{\sum f_1} \right) \times \left(\frac{\sum x_0 f_1}{\sum f_1} \div \frac{\sum x_0 f_0}{\sum f_0} \right)$$

（固定构成指数） （结构影响指数）

这3个指数都是两个平均数相比，其不同之处主要在于结构。

平均指标指数即式中第一个指数，既包括各组指标的变动，也包括结构的变动，因而称为可变构成指数；第二个指数将结构固定在报告期，反映各组指标值的变动，称为固定构成指数；第三个指数将各组指标固定在基期，反映结构的变动，因而称为结构影响指数。

例4.6　某企业的工人人数及工资资料如表4-4所示，试计算工人总的月平均工资的变动，并对其变动进行因素分析。

表4-4　某企业的工人人数及工资资料

工人类别	2022 年		2023 年	
	月工资额/元	工人人数/人	月工资额/元	工人人数/人
技术工人	2800	150	3000	200
辅助工人	2000	100	2050	300
合计	2480	250	2430	500

解：① 计算可变构成指数，反映工人总的月平均工资的变动。

技术工人月工资指数 $=\dfrac{3000}{2800}\times100\%=107.14\%$

辅助工人月工资指数 $=\dfrac{2050}{2000}\times100\%=102.5\%$

2023 年工人平均月工资：

$$\overline{X_1}=\frac{\sum x_1 f_1}{\sum f_1}=\frac{3000\times200+2050\times300}{200+300}$$

$$=\frac{1215000}{500}$$

$$=2430（元）$$

2022 年工人平均月工资：

$$\overline{X_0}=\frac{\sum x_0 f_0}{\sum f_0}=\frac{2800\times150+2000\times100}{150+100}$$

$$=\frac{620000}{250}$$

$$=2480（元）$$

工人总的月平均工资指数：

$$K=\frac{\overline{X_1}}{\overline{X_0}}=\frac{2430}{2480}\times100\%=97.98\%$$

工人总的月平均工资变动值 $=\overline{X_1}-\overline{X_0}=2430-2480=-50（元）$

计算结果表明，技术工人和辅助工人的月工资额都有所提高，分别增长了 7.14% 和 2.5%，但是工人总的月平均工资反而降低了 2.02%，以下对此进行分析。

② 计算固定构成指数，反映技术工人和辅助工人月工资额变动对工人总的月平均工资额的影响。

$$固定构成月工资额指数=\frac{\sum x_1 f_1}{\sum f_1}\div\frac{\sum x_0 f_1}{\sum f_1}=2430\div\frac{2800\times200+2000\times300}{200+300}$$

$$=2430\div2320=1.0474\ 或\ 104.74\%$$

$$\frac{\sum x_1 f_1}{\sum f_1}-\frac{\sum x_0 f_1}{\sum f_1}=2430-2320=110（元）$$

该指数说明，在假定技术工人和辅助工人结构固定在 2023 年的条件下，则工人总的月平均工资比 2022 年提高了 4.74%，对工人总的月平均工资的影响额为提升了 110 元。

③ 计算结构影响指数，观察工人结构变动对工人总的月平均工资的影响。

$$结构影响指数=\frac{\sum x_0 f_1}{\sum f_1}\div\frac{\sum x_0 f_0}{\sum f_0}=2320\div2480=0.9355\ 或\ 93.55\%$$

$$\frac{\sum x_0 f_1}{\sum f_1}-\frac{\sum x_0 f_0}{\sum f_0}=2320-2480=-160（元）$$

该指数说明，假定技术工人和辅助工人的月工资额保持 2022 年的水平没有变动，那么由于工人结构的影响，使工人总的月平均工资下降 6.45%，影响的绝对额为减少 160 元。

4.4 标志变异指标

4.4.1 标志变异指标的概念

标志变异指标又称标志变动度，用来度量统计分布数列的离散程度，同时反映总体中各单位标志值的差异程度和平均数的代表性高低。一般来说，标志变异指标的数值越大，离散程度就越大，平均数的代表性越差；标志变异指标的数值越小，离散程度也就越小，平均数的代表性越高。利用标志变异指标可以说明社会经济现象变动过程的均匀性、节奏性及产品质量的稳定性程度。

在统计中，常用的标志变异指标有全距、平均差、方差与标准差、标志变异系数等。

4.4.2 标志变异指标的作用

1. 标志变异指标是衡量平均指标代表性的尺度

标志变异指标可以说明平均数代表性的大小。平均数一般是总体数量标志的代表值，它反映了社会现象的集中趋势。标志变异指标则是总体中数量标志的变异程度，反映了社会现象的离中趋势。标志变异指标越大，平均数的代表性越小；标志变异指标越小，平均值的代表性越大。因此，标志变异指标对于衡量平均数的代表性具有重要的判定作用。

> 📖 **小案例**
>
> 哪个组好些
>
> 假设有两组工人的日机器产量数据如下（单位：台）。甲：60,65,70,75,80；乙：50,60,70,80,90。这两个小组平均日机器产量都是 70 台，但由于各组工人日产量的变动程度不同，70 台这个平均数的代表性是不同的。其中，甲组工人日产量每日相差 5 台，乙组相差 10 台。因此，相对来说，甲、乙两组工人的日平均产量的代表性，甲组较乙组好些。

2. 标志变异指标是用来研究现象稳定性的最重要量度

标志变异指标可以用来说明现象变动的均匀程度。例如，一种新的水果品种具备推广价值，不仅应具有较高的平均收获水平，而且应具有较高的稳定性。也就是说，该品种在各地的收获水平与平均水平比较接近，差异程度较小，这说明均匀性的指标就是标志变异指标。

3. 标志变异指标可以反映总体变量分布的离中趋势

标志变异指标从侧面揭示了以平均数为中心，各变量值偏离中心的程度。一般来说，标志变异指标越大，说明总体各变量值离中心点越远，偏离平均数的程度越大，反之越小。同时，通过变量值的离中分析，也可以进一步研究标志变量的分布是否接近或偏离正态分布，从而帮助我们更好地认识数列分布的规律。

4.4.3 标志变异指标的种类与计算

1. 全距

全距又称极差，是变量数列中最大变量值与最小变量值之间的差数，一般用 R 表示。例如，有两个学习小组，每个小组各有 5 名学生，其学习成绩（单位：分）如下：

甲组：80,85,90,95,100

乙组：86,88,90,92,94

$R_甲$ =100−80=20（分），$R_乙$ =94−86=8（分）。说明甲组的差异程度高于乙组，同时说明甲组的平均成绩 90 分的代表性差。

全距计算简便、易于理解，但它只考虑到变量数列最大变量值与最小变量值之间的差数，而忽略了中间变量的变动情况，很容易受到数列极端值的影响，因此，它只是测定总体各单位标志值差异程度的一种粗略的方法。

2. 平均差

平均差是总体各单位数量标志值与其算术平均数离差绝对值的算术平均数，属于平均数的范畴，一般用 $\bar{d}$ 表示。平均差考虑了变量数列中所有变量的变动情况，比全距更能全面地反映变量值的离中趋势。但是，平均差采用标志值与算术平均数的离差绝对值来解决正负离差相互抵消的问题，不利于进一步的数学处理，因此，其应用有一定的局限性。根据掌握的资料不同，平均差的计算形式有简单形式和加权形式两种。

1）简单形式（未分组资料）

$$\bar{d} = \frac{\sum|x - \bar{x}|}{n}$$

式中，x 表示各变量值。

例 4.7 表 4-5 为甲、乙两个学习小组的成绩，请分别计算两个小组的平均差。

表 4-5 甲、乙两个学习小组的成绩

甲组 $\bar{x}$ =90			乙组 $\bar{x}$ =90		
成绩 x/分	$x-\bar{x}$	$\|x-\bar{x}\|$	成绩 x/分	$x-\bar{x}$	$\|x-\bar{x}\|$
80	−10	10	86	−4	4
85	−5	5	88	−2	2
90	0	0	90	0	0
95	5	5	92	2	2
100	10	10	94	4	4
合计	0	30	合计	0	12

解：

$$\overline{d_{甲}}=\frac{\sum|x-\overline{x}|}{n}=\frac{30}{5}=6（分）\qquad \overline{d_{乙}}=\frac{\sum|x-\overline{x}|}{n}=\frac{12}{5}=2.4（分）$$

甲组平均差大于乙组，说明甲组平均数的代表性差。

2）加权形式（已分组资料）

$$\overline{d}=\frac{\sum|x-\overline{x}|f}{\sum f}$$

式中，x 表示各单位标志值；f 表示各组频数。

例 4.8　表 4-6 为某公司 40 名推销员 2 月的业绩资料，请计算平均差。

表 4-6　某公司 40 名推销员 2 月的业绩资料

业绩 x/分	人数 f/人	xf	$|x-\overline{x}|$	$|x-\overline{x}|f$
35	3	105	28.875	86.625
40	7	280	23.875	167.125
65	18	1170	1.125	20.250
80	8	640	16.125	129.000
90	4	360	26.125	104.500
合计	40	2555	—	507.500

$$\overline{x}=\frac{\sum xf}{\sum f}=\frac{2555}{40}=63.875（分）$$

$$\overline{d}=\frac{\sum|x-\overline{x}|f}{\sum f}=\frac{507.5}{40}=12.6875（分）$$

例 4.9　表 4-7 为工资表 1 的计算资料。表 4-8 为工资表 2 的计算资料。下面分别计算一下两家企业工人工资的平均差，比较其代表性。

表 4-7　工资表 1 计算资料

工资 x/（元/周）	人数 f/人	xf	$|x-\overline{x}|$	$|x-\overline{x}|f$
200	1	200	310.87	310.87
300	10	3000	210.87	2100.87
350	6	2100	160.87	965.22
390	5	1950	120.87	604.35
4500	1	4500	3989.13	3989.13
合计	23	11750	—	7970.44

平均差：

$$\overline{d_1}=\frac{\sum|x-\overline{x}|f}{\sum f}=\frac{7970.44}{23}=346.54（元）$$

表 4-8 工资表 2 计算资料

工资 x/（元/周）	人数 f/人	xf	$|x-\bar{x}|$	$|x-\bar{x}|f$
350	1	350	160.87	160.87
400	6	2400	110.87	665.22
500	10	5000	10.87	100.87
600	5	3000	89.13	445.65
1000	1	1000	489.13	489.13
合计	23	11750	—	1861.74

平均差：

$$\bar{d}_2 = \frac{\sum|x-\bar{x}|f}{\sum f} = \frac{1861.74}{23} = 80.95（元）$$

工资表 2 的资料计算的平均差较小，其离散程度也比较小，所以工资表 2 中的平均工资的代表性比较高。

3. 方差与标准差

总体各单位数量标志值与其算术平均数离差平方的算术平均数，称为方差。方差也属于平均数的范畴，一般用 σ^2 表示。标准差是方差的平方根，用 σ 表示。一般情况下，标准差越大，平均数的代表性越差。标准差的优点在于考虑了所有的变量值，并且采用标志值与算术平均数的离差平方来解决正负离差相互抵消的问题，便于进一步的数学处理，而且，通过平方使离差本来就大的项变得更大，离差本来就小的项变得相对更小，更突出了差异程度。

1）简单形式（未分组资料）

$$\sigma = \sqrt{\frac{\sum(x-\bar{x})^2}{n}}$$

式中，x 表示各变量值。

例 4.10 表 4-9 为甲、乙两个学习小组的成绩，请计算两个学习小组的标准差。

表 4-9 甲、乙两个学习小组的成绩

甲组 $\bar{x}=90$			乙组 $\bar{x}=90$		
成绩 x/分	$x-\bar{x}$	$(x-\bar{x})^2$	成绩 x/分	$x-\bar{x}$	$(x-\bar{x})^2$
80	−10	100	86	−4	16
85	−5	25	88	−2	4
90	0	0	90	0	0
95	5	25	92	2	4
100	10	100	94	4	16
合计	0	250	合计	0	40

$$\sigma_{甲} = \sqrt{\frac{\sum(x-\bar{x})^2}{n}} = \sqrt{\frac{250}{5}} = 7.071（分） \qquad \sigma_{乙} = \sqrt{\frac{\sum(x-\bar{x})^2}{n}} = \sqrt{\frac{40}{5}} = 2.828（分）$$

甲组的标准差大于乙组，说明甲组平均数的代表性差。

2）加权形式（已分组资料）

$$\sigma = \sqrt{\frac{\sum(x-\overline{x})^2 f}{\sum f}}$$

式中，x 表示各单位标志值；f 表示各组频数。

例 4.11 表 4-10 为某公司 40 名推销员 2 月的业绩资料，请计算标准差。

表 4-10 某公司 40 名推销员 2 月的业绩资料

业绩 x/分	人数 f/人	xf	$(x-\overline{x})^2$	$(x-\overline{x})^2 f$
35	3	105	833.766	2501.298
40	7	280	570.016	3990.112
65	18	1170	1.266	22.788
80	8	640	260.016	2080.128
90	4	360	682.516	2730.064
合计	40	2555	—	11324.390

$$\overline{x} = \frac{\sum xf}{\sum f} = \frac{2555}{40} = 63.875 \ （分）$$

$$\sigma = \sqrt{\frac{\sum(x-\overline{x})^2 f}{\sum f}} = \sqrt{\frac{11324.39}{40}} = 16.826 \ （分）$$

例 4.12 表 4-11 和表 4-12 为工资表 1 计算资料和工资表 2 计算资料，请分别计算标准差。

表 4-11 工资表 1 计算资料

工资 x/（元/周）	人数 f/人	xf	$(x-\overline{x})^2$	$(x-\overline{x})^2 f$
200	1	200	96640.1569	96640.1569
300	10	3000	44466.1569	444661.569
350	6	2100	25879.1569	155274.9414
390	5	1950	14609.5569	73047.7845
4500	1	4500	15913158.1569	15913158.1569
合计	23	11750	—	16682782.6087

$$\sigma_1 = \sqrt{\frac{\sum(x-\overline{x})^2 f}{\sum f}} = \sqrt{\frac{16682782.6087}{23}} = 851.67（元）$$

表 4-12 工资表 2 计算资料

工资 x/（元/周）	人数 f/人	xf	$(x-\overline{x})^2$	$(x-\overline{x})^2 f$
350	1	350	25879.1569	25879.1569
400	6	2400	12292.1569	73752.9414
500	10	5000	118.1569	1181.5690
600	5	3000	7944.1569	39720.7845

续表

工资 x /（元/周）	人数 f/人	xf	$(x-\bar{x})^2$	$(x-\bar{x})^2 f$
1000	1	1000	239248.1569	239248.1569
合计	23	11750	—	379782.6087

$$\sigma_2 = \sqrt{\frac{\sum(x-\bar{x})^2 f}{\sum f}} = \sqrt{\frac{379782.6087}{23}} = 131.39（元）$$

通过对标准差的比较，可以发现，工资表 1 所计算出的标准差较大，而工资表 2 所计算出的标准差比较小，也就是说，工资表 1 所计算出的企业的工人工资的离散程度比较大，该企业的平均工资的代表性比较差。

4. 标志变异系数

前面介绍的 3 种标志变异指标都是在总体平均水平相等的情况下，用绝对数或平均数表明和对比标志变异程度的，它们都有计量单位，并且与平均指标的计量单位相同，其数值都会受到标志值和平均数大小的影响。当不同平均水平的总体或非同类社会经济现象间进行对比分析时，就需要消除平均水平不同的影响，用标志变异指标的绝对数或平均数除以算术平均数，真正反映不同水平变量数列的离散程度，因此，标志变异系数又称离散系数，是用相对数形式表示的标志变异指标。标志变异系数越大，说明差异程度越大，平均数代表性就越差。其计算公式为：

$$V_\sigma = \frac{\sigma}{\bar{x}}$$

式中，σ 为标准差，$\bar{x}$ 为平均数。

例 4.13 某机电公司有两个售货组，一组的平均日销售额为 650 元，标准差为 100 元；二组的平均日销售额为 500 元，标准差为 60 元，比较两者的差异程度和平均数的代表性。

由于两组的平均水平不等，所以，不能直接用标准差来比较，需要计算两者的标志变异系数：

$$V_{\sigma_1} = \frac{\sigma_1}{\bar{x}_1} = \frac{100}{650} = 0.154 \qquad V_{\sigma_2} = \frac{\sigma_2}{\bar{x}_2} = \frac{60}{500} = 0.12$$

计算表明，一组的标志变异系数数值大于二组，因此，一组的差异程度大，一组平均数的代表性低于二组。

例 4.14 下面分别计算工资表 1 和工资表 2 所示的两家企业的工资的标志变异系数：

$$V_{\sigma_1} = \frac{\sigma_1}{\bar{x}_1} = \frac{851.67}{510.87} = 1.67$$

$$V_{\sigma_2} = \frac{\sigma_2}{\bar{x}_2} = \frac{131.39}{510.87} = 0.26$$

从任何一个变异指标来看，都可以得到相同的结论，虽然两家企业的平均工资相同，但是工资表 1 所示企业的工人工资变异程度较大，而工资表 2 所示企业的工人工资变异程度或者说离散程度较小，即该公司的工人工资的平均数的代表性比较好，或者说该企业的收入分配相对平均，收入差距比较小。

收入分配差距问题是当今社会被广泛讨论的热点问题，收入过于平均的话，会犯"大锅饭"的错误，无法形成合理的激励机制；而收入差距超过一定程度，会导致贫富的两极分化，严重的话会影响社会稳定。所以，如何把收入差距控制在一个合理的范围内，是一个值得研究的问题。

4.5 Excel 在综合指标计算中的应用

4.5.1 利用 Excel 计算总量指标

通常来说，利用 Excel 来计算总量指标，存在如下两种情况：计数和求和。

1. 计数

在 Excel 中，通常用 COUNT 函数或 COUNTIF 函数来实现计数功能。其中，COUNT 函数用于计算指定单元格区域中包含数字及包含参数列表中的数字的单元格的个数。COUNTIF 函数用于计算指定单元格区域中满足给定条件的单元格的个数，其语法格式为 COUNTIF(range,criteria)，其中，range 为数值区间；criteria 为条件。

2. 求和

在 Excel 中，通常用 SUM 函数或 SUMIF 函数来实现求和功能。其中，SUM 函数用于计算指定单元格区域中所有数字的总和。SUMIF 函数用于根据指定条件对若干单元格求和，其语法格式为 SUMIF(range,criteria,sum_range)，其中，range 为数值区间；criteria 为条件；sum_range 为需要求和的实际单元格。

下面以表 4-13 所列数据为例进行总量指标的计算。

表 4-13 某班部分学生考试成绩及借书数量

姓名	王杰	张帆	黄冈	王钟	刘强	李慧婷	杨彪	陈梦
成绩/分	88	78	95	不及格	84	72	不及格	98
借书数量/本	5	3	6	1	4	3	2	7

具体操作步骤如下：

Step 1 将表 4-13 中的数据录入 Excel 工作表中。选定数据区域之外的一个空白单元格作为输出单元格，然后输入"=COUNT(B2:I2)"，统计成绩及格的学生人数，如图 4-1 所示。输入完成按回车键，即可得到统计结果为"6"。

	A	B	C	D	E	F	G	H	I	J	K	L
1	姓名	王杰	张帆	黄冈	王钟	刘强	李慧婷	杨彪	陈梦	=COUNT(B2:I2)		
2	成绩	88	78	95	不及格	84	72	不及格	98	COUNT(value1, [value2], ...)		
3	借书数量/本	5	3	6	1	4	3	2	7			
4												

图 4-1　统计成绩及格的学生人数

Step 2　继续选定空白单元格，输入"=COUNTIF(B2:I2,"不及格")"，统计成绩不及格的学生人数，如图 4-2 所示。输入完成按回车键，即可得到统计结果为"2"。

	A	B	C	D	E	F	G	H	I	J	K	L
1	姓名	王杰	张帆	黄冈	王钟	刘强	李慧婷	杨彪	陈梦	6		
2	成绩/分	88	78	95	不及格	84	72	不及格	98	=COUNTIF(B2:I2,"不及格")		
3	借书数量/本	5	3	6	1	4	3	2	7			
4												
5												

图 4-2　统计成绩不及格的学生人数

Step 3　继续选定空白单元格，输入"=COUNTIF(B2:I2,">=80")"，统计成绩大于或等于 80 分的学生人数，如图 4-3 所示。输入完成按回车键，即可得到统计结果为"4"。

	A	B	C	D	E	F	G	H	I	J	K	L
1	姓名	王杰	张帆	黄冈	王钟	刘强	李慧婷	杨彪	陈梦	6		
2	成绩/分	88	78	95	不及格	84	72	不及格	98	2		
3	借书数量/本	5	3	6	1	4	3	2	7	=COUNTIF(B2:I2,">=80")		
4												

图 4-3　统计成绩大于或等于 80 分的学生人数

Step 4　继续选定空白单元格，输入"=SUM(B3:I3)"，统计所有学生的借书总数量，如图 4-4 所示。输入完成按回车键，即可得到统计结果为"31"。

	A	B	C	D	E	F	G	H	I	J	K	L
1	姓名	王杰	张帆	黄冈	王钟	刘强	李慧婷	杨彪	陈梦	6		
2	成绩/分	88	78	95	不及格	84	72	不及格	98	2		
3	借书数量/本	5	3	6	1	4	3	2	7	4		
4										=SUM(B3:I3)		
5										SUM(number1, [number2], ...)		
6												

图 4-4　统计所有学生的借书总数量

Step 5　继续选定空白单元格，输入"=SUMIF(B2:I2,"不及格",B3:I3)"，统计不及格学生的借书总数量，如图 4-5 所示。输入完成按回车键，即可得到统计结果为"3"。

	A	B	C	D	E	F	G	H	I	J	K	L
1	姓名	王杰	张帆	黄冈	王钟	刘强	李慧婷	杨彪	陈梦	6		
2	成绩/分	88	78	95	不及格	84	72	不及格	98	2		
3	借书数量/本	5	3	6	1	4	3	2	7	4		
4										31		
5										=SUMIF(B2:I2,"不及格",B3:I3)		
6												

图 4-5　统计不及格学生的借书总数量

Step 6 继续选定空白单元格，输入"=SUMIF(B2:I2,">=90",B3:I3)"，统计成绩在 90 分以上的学生的借书总数量，如图 4-6 所示。输入完成按回车键，即可得到统计结果为"13"，如图 4-7 所示。

	A	B	C	D	E	F	G	H	I	J	K	L
1	姓名	王杰	张帆	黄冈	王钟	刘强	李慧婷	杨虎	陈梦	6		
2	成绩/分	88	78	95	不及格	84	72	不及格	98	2		
3	借书数量/本	5	3	6	1	4	3	2	7	4		
4										31		
5										3		
6										=SUMIF(B2:I2,">=90",B3:I3)		
7												
8												

图 4-6 统计成绩在 90 分以上的学生的借书总数量（输入函数）

	A	B	C	D	E	F	G	H	I	J
1	姓名	王杰	张帆	黄冈	王钟	刘强	李慧婷	杨虎	陈梦	6
2	成绩/分	88	78	95	不及格	84	72	不及格	98	2
3	借书数量/本	5	3	6	1	4	3	2	7	4
4										31
5										3
6										13
7										
8										
9										

图 4-7 统计成绩在 90 分以上的学生的借书总数量

4.5.2 利用 Excel 计算相对指标

下面以表 4-14 所列数据为例讲解利用 Excel 计算相对指标的过程，统计某院校男生比重、女生比重及性别比。

表 4-14 某院校学生人数统计

年　　级	男生人数/人	女生人数/人	总人数/人
大一	1200	1000	2200
大二	1100	1000	2100
大三	1000	800	1800
大四	900	700	1600

具体操作步骤如下：

Step 1 将表 4-14 中的数据输入 Excel 中，并在 E1、F1、G1 单元格中分别输入"男生比重/%""女生比重/%""性别比/%"，如图 4-8 所示。

Step 2 选定 E2:G5 单元格区域并单击鼠标右键，在弹出的快捷菜单中选择"设置单元格格式"命令，弹出"设置单元格格式"对话框，切换到"数字"选项卡，在"分类"列表框中选择"数值"选项，并在右侧窗格中将"小数位数（D）"设置为"2"，如图 4-9 所示。

图 4-8　输入数据

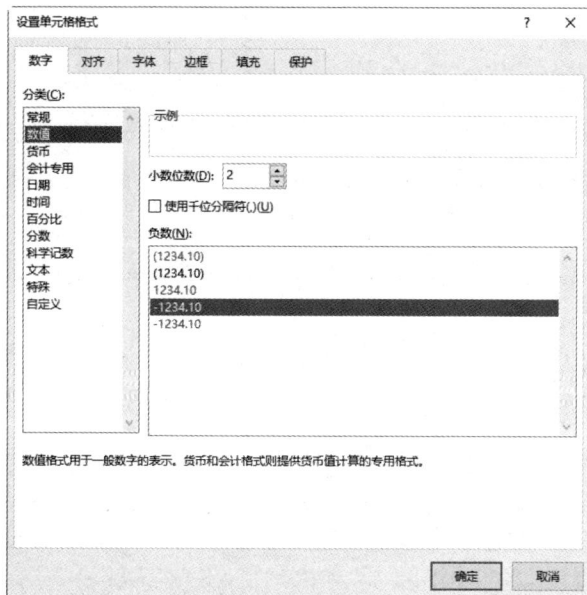

图 4-9　"设置单元格格式"对话框

Step 3　单击"确定"按钮，选中 E2 单元格，在其中输入"=B2/D2*100"，按回车键，即可得到"男生比重"，结果为"54.55"；在 F2 单元格中输入"=C2/D2*100"并按回车键，得到"女生比重"，结果为"45.45"；在 G2 单元格中输入"=B2/C2*100"并按回车键，即可得到男女性别比，结果为"120.00"，如图 4-10 所示。

图 4-10　某院校"大一"年级各项指标

Step 4　选中 E2 单元格并将鼠标指针移至 E2 右下角，鼠标指针变为"+"形状，按住鼠标左键并向下拖动填充柄至 E3:E5 单元格区域，即可得到其他年级"男生比重"的结果，同理，通过此方法可得到其他年级"女生比重"和"性别比"的结果，如图 4-11所示。

	A	B	C	D	E	F	G	H
1	年级	男生人数/人	女生人数/人	总人数/人	男生比重/%	女生比重/%	性别比/%	
2	大一	1200	1000	2200	54.55	45.45	120.00	
3	大二	1100	1000	2100	52.38	47.62	110.00	
4	大三	1000	800	1800	55.56	44.44	125.00	
5	大四	900	700	1600	56.25	43.75	128.57	
6								
7								

图 4-11　某院校其他年级各项指标

4.5.3　利用 Excel 计算平均指标和标志变异指标

下面以表 4-15 所列数据为例计算平均数、众数、中位数、全距、平均差、标准差、标准差系数。

表 4-15　15 名工人的年龄

姓名	张平	李辉	王冰	樊先	周青	周虎	刘畅	武清	吴中	林峰	张通	马强	曹军	胡杰	钱来
年龄/岁	32	25	45	29	33	38	41	40	53	22	27	37	46	42	35

具体操作步骤如下：

Step 1　将表 4-15 中的数据输入 Excel 中，并在 A3、A4、A5、A6、A7、A8、A9 单元格中分别输入"平均数""众数""中位数""全距""平均差""标准差""标准差系数"，如图 4-12 所示。

	A	B	C	D	E	F	G	H	I	J	K	L	M	N	O	P
1	姓名	张平	李辉	王冰	樊先	周青	周虎	刘畅	武清	吴中	林峰	张通	马强	曹军	胡杰	钱来
2	年龄/岁	32	25	45	29	33	38	41	40	53	22	27	37	46	42	35
3	平均数															
4	众数															
5	中位数															
6	全距															
7	平均差															
8	标准差															
9	标准差系数															
10																

图 4-12　输入数据

Step 2　参照前面的方法，设置单元格格式为"数值"，"小数位数（D）"设置为 "0"。选中 B3 单元格，输入"=AVERAGE(B2:P2)"，按回车键，即可得到平均值，结果为"35"；选中 B4 单元格，输入"=MODE(B2:P2)"，按回车键，即可得到众数，结果为 "29"；选中 B5 单元格，输入"=MEDIAN(B2:P2)"，按回车键，即可得到中位数，结果为"35"；选中 B6 单元格，输入"=MAX(B2:P2)-MIN(B2:P2)"，按回车键，即可得到全距，结果为"31"；选中 B7 单元格，输入"=AVEDEV(B2:P2)"，按回车键，即可得到平均差，结果为"7"；选中 B8 单元格，输入"=VARP(B2:P2)"，按回车键，即可得到标准差，结果为"72"；选中 B9 单元格，输入"=B8/B3"，按回车键，即可得到标准差系数，结果为"2"，如图 4-13 所示。

	A	B	C	D	E	F	G	H	I	J	K	L	M	N	O	P
1	姓名	张平	李辉	王冰	樊先	周青	周虎	刘畅	武涛	吴中	林峰	张通	马强	曹军	胡杰	钱来
2	年龄/岁	32	25	45	29	33	38	41	40	53	22	27	37	46	42	35
3	平均数	35														
4	众数	29														
5	中位数	35														
6	全距	31														
7	平均差	7														
8	标准差	72														
9	标准差系数	2														
10																

图 4-13　计算结果

拓展实训

【实训目标】

通过实训，使学生初步了解综合指标的基本内容，熟练地运用总量指标、平均指标、标志变异指标来完成统计工作。

【实训内容】

了解并掌握统计数据的搜集，统计调查方案与问卷的设计。

【实训步骤】

（1）以 2～3 人为单位组成 1 个团队，设负责人 1 名，负责整个团队的分工协作。

（2）团队成员通过分工协作，多渠道搜集相关资料。

（3）团队成员对搜集的材料进行整理，总结并分析如何有效地利用综合指标来完成统计工作。

（4）各团队将总结制作成表格，派 1 人作为代表上台演讲，阐述自己团队的成果。

（5）教师对各团队的成果进行总结评价，指出不足与改进措施。

【实训要求】

（1）考虑到课堂时间有限，实训可采取"课外+课内"的方式进行，即团队组成、分工、讨论和方案形成在课外完成，成果展示安排在课内。

（2）每个团队方案展示时间为 10 分钟左右，老师和学生的提问时间为 5 分钟左右。

复习思考题

1. 总量指标的作用有哪些?

2. 相对指标有哪些种类?

3. 平均指标的作用是什么?

4. 标志变异指标的作用是什么?

第 5 章

时间数列

编制时间数列可以了解现象在过去某段时间的发展水平，分析现象的发展规律，并在此基础上对现象的未来发展趋势做出预测。通过对动态数列的分析，可以探索社会经济现象运动的规律，了解社会经济现象的发展方向和速度，对社会经济现象的量变过程进行研究，通过现象的数量变化发现现象的运动规律，这有助我们了解过去，把握现在，展望未来，为科学地制定未来的方案提供依据。

➜ **教学目标**

		本章教学目标
1	知识目标	● 了解时间数列的概念 ● 了解时间数列的种类
2	能力目标	● 能够编制时间数列，比较指标值，研究社会经济现象 ● 能够运用水平指标和速度指标解决实际问题
3	素质目标	● 培养学生的开拓创新、团结协作精神，使学生树立正确的世界观、价值观、人生观

5.1　时间数列概述

📺 5.1.1　时间数列的概念

时间数列，又称时间序列或动态数列，是同一现象在不同时间上的观察值按照时间先后顺序排列而形成的数列。任何时间数列都是由两个基本要素构成的：一是现象所属的时间，二是反映现象在不同时间上的具体指标数值。

📺 5.1.2　时间数列的种类

根据研究任务不同，时间数列可以分别用绝对数、相对数和平均数编制。因此，根据构成时间数列指标表现形式的不同，时间数列可以分为绝对数时间数列、相对数时间数列和平均数时间数列 3 种。其中，绝对数时间数列是基本的时间数列，相对数时间数列和平均数时间数列是在其基础上计算出来的，是其派生数列。

1. 绝对数时间数列

绝对数时间数列又称总量指标时间数列，是指把一系列绝对数（总量指标）按照时间先后顺序排列所形成的数列。绝对数时间数列根据其所反映的社会经济现象时间状况的不同，可以分为时期数时间数列和时点数时间数列，简称时期数列和时点数列。

时期数列是由时期数所构成的数列，即数列中每个指标值都是反映某种社会经济现象在一段时期内的发展变化总量，如国内生产总值数列、销售额数列、我国粮食产量数列等。时点数列是由时点数所构成的数列，即数列中每个指标值都是反映某种社会经济现象在某一瞬时时点上的总量，如商品库存数列、我国总人口数列、在职职工人数数列等。

🔧 **知识链接**

时期数列和时点数列的特点

（1）时期数列具有可加性，而时点数列则不具有可加性。时期数列各个指标值是可以连续相加的，连续加总可以得到更长一段时期的总量；而时点数列各个指标值加总会使总体单位出现重复统计，各个指标值连续相加是没有经济含义的。但是某些时点现象，如人口数、库存量、耕地面积等，若是统计其在一段时期内的增减量，则是可以加减的，这时属于时期数列。

（2）时期数列具有连续统计的特点，而时点数列不具有连续统计的特点。因为时期数列中排列的各个时期数反映的是现象在该时期内发展变化的总量，因而必须把这段时期内发生的变化逐一登记后进行累计；而时点数列中各个指标值反映的是现象在

某一瞬时时刻上的总量，一般只要在某一时点上进行统计即可，不需要进行连续登记。

（3）时期数列中各个指标值的大小与时期长短有直接关系，而时点数列没有直接关系。一般来说，时期越长，时期数列的指标值就越大，反之，时期越短，时期数列的指标值就越小；而时点数列中的指标值只反映现象在某一瞬时时点上的数值，因而时间的间隔长短对指标值的大小没有直接影响。例如，年底的工人数、库存量就不一定比年内各月底的数值大。

2. 相对数时间数列

相对数时间数列是指把一系列同类相对数按照时间先后顺序排列而形成的数列。它反映社会经济现象之间相互联系的发展过程。例如，我国历年农业增加值占 GDP 的比重（%）时间数列就是相对数时间数列。

3. 平均数时间数列

平均数时间数列是指把一系列同类平均数按照时间先后顺序排列而形成的数列。它反映社会经济现象总体单位某一标志值一般水平的发展变动趋势。例如，我国历年城镇职工平均工资时间数列就是一个平均数时间数列。

在社会实践中，往往需要把这 3 种时间数列结合起来运用，以便对社会经济现象的发展变化有一个全方位的认识。

5.1.3 编制时间数列的原则

编制时间数列的目的是通过对数列中各个时期指标值的比较，来研究社会经济现象的发展变化规律。因此，保证数列中各个指标值的可比性，是编制时间数列的基本原则，具体要注意以下 4 个方面。

1. 时间长短应该前后一致

由于时期数列中各项指标值的大小与统计的时期长短有直接关系，所以，为了便于分析比较，时期数列中各期的时期长短应该前后一致，否则，难以做出判断和比较。但在特殊的研究目的下，也可以将不同时期的指标编制成时间数列。对于时点数列，由于数列上的时点数均表示一定时刻上的数值，所以，各个时间间隔应该相等，这样才利于动态分析比较。

2. 总体范围应该前后一致

时间数列中各项指标包括的总体范围应该前后一致。例如，要研究某地区的经济发展状况，如果该地区的行政区域范围发生了变化，那么，前后指标值就不能直接对比，应该对资料进行适当的调整，以求总体范围的统一，然后做分析比较。

3. 经济内容应该前后一致

有时时间数列的指标名称一致，但其包含的经济内容或含义不同，这也是不可比的。

例如，工业企业的成本，有时指的是生产过程的成本，即狭义的成本或制造成本，其内容只包括按照国家有关财务制度允许列入生产成本的那一部分费用。而有时所指的成本则是企业的完全成本，即广义的成本，包括企业的全部费用。如果把这些指标值编制成时间数列来反映现象的变动，就会产生错误的结论。特别是对不同社会制度的国家统计指标进行分析比较时，更要特别注意。

4. 计算方法与计量单位应该前后一致

时间数列中各期指标的计算方法、计算单位和计算口径应该前后保持一致，指标的计算方法不同，计算出的指标值就不同，这样就没有可比性。例如，要研究企业劳动生产率的变动，产量用实物量还是价值量、工人人数用全部企业人数还是仅用生产工人人数，这些量前后都应该统一，否则就不能比较。

一般时间数列的编制需要很长一段时间，在这个过程中难免会出现计算范围发生了变化、经济内容的含义发生了变化及计算方法发生了变化等现象，所以，在编制时间数列时要特别注意可比性。

5.2 水平指标与速度指标

时间数列编制完成，只是意味着有了对事物发展变化分析的基础资料。为了进一步进行动态分析，还需要计算一系列时间数列分析指标。一般来说，时间数列分析指标分为两大类：一类是水平指标，包括发展水平、平均发展水平、增长量与平均增长量等；另一类是速度指标，包括发展速度、增长速度、平均发展速度与平均增长速度等。水平指标是速度指标分析的基础，速度指标是水平指标分析的深入和延续。

▶ 5.2.1 水平指标

1. 发展水平和平均发展水平

1）发展水平

发展水平也称发展量，是时间数列中各期具体的指标值，它反映社会经济现象在不同时间所达到的规模或发展程度。发展水平是表明现象发展变化的重要分析指标，是计算其他时间数列分析指标的基础。

发展水平可以表现为总量指标，即绝对数，如国内生产总值、工资总额、年末职工人数等；也可以表现为相对指标，即相对数，如人口自然增长率、男女性别比例等；也可表现为平均指标，即平均数，如平均年龄、工人劳动生产率等。

发展水平根据其在时间数列中所处的位置不同，可分为最初水平、最末水平、中间水平。

最初水平：时间数列中第一项指标值，用 a_0 表示。

最末水平：时间数列中最后一项指标值，用 a_n 表示。

中间水平：除第一项和最后一项指标值，用 $a_1, a_2, a_3, \cdots, a_{n-1}$ 表示。

根据作用不同，发展水平又可分为基期水平和报告期水平。基期水平一般用 a_0 表示，报告期水平一般用 a_n 表示。需要注意的是，上述最初水平、最末水平和基期水平、报告期水平等概念并不是一成不变的，而是随着研究的目的和任务的改变而变化的，该数列的最末水平可能是下一个数列的最初水平，该场合的报告期水平也可能是另一场合的基期水平。

发展水平在文字表述上习惯用"增加到""增加为"或"减少到""减少为"说明，例如，我国 2015 年全国粮食产量为 48401 万吨，2020 年全国粮食产量增加到 54640 万吨，这两个指标都是发展水平。

2）平均发展水平

平均发展水平又称序时平均数或动态平均数，是时间数列中各个不同时期发展水平的平均数。平均发展水平表明现象在较长一段时间上发展变化的一般水平，即平均水平。它是根据时间数列中各个不同时间上的发展水平加以平均计算的平均数，用以表明现象的发展水平在不同时段上变化的一般水平。

> **知识链接**
>
> **平均发展水平与静态平均数的联系与区别**
>
> 平均发展水平与静态平均数既有联系又有区别，两者的共同之处表现为都是将现象的个别差异抽象化，以反映现象的一般水平。
>
> 两者的区别主要有以下 3 点：
>
> （1）计算依据不同。平均发展水平是根据时间序列计算的，而静态平均数是根据变量序列计算的。
>
> （2）平均对象不同。时间序列是对同一指标在不同时间上的数值进行的平均，而静态平均数是对同一时间上不同变量值进行的平均。
>
> （3）作用不同。时间序列表明了动态一般水平，而静态平均数则表明了静态一般水平。

由于时间数列可以分为绝对数时间数列、相对数时间数列和平均数时间数列 3 种，所以，根据时间数列计算平均发展水平也分为 3 种情况。

（1）由绝对数时间数列计算平均发展水平。绝对数时间数列分为时期数列和时点数列，两者特点不同，其计算序时平均数的方法也不同。

① 由时期数列计算平均发展水平。根据时期数列的特点，采用简单算术平均法，即时期数列中各个指标数值之和除以时期项数。计算公式为

$$\bar{a} = \frac{a_1 + a_2 + a_3 + \cdots + a_n}{n} = \frac{\sum a_i}{n}$$

式中，$\bar{a}$ 表示平均发展水平；a_i 表示各期发展水平（$i=1,2,3,\cdots,n$）；n 代表时期项数。

例 5.1 根据表 5-1 的资料，计算我国 2006—2010 年粮食产量的年平均发展水平。

表 5-1 我国 2006—2010 年粮食产量

年份	2006	2007	2008	2009	2010
粮食产量/万吨	49746	50150	52850	53080	54640

解：

$$\bar{a} = \frac{\sum a_i}{n} = \frac{49746 + 50150 + 52850 + 53080 + 54640}{5} = 52093 \ （万吨）$$

表明我国在 2006—2010 年的年平均粮食产量为 52093 万吨。

② 由时点数列计算平均发展水平。时点数列分为连续时点数列和间断时点数列。根据掌握资料的不同，计算平均发展水平所采用的计算方法就不同。

a. 由连续时点数列计算平均发展水平。以天为间隔的时点数列称为连续时点数列，由连续时点数列计算平均发展水平分两种情况。

第一种情况，如果时点数列资料是逐日登记又逐日排列的，则用简单算术平均法计算，即以时点指标值之和除以时点项数。其计算公式为

$$\bar{a} = \frac{\sum a_i}{n}$$

式中，a_i 为时点指标值（$i=1,2,3,\cdots,n$）；n 为天数。

例如，已知某企业某月内每天的职工人数，要计算该月平均每天的职工人数，可将每天的职工人数相加，然后除以该月的天数。

第二种情况，如果时点数列资料不是逐日登记的，只是发生变动时才予以登记，这时就要用每次资料持续不变的天数作为权数，采用加权算术平均法进行计算，其计算公式为

$$\bar{a} = \frac{\sum a_i f_i}{\sum f_i}$$

式中，a_i 为各时点指标数值；f_i 为两相邻时点间的间隔天数。

例 5.2 某企业 3 月产品库存量统计资料如表 5-2 所示。

表 5-2 某企业 3 月产品库存量统计资料

日　　期	1 日	9 日	20 日	23 日	28 日
库存量/件	32	6	50	20	12

试计算该企业 3 月份平均库存量。

解：$\bar{a} = \dfrac{\sum a_i f_i}{\sum f_i} = \dfrac{32 \times 8 + 6 \times 11 + 50 \times 3 + 20 \times 5 + 12 \times 4}{8 + 11 + 3 + 5 + 4} = \dfrac{620}{31} = 20 \ （件）$

说明该企业 3 月份平均每天库存 20 件产品。

b. 由间断时点数列计算平均发展水平。间断时点数列通常是指间隔一段时间，例如，按月末、季末、年末等对其时点数据进行登记而得到的时点数列。由间断时点数列计算其平均发展水平也分为两种情况。

第一种情况，如果每隔相同的时间登记一次，则所得数列称为间隔相等的间断时点数列，由间隔相等的时点数列计算平均发展水平，采用"首末折半法"计算。计算时，假定指标值在两个时点之间的变动是均匀的，先求两时点指标值的平均数，再对这些平均数进行简单平均。其计算公式为

$$\bar{a} = \frac{\frac{a_1+a_2}{2}+\frac{a_2+a_3}{2}+\cdots+\frac{a_{n-1}+a_n}{2}}{n-1} = \frac{\frac{a_1}{2}+a_2+a_3+\cdots+a_{n-1}+\frac{a_n}{2}}{n-1}$$

式中，n 为时点数列的项数；$n-1$ 为间隔数目。

例 5.3　某企业第二季度职工人数如下：3 月 31 日 110 人，4 月 30 日 150 人，5 月 31 日 130 人，6 月 30 日 160 人，试计算该企业第二季度平均职工人数。

分析：这里的资料是每月末登记的，计算时先推算第二季度每月的平均人数，即把本月末的人数看作下月初的人数，而且假定人数在每月内是均匀变动的。这样，月平均人数=（月初人数+月末人数）÷2。例如，4 月份平均职工人数=(110+150)÷2=130（人），则季平均人数在各月平均的基础上再平均。

解：$\bar{a} = \frac{\frac{110+150}{2}+\frac{150+130}{2}+\frac{130+160}{2}}{n-1} = \frac{\frac{110}{2}+150+130+\frac{160}{2}}{4-1} \approx 138$（人）

说明该企业第二季度平均每天约有职工 138 人。

第二种情况，如果每两次登记中间的间隔不尽相同，则所得数列称为间隔不等的间断时点数列。时点数列间隔不相等，计算时，也假定指标值在两个时点之间的变动是均匀的，先求两时点指标值的平均数，然后以间隔时间为权数进行加权平均。其计算公式为

$$\bar{a} = \frac{\sum \bar{a}_i f_i}{\sum f_i}$$

或者

$$\bar{a} = \frac{\frac{a_1+a_2}{2}f_1+\frac{a_2+a_3}{2}f_2+\cdots+\frac{a_{n-1}+a_n}{2}f_{n-1}}{\sum f_{n-1}}$$

式中，a 为时点数列的各指标值；f 表示各时点间隔的长度。

例 5.4　某企业某年职工人数如表 5-3 所示。

表 5-3　某企业某年职工人数

日　　期	1月1日	3月1日	7月1日	10月1日	12月31日
职工人数/人	120	140	160	200	150

试计算全年平均职工人数。

解：该数列属于间隔不等的时点数列。

$$\bar{a} = \frac{\frac{a_1+a_2}{2}f_1+\frac{a_2+a_3}{2}f_2+\cdots+\frac{a_{n-1}+a_n}{2}f_{n-1}}{\sum f_{n-1}}$$

$$= \frac{\dfrac{120+140}{2} \times 2 + \dfrac{140+160}{2} \times 4 + \dfrac{160+200}{2} \times 3 + \dfrac{200+150}{2} \times 3}{2+4+3+3}$$

$$= \frac{1925}{12} \approx 160 \text{（人）}$$

说明该企业全年平均每天约有职工 160 人。

应当说明，以上由间断时点数列计算平均发展水平的过程中，我们是假定在相邻两个时点之间指标数值是均匀变动的，而现实中这种均匀变动是极其罕见的，因此，按照此方法计算的结果只能是近似值。一般来说，间断时点数列的时间间隔越短，计算出的序时平均数其结果就越接近真实值。

（2）由相对数时间数列或平均数时间数列计算平均发展水平。相对数时间数列或平均数时间数列是由两个相互联系的绝对数时间数列相对比而构成的。要计算其平均发展水平，首先要分别计算出这两个绝对数时间数列的平均发展水平，然后进行对比，求得相对数时间数列或平均数时间数列的平均发展水平（序时平均数），用公式可表示为

$$\bar{c} = \frac{\bar{a}}{\bar{b}}$$

式中，$\bar{c}$ 代表相对数时间数列或平均数时间数列的序时平均数；$\bar{a}$ 代表作为分子的时间数列的序时平均数；$\bar{b}$ 代表作为分母的时间数列的序时平均数。

例 5.5 某企业 2020 年计划产值和计划产值完成程度如表 5-4 所示。

表 5-4 某企业 2020 年计划产值和计划产值完成程度

季　　度	第一季度	第二季度	第三季度	第四季度
计划产值/万元（b）	500	600	800	700
计划产值完成程度/%（c）	110	120	90	130

试计算该企业年产值计划平均完成程度。

分析：计划完成程度（%）时间数列，是两个时期数列（实际产值数列与计划产值数列）相对比所形成的。这里首先要确定实际产值数列，即各季度的实际产值 $a=bc$。

解：该企业年产值计划平均完成程度为

$$\bar{c} = \frac{\bar{a}}{\bar{b}} = \frac{\dfrac{\sum bc}{4}}{\dfrac{\sum b}{4}} = \frac{(500 \times 110\% + 600 \times 120\% + 800 \times 90\% + 700 \times 130\%) \div 4}{(500 + 600 + 800 + 700) \div 4} \approx 111.5\%$$

例 5.6 某企业 2020 年下半年各月劳动生产率及各月初工人人数如表 5-5 所示。

表 5-5 某企业 2020 年下半年各月劳动生产率及各月初工人人数

月　　份	7月	8月	9月	10月	11月	12月	月平均
总产值/万元（a）	600	620	650	660	700	720	658.33
月初工人人数/人（b）	500	510	520	560	580	600	554.17
劳动生产率/（元/人）（c）	11881.2	12038.8	12037.0	11578.9	11864.4	11900.8	11879.6

试计算该企业下半年平均月劳动生产率。

分析：劳动生产率时间数列是由时期数列（总产值数列）与时点数列（工人人数数列）相对比而形成的数列。计算平均月劳动生产率时，必须先用相应的方法计算出分子和分母的平均数，然后相除即可。

解：$\bar{c} = \dfrac{\bar{a}}{\bar{b}} = \dfrac{\dfrac{600+620+650+660+700+720}{6}}{\dfrac{\dfrac{500}{2}+510+520+560+580+600+\dfrac{610}{2}}{7-1}} = \dfrac{658.33}{554.17} \times 10000 \approx 11879.6$（元/人）

上述计算结果表明，该企业下半年平均每名工人每月产值为 11879.6 元。

如果要求计算下半年的劳动生产率，整个下半年的劳动生产率就应以月份个数（n）乘以平均月劳动生产率，即

$$n\bar{c} = 6 \times 11879.6 \approx 71278$$（元/人）

或

$$下半年劳动生产率 = \dfrac{600+620+650+660+700+720}{\dfrac{\dfrac{500}{2}+510+520+560+580+600+\dfrac{610}{2}}{7-1}}$$

$$= \dfrac{3950}{554.17} \times 10000$$

$$\approx 71278$$（元/人）

以上计算结果说明，该企业下半年平均每名工人产值为 71278 元。

2. 增长量和平均增长量

增长量也称增减量，是报告期水平与基期水平之差，表明社会经济现象在一定时期内增减变化的绝对数量，反映报告期比基期增长的水平。增长量可以为正值，也可以为负值。当报告期水平大于基期水平时，表现为正值；当报告期水平小于基期水平时，表现为负值。用公式表示为

增长量=报告期水平–基期水平

有些现象的增长量表现为正值时是好现象，如利润的增长量；而有些现象的增长量表现为负值时是好现象，如产品单位成本的增长量。

根据采用的基期不同，增长量分为逐期增长量和累计增长量。逐期增长量是各报告期水平减去前一期水平的差额，说明现象逐期增减的数量；累计增长量是各报告期水平减去某一固定基期水平（通常为最初水平）的差额，说明现象在一定时期内的总增减量。用公式表示为

逐期增长量=报告期水平–前一期水平

累计增长量=报告期水平–固定基期水平

用符号表示为

逐期增长量：$a_1-a_0, a_2-a_1, \cdots, a_n-a_{n-1}$

累计增长量：$a_1-a_0, a_2-a_0, \cdots, a_n-a_0$

逐期增长量与累计增长量之间存在一定的数量关系。各逐期增长量之和等于相应的累计增长量；两个相邻的累计增长量之差等于相应的逐期增长量。用公式表示为

$$(a_1 - a_0) + (a_2 - a_1) + (a_3 - a_2) + \cdots + (a_n - a_{n-1}) = a_n - a_0$$

$$(a_2 - a_0) - (a_1 - a_0) = a_2 - a_1$$

$$(a_3 - a_0) - (a_2 - a_0) = a_3 - a_2$$

······

$$(a_n - a_0) - (a_{n-1} - a_0) = a_n - a_{n-1}$$

在实际工作中，有时为消除季节变动的影响，可以计算同比增长量。所谓同比增长量，就是用报告期水平减去上年同期的水平，用公式表示为

$$同比增长量 = 报告期水平 - 上年同期水平$$

平均增长量又称平均增减量，是现象在一段时期内各个逐期增长量的平均数，也是一种序时平均数，说明现象在一定时期内平均每期增减的数量，用公式表示为

$$平均增长量 = \frac{逐期增长量之和}{逐期增长量的个数} = \frac{累计增长量}{时间数列项数 - 1}$$

📺 5.2.2　速度指标

1.　发展速度和增长速度

1）发展速度

发展速度是报告期发展水平与基期发展水平之比，是一个以相对数形式表现的动态相对指标。发展速度反映报告期水平比基期水平发展的相对程度，用百分数或倍数表示，计算公式为

$$发展速度 = \frac{报告期发展水平}{基期发展水平}$$

由于采用基期的不同，发展速度分为环比发展速度和定基发展速度。

环比发展速度是各报告期发展水平与其上一期发展水平之比，反映现象在前后两期的发展变化，说明现象的短期变动。定基发展速度是各报告期发展水平与某一固定基期发展水平之比，说明现象在较长一段时期内的总发展速度，也称为总速度，用公式表示为

$$环比发展速度：\frac{a_1}{a_0}, \frac{a_2}{a_1}, \frac{a_3}{a_2}, \cdots, \frac{a_n}{a_{n-1}}$$

$$定基发展速度：\frac{a_1}{a_0}, \frac{a_2}{a_0}, \frac{a_3}{a_0}, \cdots, \frac{a_n}{a_0}$$

环比发展速度和定基发展速度存在密切的相互关系：各环比发展速度的连乘积等于相应的定基发展速度；两个相邻的定基发展速度之比等于相应的环比发展速度，用公式表示为

$$\frac{a_1}{a_0} \times \frac{a_2}{a_1} \times \frac{a_3}{a_2} \times \cdots \times \frac{a_n}{a_{n-1}} = \frac{a_n}{a_0}$$

$$\frac{a_n}{a_0} \div \frac{a_{n-1}}{a_0} = \frac{a_n}{a_{n-1}}$$

根据环比发展速度和定基发展速度之间的相互关系，可以进行定基发展速度或环比发展速度的推算。

此外，在实际工作中，也经常计算同比发展速度，其目的是消除季节变动的影响，计算公式为

$$同比发展速度 = \frac{报告期发展水平}{上年同期发展水平}$$

2）增长速度

增长速度是报告期增长量与基期发展水平相对比而得到的相对指标，反映现象报告期水平比基期水平纯增减的相对程度，计算公式为

$$增长速度 = \frac{报告期增长量}{基期发展水平} = \frac{报告期水平 - 基期水平}{基期水平} = 发展速度 - 1$$

由上式可以看出，增长速度等于发展速度减1，它们之间既有联系又有区别。发展速度说明报告期水平发展到基期水平的多少倍或百分之几，增长速度只是说明增长了多少倍或减少了百分之几。当发展速度大于1时，增长速度为正值，表示现象增长的程度；当发展速度小于1时，增长速度为负值，表示现象减少的程度。所谓"负增长"，即指这种情况。

增长速度由于采用基期的不同，可以分为环比增长速度和定基增长速度。

环比增长速度是逐期增长量与上一期发展水平之比，说明社会经济现象较前一期的相对增减程度。定基增长速度是累计增长量与某一固定基期发展水平之比，说明社会经济现象在较长时期内总的增减程度。用公式表示为

$$环比增长速度：\frac{a_1}{a_0} - 1, \frac{a_2}{a_1} - 1, \frac{a_3}{a_2} - 1, \cdots, \frac{a_n}{a_{n-1}} - 1$$

$$定基增长速度：\frac{a_1}{a_0} - 1, \frac{a_2}{a_0} - 1, \frac{a_3}{a_0} - 1, \cdots, \frac{a_n}{a_0} - 1$$

环比增长速度和定基增长速度都是发展速度的派生指标，它们只反映增长部分的相对程度，因此，各环比增长速度的连乘积并不等于相应的定基增长速度。如果要由环比增长速度来求定基增长速度，必须先将各环比增长速度分别加1，变为各期环比发展速度再连乘，得到定基发展速度再减1，即为所求的定基增长速度。

此外，为了消除季节变动的影响，也可计算同比增长速度，计算公式为

$$同比增长速度 = \frac{同比增长量}{上年同期水平} = 同比发展速度 - 1$$

2. 平均发展速度和平均增长速度

为了反映现象在较长一段时期内的平均发展程度和平均增长程度，有必要把各期的环比发展速度和环比增长速度加以平均，计算平均发展速度和平均增长速度指标。平均发展速度和平均增长速度统称平均速度，它们均属序时平均数。

1）平均发展速度

平均发展速度是各期环比发展速度的平均数，用以反映现象在一个较长时期内逐期发展的平均程度。但是，由于环比发展速度的连乘积等于定基发展速度，即两者的关系并非算术和的关系，而是几何和的关系，所以，计算平均发展速度不能采用算术平均的方法。在实践统计中，计算平均发展速度通常采用如下两种方法：几何平均法（又称水平法）和方程式法（又称累计法）。

（1）用几何平均法计算平均发展速度。用几何平均法来计算平均发展速度，就是对各期环比发展速度求几何平均数。根据所掌握资料的不同，用来计算的公式也有所不同。其计算公式为

$$\overline{x}_G = \sqrt[n]{x_1 \times x_2 \times x_3 \times \cdots \times x_n} = \sqrt[n]{\prod x}$$

式中，$\overline{x}_G$ 表示平均发展速度；x 表示各期环比发展速度；n 表示环比发展速度的项数；$\prod$ 为连乘符号。

时间数列中各期环比发展速度的连乘积等于定基发展速度，故计算平均发展速度的公式也可表示为

$$\overline{x}_G = \sqrt[n]{\frac{a_1}{a_0} \times \frac{a_2}{a_1} \times \frac{a_3}{a_2} \times \cdots \times \frac{a_n}{a_{n-1}}} = \sqrt[n]{\frac{a_n}{a_0}}$$

一段时期的定基发展速度 $\dfrac{a_n}{a_0}$ 即为现象的总速度，用 R 表示总速度，则其计算公式可表示为

$$\overline{x}_G = \sqrt[n]{R}$$

例 5.7 某企业 2020 年生产总值为 12.5 万吨，预计到 2025 年生产总值达到 20 万吨，试计算该企业生产总值年平均发展速度。

解：

$$\overline{x}_G = \sqrt[n]{\frac{a_n}{a_0}}$$

$$= \sqrt[5]{\frac{20}{12.5}} \approx 109.86\%$$

例 5.8 某企业 2019—2020 年这 2 年的生产总值年平均发展速度为 110%，2021—2024 年这 3 年的生产总值年平均发展速度为 115%。求该企业这 5 年的平均发展速度。

解：

$$\overline{x}_G = \sqrt[n]{R}$$

$$= \sqrt[(2+3)]{1.10^2 \times 1.15^3} \approx 112.97\%$$

（2）用方程式法计算平均发展速度。用方程式法计算平均发展速度又称累计法，它是以各期发展水平总和与基期发展水平之比为基础来计算的。其计算公式为

$$(\overline{x}) + (\overline{x})^2 + (\overline{x})^3 + \cdots + (\overline{x})^n = \frac{\sum a_i}{a_0}$$

式中，$\overline{x}$ 为平均发展速度；a_i 为各期发展水平；a_0 为基期水平。

该公式的推导过程如下：

$$\left(a_0 \cdot \frac{a_1}{a_0}\right) + \left(a_0 \cdot \frac{a_2}{a_0}\right) + \left(a_0 \cdot \frac{a_3}{a_0}\right) + \cdots + \left(a_0 \cdot \frac{a_n}{a_0}\right) = \sum a_i$$

由于定基发展速度等于各环比发展速度的连乘积，所以，可用环比发展速度（以 x 表示）代入上式，得

$$a_0 x_1 + a_0 x_1 x_2 + a_0 x_1 x_2 x_3 + \cdots + a_0 x_1 x_2 x_3 \cdots x_n = \sum a_i$$

把各环比发展速度用其平均值代替而不改变各期的定基发展速度之值，进而不改变各期发展水平之和，则得

$$a_0 \overline{x} + a_0 \overline{x}\,\overline{x} + a_0 \overline{x}\,\overline{x}\,\overline{x} + \cdots + a_0 \overline{x}\,\overline{x}\,\overline{x} \cdots \overline{x} = \sum a_i$$
$$a_0[(\overline{x}) + (\overline{x})^2 + (\overline{x})^3 + \cdots + (\overline{x})^n] = \sum a_i$$

整理，则为

$$(\overline{x}) + (\overline{x})^2 + (\overline{x})^3 + \cdots + (\overline{x})^n = \frac{\sum a_i}{a_0}$$

这个方程的正根就是所求的平均发展速度。但是，求解这个方程是比较复杂的，在实际工作中，一般采用查《平均增长速度查对表》的方法来求出平均发展速度。使用查对表时，要先计算 $\dfrac{\sum a_i}{a_0}$ 的值，即 $\dfrac{\sum a_i}{a_0} = \dfrac{a_1}{a_0} + \dfrac{a_2}{a_0} + \dfrac{a_3}{a_0} + \cdots + \dfrac{a_n}{a_0} = \sum y_i$，其中，$y_i$ 表示各期定基发展速度。这样计算是十分烦琐的，但是，随着计算机的普及，应用方程式法计算平均发展速度不再困难。

2）平均增长速度

平均增长速度是各期环比增长速度的平均数，用以反映现象在一个较长时期内逐期递增或递减的平均速度，一般用平均发展速度减 1 来求得，即

平均增长速度=平均发展速度−1

如果平均发展速度大于 1，则平均增长速度为正值，表明现象在某一段时期内是平均逐期递增的，这时的平均增长速度可称为平均递增率；如果平均发展速度小于 1，则平均增长速度为负值，表明现象在某一段时期内是平均逐期递减的，这时的平均增长速度可称为平均递减率。平均增长速度的计算首先是平均发展速度的计算。

5.3 Excel 在时间数列中的应用

5.3.1 利用 Excel 计算平均发展水平

下面以计算 2017—2021 年我国国内生产总值和年末人口总数的平均发展水平为例进行介绍。2017—2021 年我国国内生产总值和年末人口总数如表 5-6 所示。

表 5-6　2017—2021 年我国国内生产总值和年末人口总数

年　　份	2017 年	2018 年	2019 年	2020 年	2021 年
国内生产总值/亿元	832035.9	919281.1	986515.2	1013567	1143669.7
年末人口总数/万人	140011	140541	141008	141212	141260

具体操作步骤如下：

Step 1 将表 5-6 中的数据输入 Excel 中，并在 A4 和 A5 单元格中分别输入“国内生产总值平均发展水平”和“年末人口总数平均发展水平”，如图 5-1 所示。

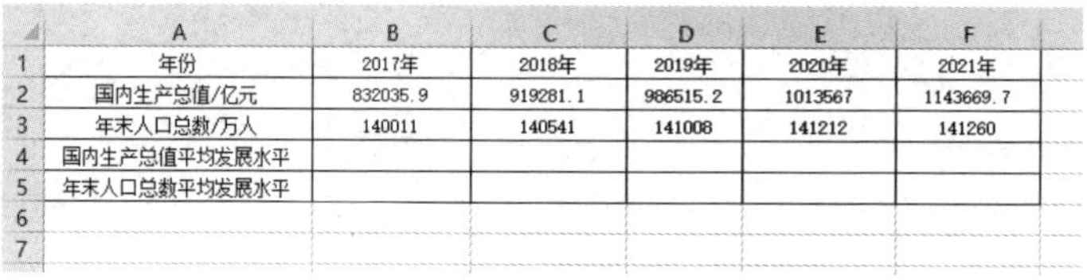

	A	B	C	D	E	F
1	年份	2017年	2018年	2019年	2020年	2021年
2	国内生产总值/亿元	832035.9	919281.1	986515.2	1013567	1143669.7
3	年末人口总数/万人	140011	140541	141008	141212	141260
4	国内生产总值平均发展水平					
5	年末人口总数平均发展水平					
6						
7						

图 5-1　输入数据

Step 2 选中 B4 单元格，输入“=AVERAGE(B2:F2)”，按回车键，即可得到国内生产总值平均发展水平为“979013.78”，如图 5-2 所示。

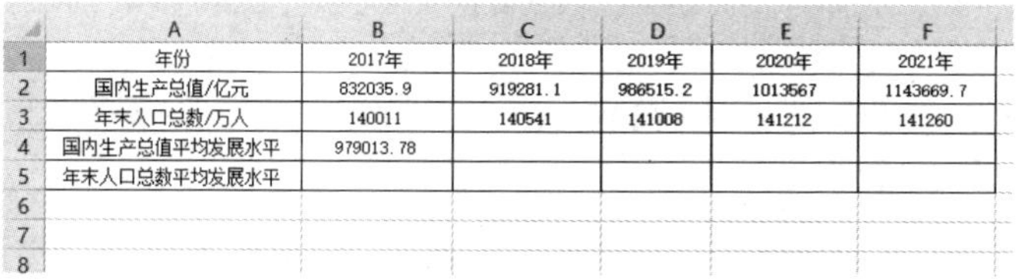

	A	B	C	D	E	F
1	年份	2017年	2018年	2019年	2020年	2021年
2	国内生产总值/亿元	832035.9	919281.1	986515.2	1013567	1143669.7
3	年末人口总数/万人	140011	140541	141008	141212	141260
4	国内生产总值平均发展水平	979013.78				
5	年末人口总数平均发展水平					
6						
7						
8						

图 5-2　计算国内生产总值平均发展水平

Step 3 选中 B5 单元格，输入“=SUM(B3/2+C3+D3+E3+F3/2)/(5−1)”，按回车键，即可得到年末人口总数平均发展水平为“140849”，如图 5-3 所示。

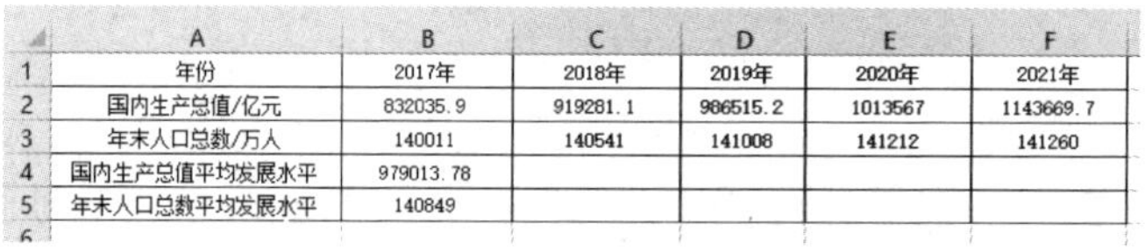

	A	B	C	D	E	F
1	年份	2017年	2018年	2019年	2020年	2021年
2	国内生产总值/亿元	832035.9	919281.1	986515.2	1013567	1143669.7
3	年末人口总数/万人	140011	140541	141008	141212	141260
4	国内生产总值平均发展水平	979013.78				
5	年末人口总数平均发展水平	140849				

图 5-3　计算年末人口总数平均发展水平

5.3.2　利用 Excel 计算速度指标

下面仍以表 5-6 为例进行介绍，计算 2017—2021 年我国国内生产总值的相关速度指标。具体操作步骤如下：

Step 1 在 A6:A12 单元格区域中分别输入“逐期增长量/亿元”“累计增长量/亿元”“增长 1%的绝对值/亿元”“定基发展速度/%”“环比发展速度/%”“平均发展速度/%”“平均增长速度/%”，如图 5-4 所示。

	A	B	C	D	E	F
1	年份	2017年	2018年	2019年	2020年	2021年
2	国内生产总值/亿元	832035.9	919281.1	986515.2	1013567	1143669.7
3	年末人口总数/万人	140011	140541	141008	141212	141260
4	国内生产总值平均发展水平	979013.78				
5	年末人口总数平均发展水平	140849				
6	逐期增长量/亿元					
7	累计增长量/亿元					
8	增长1%的绝对值/亿元					
9	定基发展速度/%					
10	环比发展速度/%					
11	平均发展速度/%					
12	平均增长速度/%					
13						

图 5-4　输入速度指标

Step 2 选中 C6 单元格，输入"=C2-B2"，按回车键，即可得到 2018 年对比 2017 年的增长量。拖动 C6 单元格的填充柄到 F6 单元格，即可计算出所有的逐期增长量，如图 5-5 所示。

	A	B	C	D	E	F
1	年份	2017年	2018年	2019年	2020年	2021年
2	国内生产总值/亿元	832035.9	919281.1	986515.2	1013567	1143669.7
3	年末人口总数/万人	140011	140541	141008	141212	141260
4	国内生产总值平均发展水平	979013.78				
5	年末人口总数平均发展水平	140849				
6	逐期增长量/亿元		87245.2	67234.1	27051.8	130102.7
7	累计增长量/亿元					
8	增长1%的绝对值/亿元					
9	定基发展速度/%					
10	环比发展速度/%					
11	平均发展速度/%					
12	平均增长速度/%					
13						

图 5-5　计算逐期增长量

Step 3 选中 C7 单元格，输入"=C2-832035.9"，按回车键，然后拖动 C7 单元格的填充柄到 F7 单元格，即可计算出所有的累计增长量，如图 5-6 所示。

	A	B	C	D	E	F
1	年份	2017年	2018年	2019年	2020年	2021年
2	国内生产总值/亿元	832035.9	919281.1	986515.2	1013567	1143669.7
3	年末人口总数/万人	140011	140541	141008	141212	141260
4	国内生产总值平均发展水平	979013.78				
5	年末人口总数平均发展水平	140849				
6	逐期增长量/亿元		87245.2	67234.1	27051.8	130102.7
7	累计增长量/亿元		87245.2	154479.3	181531.1	311633.8
8	增长1%的绝对值/亿元					
9	定基发展速度/%					
10	环比发展速度/%					
11	平均发展速度/%					
12	平均增长速度/%					

图 5-6　计算累计增长量

Step 4 选中 C8 单元格，输入"=B2/100"，按回车键，然后拖动 C8 单元格的填充柄到 F8 单元格，即可计算出各期增长 1% 的绝对值，如图 5-7 所示。

	A	B	C	D	E	F
1	年份	2017年	2018年	2019年	2020年	2021年
2	国内生产总值/亿元	832035.9	919281.1	986515.2	1013567	1143669.7
3	年末人口总数/万人	140011	140541	141008	141212	141260
4	国内生产总值平均发展水平	979013.78				
5	年末人口总数平均发展水平	140849				
6	逐期增长量/亿元		87245.2	67234.1	27051.8	130102.7
7	累计增长量/亿元		87245.2	154479.3	181531.1	311633.8
8	增长1%的绝对值/亿元		8320.359	9192.811	9865.152	10135.67
9	定基发展速度/%					
10	环比发展速度/%					
11	平均发展速度/%					
12	平均增长速度/%					

图 5-7　计算各期增长 1% 的绝对值

Step 5　选中 C9 单元格，输入"=C2/832035.9*100"，按回车键，然后拖动 C9 单元格的填充柄到 F9 单元格，即可计算出定基发展速度，如图 5-8 所示。

	A	B	C	D	E	F
1	年份	2017年	2018年	2019年	2020年	2021年
2	国内生产总值/亿元	832035.9	919281.1	986515.2	1013567	1143669.7
3	年末人口总数/万人	140011	140541	141008	141212	141260
4	国内生产总值平均发展水平	979013.78				
5	年末人口总数平均发展水平	140849				
6	逐期增长量/亿元		87245.2	67234.1	27051.8	130102.7
7	累计增长量/亿元		87245.2	154479.3	181531.1	311633.8
8	增长1%的绝对值/亿元		8320.359	9192.811	9865.152	10135.67
9	定基发展速度/%		110.4857495	118.5664224	121.8177004	137.4543695
10	环比发展速度/%					
11	平均发展速度/%					
12	平均增长速度/%					

图 5-8　计算定基发展速度

Step 6　选中 C10 单元格，输入"=C2/B2*100"，按回车键，然后拖动 C10 单元格的填充柄到 F10 单元格，即可计算出环比发展速度，如图 5-9 所示。

	A	B	C	D	E	F
1	年份	2017年	2018年	2019年	2020年	2021年
2	国内生产总值/亿元	832035.9	919281.1	986515.2	1013567	1143669.7
3	年末人口总数/万人	140011	140541	141008	141212	141260
4	国内生产总值平均发展水平	979013.78				
5	年末人口总数平均发展水平	140849				
6	逐期增长量/亿元		87245.2	67234.1	27051.8	130102.7
7	累计增长量/亿元		87245.2	154479.3	181531.1	311633.8
8	增长1%的绝对值/亿元		8320.359	9192.811	9865.152	10135.67
9	定基发展速度/%		110.4857495	118.5664224	121.8177004	137.4543695
10	环比发展速度/%		110.4857495	107.3137694	102.7421574	112.8361223
11	平均发展速度/%					
12	平均增长速度/%					

图 5-9　计算环比发展速度

Step 7　选中 C11 单元格，输入"=C9-100"，按回车键，然后拖动 C11 单元格的填充柄到 F11 单元格，即可计算出平均发展速度，如图 5-10 所示。

	A	B	C	D	E	F
1	年份	2017年	2018年	2019年	2020年	2021年
2	国内生产总值/亿元	832035.9	919281.1	986515.2	1013567	1143669.7
3	年末人口总数/万人	140011	140541	141008	141212	141260
4	国内生产总值平均发展水平	979013.78				
5	年末人口总数平均发展水平	140849				
6	逐期增长量/亿元		87245.2	67234.1	27051.8	130102.7
7	累计增长量/亿元		87245.2	154479.3	181531.1	311633.8
8	增长1%的绝对值/亿元		8320.359	9192.811	9865.152	10135.67
9	定基发展速度/%		110.4857495	118.5664224	121.8177004	137.4543695
10	环比发展速度/%		110.4857495	107.3137694	102.7421574	112.8361223
11	平均发展速度/%		10.48574947	18.56642243	21.81770041	37.45436946
12	平均增长速度/%					
13						

图 5-10　计算平均发展速度

Step 8 选中 C12 单元格，输入"=C10−100"，按回车键，然后拖动 C12 单元格的填充柄到 F12 单元格，即可计算出平均增长速度，如图 5-11 所示。

	A	B	C	D	E	F
1	年份	2017年	2018年	2019年	2020年	2021年
2	国内生产总值/亿元	832035.9	919281.1	986515.2	1013567	1143669.7
3	年末人口总数/万人	140011	140541	141008	141212	141260
4	国内生产总值平均发展水平	979013.78				
5	年末人口总数平均发展水平	140849				
6	逐期增长量/亿元		87245.2	67234.1	27051.8	130102.7
7	累计增长量/亿元		87245.2	154479.3	181531.1	311633.8
8	增长1%的绝对值/亿元		8320.359	9192.811	9865.152	10135.67
9	定基发展速度/%		110.4857495	118.5664224	121.8177004	137.4543695
10	环比发展速度/%		110.4857495	107.3137694	102.7421574	112.8361223
11	平均发展速度/%		10.48574947	18.56642243	21.81770041	37.45436946
12	平均增长速度/%		10.48574947	7.313769423	2.742157445	12.83612233

图 5-11　计算平均增长速度

拓展实训

【实训目标】

通过实训，使学生初步了解时间数列的相关知识点，包括时间数列的概念、种类，编制时间数列的原则，水平指标与速度指标。

【实训内容】

了解并掌握统计数据的搜集，统计调查方案与问卷的设计。

【实训步骤】

（1）以 2～3 人为单位组成 1 个团队，设负责人 1 名，负责整个团队的分工协作。
（2）团队成员通过分工协作，多渠道搜集相关资料，完成统计工作。

（3）团队成员对搜集的材料进行整理，总结并分析如何有效地运用水平指标与速度指标来完成统计工作。

（4）各团队将总结制作成表格，派 1 人作为代表上台演讲，阐述自己团队的成果。

（5）教师对各团队的成果进行总结评价，指出不足与改进措施。

【实训要求】

（1）考虑到课堂时间有限，实训可采取"课外+课内"的方式进行，即团队组成、分工、讨论和方案形成在课外完成，成果展示安排在课内。

（2）每个团队方案展示时间为 10 分钟左右，老师和学生提问时间为 5 分钟左右。

复习思考题

1. 时间数列的概念是什么？
2. 时间数列的种类有哪些？
3. 发展水平的概念是什么？
4. 平均发展速度指的是什么？

第6章
抽样分布与参数估计

科学的抽样法是统计研究中的一种重要方法，它由两个基本环节构成：一是抽样调查，二是抽样推断。抽样调查是获得统计数据的重要渠道，是抽样推断的基础；抽样推断则利用抽样调查的抽样数据，采用概率理论对总体参数做出推断和估计，是抽样调查的继续，是抽样方法的关键环节。抽样估计就是以样本的统计量来估计总体的参数，即通过对样本各单位的实际观察取得样本数据，计算样本统计量，并以这个指标作为相应总体指标的估计量。

➥ **教学目标**

		本章教学目标
1	知识目标	● 了解抽样推断的意义、基本概念和抽样方法 ● 熟悉抽样误差、抽样平均误差、抽样估计，以及抽样组织方式及程序 ● 理解参数估计的基本原理、点估计、区间估计、评价估计量的标准 ● 掌握必要样本容量的确定
2	能力目标	● 能够根据所给资料计算抽样误差、抽样平均误差，并进行区间估计 ● 能够准确地对样本容量进行推算
3	素质目标	● 培养学生的开拓创新、团结协作精神，使学生树立正确的世界观、价值观、人生观

6.1 抽样概述

6.1.1 抽样的基本概念

1. 抽样推断和抽样调查

人们在日常生活中经常会自觉或不自觉地用到抽样推断这种思维方法。例如，当想买一箱水果时，我们通常会打开箱子看一看、尝一尝；若想了解同学们的课堂接受情况，老师会随机现场提问，等等。这些习惯做法包含着抽样推断。从广义讲，抽样推断与抽样调查及参数估计的概念相似，即按照随机原则在总体中抽取一部分单位进行观察，并根据观察的结果来推断总体。抽样推断是在抽样调查的基础上，利用样本资料和一系列参数对总体数量特征进行科学的估计与推断。

抽样又可分为非随机抽样和随机抽样。非随机抽样就是由调查者根据自己的认识和判断，选取若干个有代表性的单位，根据这些单位的观察结果来推断全体，如满意度测验等。随机抽样是根据大数定律，在抽取调查单位时，应保证总体中各个单位都有同样的机会被抽中。按照随机原则从总体中抽取一部分进行观察，并运用数理统计的原理，以被抽取的那部分单位的数量特征为代表，对总体做出数量上的推断分析。

2. 抽样推断的特点

1）抽样推断是一种从数量上由部分推断整体的研究方法

统计研究的目的是认识现象总体的数量特征，在许多情况下，只能通过对总体部分单位的研究来达到这种认识，即根据部分单位的数量特征推断总体的数量特征。例如，某汽车厂要对生产的汽车进行检测，就可以以样本的检测数据对所生产的全部汽车的最大行驶里程数进行推断。

2）选择样本单位遵循随机原则

典型调查和重点调查是有主观意识地选取调查单位进行调查，而抽样调查是从总体中抽取部分单位，比较客观，不会产生偏见，不受调查人员任何主观意图的影响。

3）抽样推断采用概率估计的方法

利用样本数据估计总体参数时，由于样本数据和总体参数之间并不存在严格的对应关系，所以，在数学上不可能利用一定的函数表达式精确计算出总体参数，只能采用概率估计的方法。例如，要估计某个农贸市场的成交额，只能以一定的概率（如以95%的概率），估计该农贸市场的成交额在某一范围，不可能根据样本资料利用函数表达式准确计算出农贸市场的成交额。

4）抽样调查虽然会产生抽样误差，但可以加以控制

抽样调查是在对一部分单位的实际观察标志值的基础上，去推断总体的综合数量特征。这种推断也会存在一定的误差，抽样误差的范围可以事先加以计算，并控制一定的误差范围，以保证抽样推断的结果达到既定的可靠程度。

3. 抽样法的作用

抽样法在社会经济统计中发挥着非常重要的作用，主要表现在以下 5 个方面。

（1）由于某些现象本身性质的限制，我们无法通过全面调查来了解全貌，只能采用抽样法。这里有两种情况：一种情况是被研究现象总体是无限总体，不可能对其所有单位进行全面观察；另一种情况是观察或测试是破坏性或损耗性的，例如，测试一批显像管的寿命、观察一批种子的发芽率、测试一批炸弹的杀伤能力等，无法对全部产品逐一加以检查和试验直至破坏，只能采用抽样观察法。

（2）对某些现象，理论上虽然可以进行全面调查，但实际上是办不到的，或是为了提高调查的效率，就应采用抽样法。由于抽样法只对这些现象总体中的一小部分单位进行调查，与全面调查相比，可以大大节约花费在调查、整理等方面的人力、物力、财力和时间，有效提高统计调查的经济效益和时效性。例如，了解职工家庭生活状况，从理论上讲，可以进行全面调查，但是调查的范围太大、单位太多，而且要全面调查每个职工家庭的收支情况也是难以做到的。

（3）将抽样法与全面调查结合运用可补充和修正全面调查的资料。全面调查涉及范围广，参加人员多，工作量大，发生登记性误差和计算性误差的可能性大，资料的准确性易受影响。因而，往往在全面调查（特别是普查）完毕后，抽取部分单位重新进行调查，以其结果来修正原来调查所得到的资料。将抽样调查的资料与全面调查的资料进行对照、比较，计算其差错比率，并据以对全面调查的资料加以修正，进一步提高全面调查资料的准确性。

（4）抽样法可以用于产品质量检验和生产过程的质量控制。对产品生产工艺过程各个环节生产成果的抽样检查，观察整个生产过程是否正常，判断是否存在系统性偏差，及时提供有关信息，便于采取措施，避免生产不合格产品。

（5）可以运用抽样法对现象总体的某种假设进行检验，以判断其真伪。例如，新教学法的采用，新工艺、新技术的推广，新医疗方法的使用等。这些情形需要对未知的或不完全知道的总体事先做出一些假设，然后运用抽样法，根据实验资料对所做假设进行检验，做出判断，决定取舍。

📖 **小案例**

商店选址

某集团准备在某地新建一家零售商店，命令企划部经理王先生做好商店选址的准备工作。王先生明白，经过该地的行人数量是要重点考虑的对象。于是，他委托相关人员进行了两个星期的观察，得到每天经过该地的人数，具体如下：

544,468,399,759,526,212,256,456,553,259,469,366,197,178

如果设立商店要求的最低行人数量为 520 人，则根据上述观察数据，能否支持设

店的决策呢?

将 14 天经过该地的行人数量作为样本,商店开张后经过该地的行人数量作为总体。显然,这是一个抽样推断的问题。根据样本数据,可计算出样本均值为 403 人,样本标准差为 168.48 人。设置信度为 95%,则可估计出平均每天经过此地的人数为 306～500 人。这就意味着,如果观察 100 天,则有 95 天的行人数位于上述区间。

如果设立商店要求行人数不得低于 520 人的话,显然在这一地点设立商店是不明智的。

6.1.2 抽样方法

1. 简单随机抽样

简单随机抽样包括重复抽样和不重复抽样两种抽取样本的方法。当从总体中抽取一个样本,在记录了相关观察值后,把这个样本放回到总体中再抽取第二个样本,直至抽取 n 个样本,这样的抽样方法可能会使某个样本被重复抽中,所以称为重复抽样。

2. 系统抽样

在抽样中先将总体各单位按某种顺序排列,并按某种规则确定一个随机起点,然后每隔一定的间隔抽取一个单位,直至抽取 n 个单位,形成一个样本。这样的抽样方式称为系统抽样,也称等距抽样或机械抽样。等距抽样要防止周期性偏差,因为它会降低样本的代表性。

3. 分层抽样

分层抽样是在抽样之前先将总体的单位划分为若干层(类),然后从各个层中抽取一定数量的单位,组成一个样本,也称分类抽样。分层抽样尽量利用事先掌握的信息,并充分考虑保持样本结构和总体结构的一致性,应使层内各单位的差异尽可能小,而使层与层之间的差异尽可能大,这对提高样本的代表性是很重要的。当总体是由差异明显的几部分组成时,往往选择分层抽样的方法。

4. 整群抽样

调查时先将总体划分成若干群,然后以群作为调查单位,从中抽取部分群,进而对抽中的各个群中所包含的所有个体单位进行调查或观察,这样的抽样方式称为整群抽样。进行整群抽样时,群的划分可以按自然的或行政的区域进行。整群抽样的优点是实施方便、节省经费,缺点是由于不同群之间的差异往往较大,由此引起的抽样误差往往大于简单随机抽样。

> **小常识**
>
> **整群抽样**
>
> 整群抽样就是从总体中成群成组地抽取调查单位,而不是一个一个地抽取调查样

本。整群抽样的特点如下：调查单位比较集中，调查工作的组织和进行比较方便，但调查单位在总体中的分布不均匀，准确性要差些。因此，在群间差异性不大或者不适宜单个地抽选调查样本的情况下，可采用这种方式。

类型抽样

类型抽样又称分层抽样，是将总体单位按其属性特征分成若干类型或层，然后在类型或层中随机抽取样本单位。类型抽样的特点如下：由于通过划类分层，增进了各类型中单位间的共同性，所以，容易抽出具有代表性的调查样本。类型抽样适用于总体情况复杂，各单位之间差异较大，单位较多的情况。

6.1.3 抽样误差

1. 抽样误差的概念

抽样误差是由随机抽样的偶然性引起的样本统计量与总体参数之间的绝对离差。例如，样本平均数与总体平均数之间的绝对离差（$|\bar{x}-\bar{X}|$）、样本成数与总体成数之间的绝对离差（$|p-P|$）等。

在抽样法中，总体参数是未知的，需要用样本统计量加以估计。由于样本统计量是一个随机变量，所以，抽样误差也是一个随机变量。

2. 抽样误差的种类

在抽样调查中，误差主要有两类。一类是登记性误差，即在调查过程中由于观察、测量、登记、计算上的差错所引起的误差，这类误差是所有统计调查都可能发生的。另一类是代表性误差，即样本的结构与总体的结构不一致而产生的误差。代表性误差的产生基于两种情况：一种是由于违反抽样调查的随机原则，有意地抽选较好或较差的单位进行调查，这种原因造成的样本代表性不足所产生的误差称为系统性误差，或称为偏差。系统性误差和登记性误差都是不应当发生的，是可以而且也应该采取措施避免发生或将其减小到最小限度。另一种是遵守了随机的原则，但由于偶然抽取的样本结构与总体的结构偏差，就会出现或大或小的偶然性的代表性误差。代表性误差不是由于调查失误所引起的，而是随机抽样所特有的误差。

知识链接

影响抽样误差大小的因素

影响抽样误差大小的因素主要有以下两类。

（1）样本容量的大小。在其他条件不变的情况下，抽样误差的大小与样本容量 n 成反比。一般来说，样本包含的单位数量越多，越能反映总体的数量特征，抽样误差越小；反之，抽样误差就越大。

（2）总体被研究标志的变异程度。在其他条件不变的情况下，抽样误差的大小与总体被研究标志的变异程度成正比。

此外，抽样误差的大小还会受抽样组织方式和抽样方法的影响。抽样误差属于可控制的误差，可以通过调整样本容量的大小、选用合适的抽样组织方式和抽样方法进行控制。

3. 抽样平均误差

抽样平均误差是反映抽样误差一般水平的综合指标，是全及总体中所有可能样本的某一统计量与全及总体相应参数的平均离差，即所有样本某一统计量的标准差，又称抽样标准误差。

若以 $\mu_{\bar{x}}$ 代表所有可能样本平均数的平均离差，用 μ_p 代表所有可能样本成数的平均离差，$\bar{x}_i$ 代表第 i 个样本的平均值，p_i 代表第 i 个样本的成数，以 M 代表所有可能样本数目，则从理论上讲，有以下等式：

$$\mu_{\bar{x}} = \sqrt{\frac{\sum_{i=1}^{M}(\bar{x}_i - \bar{x})^2}{M}}$$

$$\mu_p = \sqrt{\frac{\sum_{i=1}^{M}(p_i - p)^2}{M}}$$

抽样平均误差是用来衡量样本统计量对总体参数代表性的重要尺度。在一定的概率保证下，抽样平均误差越小，样本统计量对总体参数的代表性越高。因此，在抽样推断中，用任何一个样本总体的统计量估计全及总体的未知参数时，都要以抽样平均误差作为计算抽样误差的依据。

在使用抽样平均误差判断抽样误差时，需注意以下 3 个问题。

（1）抽样误差的大小受不同的抽样组织方式和抽样方法的影响。

（2）总体参数 $\bar{x}$、p 是未知的，上述关于抽样平均误差的计算公式虽然能反映其理论内涵，但在实践中无法应用。

（3）不可能也没有必要对所有可能样本进行统计调查。

因此，在实际工作中，需结合具体的抽样组织方式、抽样方法和抽样分布计算抽样平均误差。

4. 抽样极限误差

抽样极限误差是指样本统计量与总体参数之间抽样误差的可能范围。由于总体参数是一个确定的值，样本统计量是一个随机变量，所以，样本统计量的值围绕着总体参数值左右变动。它可能大于总体参数值，也可能小于总体参数值，从而产生正误差或负误差。两者都可以用绝对值表示。这种以绝对值形式表示的抽样误差的可能范围，称为抽样极限误差或允许误差。

抽样极限误差又称置信区间和抽样允许误差范围，是指在一定的把握程度（P）下保证样本指标与总体指标之间的抽样误差不超过某一给定的最大可能范围，记作 Δ。作为样本的随机变量——抽样指标值（$\bar{x}$ 或 p），是围绕以未知的唯一确定的全及指标真值

（ $\bar{X}$ 或 P ）为中心上下波动，它与全及指标值可能会产生正或负离差，这些离差均是抽样指标的随机变量，因而难以避免，只能将其控制在预先要求的误差范围（ Δ_x 或 Δ_p ）内。

$$\Delta_{\bar{x}} \geqslant |\bar{x} - \bar{X}|$$
$$\Delta_p \geqslant |p - P|$$

由于 Δ_x 和 Δ_p 是预先给定的抽样方案中所允许的误差范围，所以，利用 Δ_x 和 Δ_p 可以反过来估计未知的全及指标的取值可能的范围。解上述两个绝对值不等式，可得

$$\bar{x} - \Delta_{\bar{x}} \leqslant \bar{X} \leqslant \bar{x} + \Delta_{\bar{x}}$$
$$p - \Delta_p \leqslant P \leqslant p + \Delta_p$$

6.1.4 抽样的组织形式

1. 简单随机抽样

简单随机抽样方式涉及的有关问题我们已进行了详细论述。作为对总体各单位的一种组织安排，这里要强调的是，在抽取样本之前，应该先确定总体范围，并对总体中的每个单位进行编号，形成明确的抽样框。编入抽样框的总体单位称为抽样单位（又称抽样单元），因而抽样框是能从中进行随机抽样的所有抽样单位的名单或清册。有了抽样框，就便于使用随机数码表或其他随机形式从总体中抽取样本单位。

根据抽样单位的具体情况和抽样组织的要求，抽样单位可以分成若干级别。其中，作为调查资料直接承担者的抽样单位（一般为最低一级抽样单位）称为基本抽样单位。例如，对某居民区居民家庭室内装修费用情况进行抽样调查，假设该居民区共有 10 幢居民楼，每幢楼居住 20 户居民。为了使被抽中的居民户在总体中的分布是均匀的，在抽样时先从 10 幢居民楼中随机抽取 2 幢，然后从抽中的 2 幢楼中再随机各抽取 10 户家庭，调查其室内装修费用，则每幢居民楼就是一个一级抽样单位，每户居民家庭就是一个二级抽样单位。这里，居民家庭是调查资料的直接承担者，即基本抽样单位。这样可以有效地提高样本的代表性。

2. 类型抽样

类型抽样又称分层抽样或分类抽样，是统计分组法与抽样法的结合。类型抽样的特点是先将总体各单位按主要标志进行分组，然后从各组中按照随机原则抽取一定数量的单位组成样本。

设总体由 N 个单位组成，按主要标志将其划分成 h 组（ $h=1,2,3,\cdots,k$ ），使 $N = N_1 + N_2 + \cdots + N_k$ 。然后从每组中随机抽取 N_h 个单位组成容量为 n 的样本，使 $n = n_1 + n_2 + \cdots + n_k$ 。这种抽样方式称为类型抽样。其中， n_h 称为组样本容量， n 称为全样本容量。

类型抽样便于组织，实施时应当准备好关于各组的抽样框。由于抽样是在各组独立进行的，所以，允许根据不同的情况灵活地采用不同的抽样方法。根据组样本资料计算的组平均数 $\overline{x_h}$ 或组样本成数 P_h ，可以用来对该组的参数进行估计，将其汇总成全样本平

均数 x 或全样本成数 p，用以估计总体平均数 $\bar{X}$ 或总体成数等时，汇总的方法又很简单。与简单随机抽样比较，类型抽样的样本在总体中的分布更加均匀，因而抽样误差明显小于简单随机抽样。

由于类型抽样是按照随机原则分别从各组中抽取一定数量的单位组成样本，而各组的总体单位不同，所以，通常是按一定比例从各组中抽取样本单位的，即

$$\frac{n_1}{N_1} = \frac{n_2}{N_2} = \cdots = \frac{n_k}{N_k} = \frac{n}{N}$$

因此，各组的样本单位数 n_h 可根据下式确定：

$$n_h = n \cdot \frac{N_b}{N}(h = 1, 2, \cdots, k)$$

类型抽样的样本平均数 $\bar{X}_{st}$ 与样本成数 P_{st} 可分别按下列公式计算：

$$\bar{X}_{st} = \sum_{h=1}^{k} W_h \bar{x}_h$$

$$P_{st} = \sum_{h=1}^{k} W_h P_h$$

式中，$\bar{x}_h$ 为第 h 组的样本平均数；P_h 为第 h 组的样本成数；W_h 为第 h 组单位数占全部单位数的比重，即权数。在按比例抽样时有

$$W_h = \frac{N_h}{N} = \frac{n_h}{n}$$

样本平均数 $\bar{X}_{st}$ 的抽样平均误差可按下列公式计算：

采用重复抽样方法时，$\mu_{\bar{x}}$ 的计算公式为

$$\mu_{\bar{x}} = \sqrt{\frac{\overline{\sigma_h^2}}{n}}$$

采用不重复抽样方法时，$\mu_{\bar{x}}$ 的计算公式为

$$\mu_{\bar{x}} = \sqrt{\frac{\overline{\sigma_h^2}}{n}\left(1 - \frac{n}{N}\right)}$$

式中，$\overline{\sigma_h^2}$ 为各组内方差 σ_X^2 的加权算术平均数，其计算公式为

$$\overline{\sigma_h^2} = \frac{1}{n}\sum_{h=1}^{k}\sigma_h^2 n_h$$

在取得抽样资料的情况下，总体方差 σ_X^2 可以用样本组内方差 S_x^2 的加权算术平均数 $\overline{S_x^2}$ 代替，即在计算抽样平均误差 $\mu_{\bar{x}}$ 时，总体方差 σ_X^2 可用下式计算的结果代替，即

$$\overline{S_x^2} = \frac{1}{n}\sum_{h=1}^{k}S_x^2 N_b$$

样本成数 P_{st} 的抽样平均误差可按下列公式计算：

采用重复抽样方法时，μ_p 的计算公式为

$$\mu_p = \sqrt{\frac{P_h(1 - P_n)}{n}}$$

采用不重复抽样方法时，μ_p 的计算公式为

$$\mu_p = \sqrt{\frac{\overline{P_h(1-P_n)}}{n}\left(1-\frac{n}{N}\right)}$$

式中，$\overline{P_h(1-P_n)}$ 为各组内方差 $P_h(1-P_n)$ 的加权算术平均数。在取得抽样资料的情况下，可以用样本组内方差的加权算术平均数代替，即用下式计算的结果代替：

$$\overline{P_h(1-P_n)} = \frac{1}{n}\sum_{h=1}^{k}p_h(1-P_h)n_h$$

例 6.1 对某市进行居民家庭收入调查，分城镇居民和农村居民两部分抽样。在 87120 户城镇居民中随机抽取 600 户，在 290400 户农村居民中随机抽取 2000 户。调查结果为城镇居民年平均户收入为 17280 元，标准差为 4120 元；农村居民年平均户收入为 12080 元，标准差为 2546 元。以 95.45%的置信度估计全市年平均户收入。

解： 设 $N_1 = 87120$，$N_2 = 290400$，则 $N = N_1 + N_2 = 377520$

$$W_1 = \frac{N_1}{N} = \frac{87120}{377520} = 0.231$$

$$W_2 = \frac{N_2}{N} = \frac{290400}{377520} = 0.7969$$

故 $\overline{x}_{st} = W_1\overline{x}_1 + W_2\overline{x}_2 = 0.231 \times 17280 + 0.769 \times 12080 = 13281.2$（元）

$$\overline{S_h^2} = \frac{1}{n}\sum_{h=1}^{2}S_h^2 n_h = \frac{1}{2600} \times (4120^2 \times 600 + 2546^2 \times 2000) = 8903412.3$$

$$\mu_{\overline{x}} = \sqrt{\frac{\overline{S_h^2}}{n}} = \sqrt{\frac{8903412.3}{2600}} = 58.518 \text{（元）}$$

$$\Delta_{\overline{x}} = 2 \times 58.518 = 117.036 \text{（元）}$$

$$13281.2 - 117.036 = 13164.164 \text{（元）}$$

$$13281.2 + 117.036 = 13398.236 \text{（元）}$$

故全市年平均户收入为 13164.164～13398.236 元，做出这种估计的概率为 95.45%。

3. 等距抽样

等距抽样又称机械抽样或系统抽样。等距抽样是事先将总体各单位按某一标志排列，然后按固定的顺序和间隔来抽取样本单位的一种抽样组织方式。

若从总体 N 个单位中抽取 n 个单位组成样本，可先将 N 个单位按一定标志排序，然后将 N 个单位划分为 n 个相等的部分，每个部分包括 K 个单位，即 $K = \dfrac{N}{n}$。在实施抽样时，先从第一部分顺序为 $1,2,\cdots,r,\cdots,K$ 的单位中随机地抽取一个单位 r，在第二部分中抽取顺序号为 $r+h$ 的单位，在第三部分抽取顺序号为 $r+2K$ 的单位……在第 n 部分抽取顺序号为 $r+(n-1)K$ 的单位，共 n 个单位组成一个样本，各样本单位之间的间距均为 K，K 称为抽样间距。等距抽样的随机性体现在第一个样本单位的抽取上。当第一个单位的位次确定后，其他样本也就随之确定了。

用来作为排列总体各单位顺序依据的标志，可以是与所研究变量数值大小无关或不起主要影响作用的标志，称为无关标志；也可以是与变量数值大小保持密切联系或起主要影响的标志，称为有关标志。按无关标志排序的等距抽样与简单随机抽样的原理类似，抽样平均误差的计算可采用简单随机抽样的方法。但由于在一定的间距内只抽取一个样本单位，所以，其抽样平均误差需按不重复简单随机抽样方法计算。按有关标志排序的等距抽样实质上体现了类型抽样的一些特点，一般在抽取第一个样本单位时，取第一部分处于中间位置的变量值，可以有效地提高样本的代表性。按有关标志排序等距抽样时，抽样平均误差的计算方法可参照类型抽样。

按等距抽样方式抽取样本单位，能够使样本单位均匀地分配在总体中。因此，等距抽样的误差一般比简单随机抽样要小一些。但应注意到，等距抽样在排定顺序、确定第一个样本单位的位次后，其余单位的位次也随之确定了，因此，要避免抽样间距与现象本身的周期性节奏相重合而引起的系统性影响，以防止发生系统性偏差，影响样本的代表性。

4. 整群抽样

整群抽样是将总体所有单位划分成若干群（ R ），然后以群为单位从中随机抽取一部分群（ r ），对中选群的所有单位进行全面调查。例如，对某镇农户进行家计调查，以自然村庄划分群，抽取若干个自然村庄，对中选村庄的所有农户都进行调查；又如，某工厂昼夜连续生产某种产品，为了掌握产品的质量，确定抽出 5% 的产品进行检验。可以把每小时生产的产品划分为一群。那么，全月产品就是 720 群（全月按 30 天计），从中随机抽取 5% 即 36 小时（ $720 \times 5\%=36$ ）的产品进行全面检查。

整群抽样的优点在于组织工作简单，搜集资料方便容易，节省费用和时间。但也应注意到，由于样本单位比较集中，在总体中的分布不够均匀，所以，在其他条件相同的情况下，整群抽样的样本代表性可能较差。为了保证样本有足够的代表性，就要适当多抽一些群。

6.1.5 抽样分布

参数是用来描述总体特征的概括性度量，如总体均值。统计量是用来描述样本特征的概括性度量，如样本均值。统计量是样本的函数，由于不同的样本计算出来的统计量的值是不同的，所以，统计量是一个随机变量。通常，总体的参数是根据样本统计量来推断的。例如，用样本均值来推断总体均值，进行这种推断的理论依据就是样本统计量的抽样分布。

1. 在重复抽样方式下其样本平均数的抽样分布

例 6.2　某生产班组有 A、B、C、D 4 名工人，他们的月工资如表 6-1 所示。从中随机抽取 2 人（ $N=4$ ， $n=2$ ），观察其工资。

表 6-1　某生产班组 4 个人的月工资

工人	A	B	C	D	$\bar{x}$	σ_x
工资收入/千元	6	7	8	9	7.5	1.25

解：

$$\bar{x} = \sum \bar{x}_i \frac{f_i}{\sum f} = 7.5$$

$$\sigma_x = \sqrt{\sum (\bar{x}_i - \bar{x})^2 \frac{f_i}{\sum f}} = 0.625$$

那么，当扩展到假设总体变量 $X(X_1, X_2, \cdots, X_N)$，其平均数为 $\bar{x}$，标准差为 σ_x；按样本容量为 n，重复抽样就有 $M=N^n$ 个不同的样本 $x_i(X_1, X_2, \cdots, X_n)$，其样本平均数形成变量的样本统计量 $\bar{x}(\bar{x}_1, \bar{x}_2, \cdots, \bar{x}_M)$ 时，其统计量与总体参数的数量逻辑关系应是怎样的呢？

按照平均数的定义和它的数学性质分析样本平均数数列特征值：

$$\bar{x} = E(\bar{x}) = E\left(\frac{\bar{x}_1, \bar{x}_2, \cdots, \bar{x}_M}{M}\right)$$

$$= \frac{1}{M}[E(x_1) + E(x_2) + \cdots + E(x_M)]$$

在重复抽样条件下，由于 $x_i(X_1, X_2, \cdots, X_n)$ 中每次的抽取都是相互独立的，都来自同一总体 $X_1, X_2, \cdots, X_N$，所以，每个总体单位的中选机会均相等，概率为 $\frac{1}{N}$。

$$E(x_1) = E(x_2) = \cdots = E(x_n)$$

$$= \sum_{i=1}^{N} X_i P_i = \frac{1}{N}(X_1, X_2, \cdots, X_N) = \bar{X}$$

$$\therefore \bar{x} = E(\bar{x}) = \frac{1}{M}[E(x_1) + E(x_2) + \cdots + E(x_M)] = \bar{X}$$

接着考察样本平均数数列的标准差。由于样本 $x_i(x_1, x_2, \cdots, x_n)$ 的每次抽取相互独立，来自同一总体 $X_1, X_2, \cdots, X_N$，所以，变量 x 与总体变量 X 是同分布的，因此，

$$\sigma_{x_1}^2 = \sigma_{x_2}^2 = \cdots = \sigma_{x_n}^2 = \sigma_X^2$$

$$\therefore \sigma_x^2 = \frac{1}{n^2}[\sigma_{x_1}^2 + \sigma_{x_2}^2 + \cdots + \sigma_{x_n}^2] = \frac{1}{n^2}[n\sigma_X^2] = \frac{\sigma_X^2}{n}$$

$$\therefore \sigma_x = \sqrt{\frac{\sum(\bar{x}_i - \bar{x})^2}{M}} = \frac{\sigma_X}{\sqrt{n}}$$

由于样本平均数变量数列的均值等于总体平均数，而样本平均数与总体平均数的离差 $(\bar{x} - \bar{X})$ 表现为因抽样而产生的误差，因此可以判定抽样误差也是随机变量。

2. 在不重复抽样方式下其样本平均数的抽样分布

例 6.3　利用例 6.2 的资料，计算样本均值数列的特征值，如表 6-2 所示。

表 6-2　不重复抽样下可能的样本及样本均值的抽样分布

序　号	$\bar{x}_i$	样　　本	f_i	$\dfrac{f_i}{\sum f}$
1	6.5	AB（6,7）BA（7,6）	2	$\dfrac{2}{12}$
2	7.0	AC（6,8）CA（8,6）	2	$\dfrac{2}{12}$
3	7.5	AD（6,9）BC（7,8）CB（8,7）DA（9,6）	4	$\dfrac{4}{12}$
4	8.0	BD（7,9）DB（9,7）	2	$\dfrac{2}{12}$
5	8.5	CD（8,9）DC（9,8）	2	$\dfrac{2}{12}$

解：

$$\bar{x} = \sum \bar{x}_i \frac{f_i}{\sum f} = 7.5$$

总体平均数为 $\bar{x}=7.5$，两者相等。

$$\sigma_x = \sqrt{\sum (\bar{x}_i - \bar{x})^2 \frac{f_i}{\sum f}} = \frac{5}{12}$$

总体标准差为 $\sigma_x = 1.25$。

同样，扩展到假设总体变量 $X(X_1, X_2, \cdots, X_N)$，其平均数为 $\bar{X}$，标准差为 σ_x；按样本容量数为 n，不重复抽样就有 M 个不同的样本 $x_i(X_1, X_2, \cdots, X_n)$，其样本平均数形成变量的样本变量 $\bar{x}(\bar{x}_1, \bar{x}_2, \cdots, \bar{x}_M)$ 时，其统计量与总体参数的数量逻辑关系应是怎样的呢？

由于不重复抽样每次抽选不是独立的，现在分别讨论 $E(x_1)$，$E(x_2)$，$\cdots$，$E(x_n)$。$E(x_1)$ 表示第一个被抽选的单位的均值，由于是随机抽样，所以，总体 $X_1, X_2, \cdots, X_N$ 的每个单位中选的概率均为 $\dfrac{1}{N}$。

$$E(x_1) = \sum_{i=1}^{N} X_i P_i = \frac{1}{N}(X_1 + X_2 + \cdots + X_N) = \bar{X}$$

$E(x_2)$ 表示第二个被抽选的单位。但第二个单位被抽中的前提是在第一次抽选中未被抽中的，因此，中选的概率为两次抽选的联合概率，第一次抽选时总体有 N 个单位，第二次抽选时只有 $N-1$ 个单位。

$$\therefore P_i = \frac{N-1}{N} \cdot \frac{1}{N-1} = \frac{1}{N}$$

$$E(x_2) = \sum_{i=1}^{N} X_i P_i = \frac{1}{N} \sum_{i=1}^{N} X_i = \bar{X}$$

以此类推，有

$$E(x_i) = \sum X_i P = \sum X_i \cdot \frac{N-1}{N} \cdot \frac{N-2}{N-1} \cdots \frac{i}{N-i+1} = \bar{X}$$

$$\bar{x} = \frac{1}{n}(x_1 + x_2 + \cdots + x_n)$$

$$\therefore \bar{x} = E(\bar{x}) = \frac{1}{n}[E(x_1) + E(x_2) + \cdots + E(x_n)] = \bar{X}$$

接着考察在不重复抽样条件下，样本平均数数列的标准差：

$$\sigma_x^2 = E[\bar{x} - \bar{\bar{x}}]^2 = E(\bar{x} - \bar{X})^2 = E\left[\frac{\sum x_i}{n} - \frac{n\bar{X}}{n}\right]^2$$

$$= \frac{1}{n^2}\left[\sum E(x_i - \bar{X})^2 + \sum_{i \neq j} E(x_i - \bar{X})E(x_j - \bar{X})\right]$$

由于不重复抽样的样本 x_i 与 x_j 不是相互独立的，所以，共有 $n(n-1)$ 项 $E(x_i - \bar{X})E(x_j - \bar{X}) \neq 0$，分析该式：

$$\sum_{i \neq j}(x_i - \bar{X})(x_j - \bar{X}) = \sum_{k \neq l} P_{k \cdot l}(x_k - \bar{X})(x_l - \bar{X}) = \frac{1}{N(N-1)}\sum_{k \neq l}(x_k - \bar{X})(x_l - \bar{X})$$

依据

$$\left[\sum_{i=1}^{N}(X_i - \bar{X})\right]^2 = \sum_{i=1}^{N}(X_i - \bar{X})^2 + \sum_{i \neq j}^{N}(X_i - \bar{X})(X_j - \bar{X})$$

得到

$$\sum_{i \neq j}^{N}(X_i - \bar{X})(X_j - \bar{X}) = -\sum_{i=1}^{N}(X_i - \bar{X})^2 = -N\sigma_X^2$$

$$\therefore E(x_i - \bar{X})E(x_j - \bar{X}) = -N\sigma_X^2 \cdot \frac{1}{N(N-1)} = -\frac{\sigma_X^2}{N-1}$$

将 $\dfrac{1}{N(N-1)}\sum\limits_{k \neq l}(x_k - \bar{X})(x_l - \bar{X})$ 和 $-\dfrac{\sigma_X^2}{N-1}$ 代入 $\dfrac{1}{n^2}\left[\sum E(x_i - \bar{X})^2 + \sum\limits_{i \neq j} E(x_i - \bar{X})E(x_j - \bar{X})\right]$

中得到

$$\therefore \sigma_x = \sqrt{\frac{\sigma_X^2}{n}\left(\frac{N-n}{N-1}\right)}$$

式中的校正因子总是小于 1，因此，在相同的条件下，不重复抽样的平均误差总是小于重复抽样的平均误差。抽样比例 $\left(\dfrac{n}{N}\right)$ 一般是很小的，$\left(\sqrt{1 - \dfrac{n}{N}}\right)$ 仍接近于 1，这对于平均误差数值的影响不大。因而在实际工作中，尤其是在无法掌握总体单位数 N 的情况下，既可采用不重复抽样方法，也可采用重复抽样条件下的公式来计算其抽样平均误差。

例 6.4　某地区的职工人均年收入的具体分布未知，但已知该地区职工家庭人均年收入为 36000 元，标准差为 1000 元，抽取 25 户进行调查，问抽样平均误差是多少？

解：已知总体标准差为 $\sigma_x = 1000$ 元，$n = 32$。所以，样本平均数的标准差为

$$\sigma_x = \frac{\sigma_x}{\sqrt{n}} = \frac{1000}{\sqrt{25}} = 200（元）$$

3. 正态分布

市场上的精制食盐有一种是 400 克/袋的，上面标有"净含量 400 克"字样。但是，当用稍微精确一些的天平称那些袋装食盐的质量时，会发现有些会重一些，有些会轻一些，都在 400 克左右。多数离 400 克不远，离 400 克越近就越容易出现，离 400 克越远就越不可能出现。一般认为这种质量分布近似地服从正态分布。

正态分布又名高斯分布，是一个在数学、物理及工程等领域都非常重要的概率分布，在统计学的许多方面有着重大的影响力。正态分布是连续型随机变量的一种概率分布模型。

正态分布用于计算服从正态分布的随机变量 x 取某段区间值 $[x_1, x_2]$ 的概率，其计算公式如下：

$$P(x_1 \leq X \leq x_2) = \int_{x_1}^{x_2} f(x) \mathrm{d}x \qquad (-\infty < x < +\infty)$$

$$= \int_{-\infty}^{x_2} f(x)\mathrm{d}x - \int_{-\infty}^{x_1} f(x)\mathrm{d}x$$

$$= P(x \leq x_2) - P(\dot{x} \leq x_1)$$

式中，$f(x) = \dfrac{e^{-\frac{1}{2}\left(\frac{x-\mu}{\sigma}\right)^2}}{\sqrt{2\pi}\sigma}$ 是正态随机变量的密度函数，π 为圆周率，e 为自然对数的底，μ 和 σ^2 是正态分布的两个参数，其中 $-\infty < \mu < +\infty$，$\sigma > 0$。μ 是正态随机变量的总体平均值（又称数学期望值），σ 为总体标准差。μ 和 σ 一经确定，正态分布的密度函数也就完全确定，因此，通常记正态分布为 $N(\mu, \sigma^2)$。如果随机变量 x 服从正态分布，则可以记为 $x \sim N(\mu, \sigma^2)$。这些总体参数在实际问题中是不知道的，但是可以估计。例如，可以用样本均值和样本标准差来估计总体均值和总体标准差。

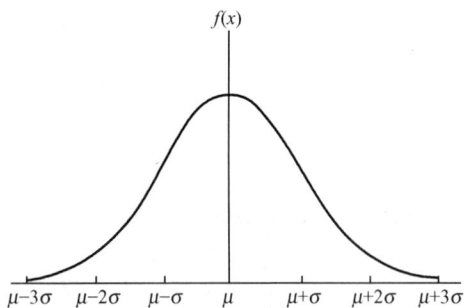

图 6-1　正态分布的概率密度分布曲线

正态分布概率密度函数的图形像摆在平面直角坐标系内的一座钟，因此，正态分布又称钟形分布。正态分布的概率密度分布曲线如图 6-1 所示。

正态分布的概率密度函数中的两个参数 μ 和 σ^2 对于其分布密度曲线的形状有着决定性的作用，其中，μ 决定了正态分布概率密度曲线在横轴上的位置，称为位置参数；σ^2 决定了正态分布概率密度曲线的宽度和高度，称为尺度参数。正态分布概率密度曲线下的面积等于 1。

在正态分布中，若位置参数 $\mu = 0$ 且尺度参数 $\sigma^2 = 1$，则称这种正态分布为标准正态分布，服从标准正态分布的随机变量就称为标准正态变量，记作 $N(0,1)$，标准正态变量一般用 Z 表示。

6.2 参数估计的基本原理

6.2.1 估计量与估计值

在参数估计中，用来估计总体参数的统计量的名称，称为估计量，用符号 $\hat{\theta}$ 表示，如样本的均值、比率、方差等都可以是一个估计量。用来估计总体参数时计算出来的估计量的具体数值，称为估计值。例如，要估计某个专业学生的就业情况，从中抽取一个随机样本，该专业的全部学生就业率是不知道的，称为参数，用 θ 表示；根据样本计算的平均就业率就是一个估计量，用 $\hat{\theta}$ 表示，假定计算出来的样本平均就业率是 85%，则 85% 就是估计量的具体数值，称为估计值。

6.2.2 点估计

1. 点估计的概念

参数估计是推断统计学的重要内容之一，主要是利用样本信息对总体进行估计，包括点估计与区间估计。

点估计是以抽样得到的样本指标作为总体指标的估计量，并以样本指标的实际值直接作为总体未知参数的估计值的一种推断方法。

当总体某方面特征未知时，需要借助相应的方法进行推断。在统计学中，这种未知的总体特征一般用参数来表示，如总体均值（u）与总体方差（σ^2）。常见的推断方法就是从总体中抽取若干个代表性的单位组成样本，利用样本来对总体的性质进行判断。

> **知识链接**
>
> **点估计的优点**
>
> 点估计的优点是能够提供总体参数的具体估计值，可以作为决策的数量依据；它的不足之处在于任何点估计不是对就是错，并不能说明误差情况如何、误差程度有多大。

2. 总体参数的点估计

1）总体平均数的点估计

点估计就是以样本统计量直接估计总体未知参数，即以样本统计量的具体值作为总体参数的估计值。

如果总体平均数是一个未知数，根据随机样本的数据可以计算出样本平均数 x，则样本平均数的具体值就是总体平均数的点估计值。当 n 足够大时，由于样本平均数 x 具备优良估计的 3 个标准，所以，样本平均数的具体值是总体平均数的优良点估计值。

例如，某居民区共有 10000 户居民，为了估计该区居民的用电量，采用简单随机抽样方法抽取 100 户居民，对其某月的用电量进行抽样调查，得知该月户均用电量为 130 千瓦·时，标准差为 35 千瓦·时。

为了了解某月该居民区全部居民的户均用电量，随机抽取 100 户居民调查，得出户均用电量为 130 千瓦·时（样本平均数），则可以将其作为该区全部居民户均用电量（总体平均数）的点估计值，估计该区全部居民户均用电量为 130 千瓦·时。又如，为了了解城市居民的消费水平，随机从全部城市居民中抽取 1000 户居民进行调查，得出某年人均消费金额为 3500 元，据此可得出全部城市居民某年人均消费金额的点估计值为 3500 元。

2）总体成数的点估计

当 n 足够大时，由于样本成数 p 是总体成数 P 的优良估计量，所以，当总体成数未知时，可以用样本成数 p 的值作为总体成数 P 的点估计值。

例 6.5　某公司考虑购买一批减价商品，共 2000 件，其中有些是次品，但不知次品数或次品率是多少。该公司知道每件次品的修复成本为 0.30 元，并认为若总的修复成本低于 55 元，则购买这批商品是有利可图的。在购买前，该公司随机从中抽取 100 件商品进行调查，发现 7 件是次品。试估计这批商品的次品率，并判断该公司是否可以购买这批商品。

解：设样本次品率为 p，则 $p=\dfrac{7}{100}=7\%$。用样本成数 p 作为总体成数 P 的点估计值，则这批商品的次品率也为 7%。

又因为这批商品总数 $N=2000$，所以，该批商品中的次品数为

$$NP=2000\times 7\%=140（件）$$

该批商品所需要的总修复成本为

$$0.30\times 140=42（元）$$

由此可见，该公司可以购买这批商品。

3）总体方差的点估计

一般，设某总体方差 σ_x^2 是一个未知数，当从该总体中随机抽取一个容量为 n 的样本时，样本方差 s_x^2 是总体方差的无偏估计量：

$$s_x^2=\frac{\sum\limits_{i=1}^{n}(x_i-\bar{X})^2}{n-1}$$

▶ 6.2.3　区间估计

区间估计是根据样本指标和一定概率条件下的允许误差去推断总体参数所在的可能区间范围（或称置信区间）。这种估计不仅考虑到抽样误差的大小，而且与推断的把握程度联系在一起。因此，区间估计是一种科学的估计方法。

区间估计用公式表示为

$$\bar{x} - \Delta_{\bar{x}} \leq \bar{X} \leq \bar{x} + \Delta_{\bar{x}}$$
$$p - \Delta_p \leq P \leq p + \Delta_p$$

式中，$\bar{x} - \Delta_{\bar{x}}$ 和 $\bar{x} + \Delta_{\bar{x}}$ 分别为总体平均数所在可能区间的下限和上限；$p - \Delta_p$ 和 $p + \Delta_p$ 分别为总体成数所在可能区间的下限和上限。

在进行区间估计时，同时要做如下两个方面的判断：

第一，准确程度的判断，即总体指标在哪两个数值范围内。

第二，把握程度的判断，表现为概率数值。它说明的是判断的可靠程度。

在实际中，人们总希望估计的准确度尽量高一些，可靠性尽量大一些。但是，这两种要求是相互矛盾的，提高估计的准确度势必会降低估计的可靠程度，要提高估计的可靠程度又必然会降低它的准确度。因为根据 $\Delta = t \cdot \mu$，当抽样误差 μ 确定后，要缩小抽样误差范围 Δ，概率度 t 的值也随之缩小，即降低了把握程度；反之亦然。因此，在估计时，只能根据统计研究的目的和任务，侧重要求其中某一个方面，或给定可靠程度的要求，去估计抽样误差的可能范围，或给定抽样误差范围的要求，去推断概率保证程度。所以，对总体参数的估计根据所给定的条件不同有两种不同的模式。

1. 根据给定的抽样误差范围估计概率保证程度

具体步骤如下：

（1）抽取样本，根据样本单位标志值计算样本平均数或样本成数作为总体平均数或总体成数的估计值，并计算样本标准差，用以推算抽样平均误差。

（2）根据给定的抽样极限误差 Δ，估计出总体指标的下限和上限。

（3）根据抽样极限误差 Δ 和抽样平均误差 μ，计算概率度 t 的值，再根据 t 值查正态分布概率表，查出相应的概率保证程度 $F(t)$。

例6.6 某市对在职职工年收入进行抽样调查，随机抽取1000名职工进行调查，调查结果为人均年收入为32000元，标准差为9000元，要求抽样极限误差不超过500元，试对该市在职职工人均年收入进行区间估计。

解：第一步，计算样本平均数、标准差和抽样平均误差。

$$\bar{x} = 32000 \text{ 元}, \quad \sigma_{\bar{x}} = 9000 \text{ 元}$$

$$\mu_{\bar{x}} = \sqrt{\frac{\sigma_{\bar{x}}^2}{n}} = \sqrt{\frac{9000^2}{1000}} = 285 \text{（元）}$$

第二步，计算总体平均指标的下限和上限。

$$下限 = \bar{x} - \Delta_{\bar{x}} = 32000 - 500 = 27000 \text{（元）}$$
$$上限 = \bar{x} + \Delta_{\bar{x}} = 32000 + 500 = 37000 \text{（元）}$$

第三步，计算概率度，并查表估计出置信度。

$$t = \frac{\Delta_{\bar{x}}}{\mu_{\bar{x}}} = \frac{500}{285} = 1.75$$

查表得 $F(t) = 92\%$

据此，可以说有92%的把握程度估计该市在职职工平均年收入为27000～37000元。

2. 根据置信度的要求估计抽样极限误差

具体步骤如下：

（1）抽取样本，根据样本单位标志值计算样本平均数或成数作为总体平均数或总体成数的估计值，并计算样本标准差，用以推算抽样平均误差。

（2）根据给定的置信度 $F(t)$ 的要求，查正态分布概率表，求得概率度 t 值。

（3）根据概率度和抽样平均误差计算抽样极限误差，并据此计算被估计的总体平均数或成数的下限和上限。

例 6.7　某镇对 45000 亩（1 亩 $\approx$ 666.67 平方米，全书下同）水稻随机抽取 5% 的面积进行产量调查，根据样本实割实测结果，计算出样本平均亩产为 900 千克，标准差为 232.5 千克，试以 95% 的把握程度推算全镇水稻平均亩产量。

解：第一步，计算样本平均亩产量，标准差和抽样平均误差。

$$\bar{x} = 900 \text{ 千克} \qquad \sigma_{\bar{x}} = 155 \text{ 千克}$$

$$\mu_{\bar{x}} = \sqrt{\frac{\sigma_{\bar{x}}^2}{n}} = \sqrt{\frac{155^2}{30000 \times 5\%}} = 4 \text{ （千克）}$$

$$\mu_{\bar{x}} = \sqrt{\frac{\sigma_{\bar{x}}^2}{n}} = \sqrt{\frac{155^2}{45000 \times 5\%}} = 3.27 \text{ （千克）}$$

第二步，根据给定的置信度 $F(t)=95\%$，查表得概率度 $t=1.96$。

第三步，计算抽样极限误差，确定总体平均数的下限和上限。

$$\Delta_{\bar{x}} = t\mu_{\bar{x}} = 1.96 \times 3.27 = 6.4092 \text{ （千克）}$$

$$\text{下限} = \bar{x} - \Delta_{\bar{x}} = 900 - 6.4092 = 893.5908 \text{ （千克）}$$

$$\text{上限} = \bar{x} + \Delta_{\bar{x}} = 900 + 6.4092 = 906.4092 \text{ （千克）}$$

据此，可以以 95% 的概率保证估计该镇水稻平均亩产量为 893.5908～906.4092 千克。

6.2.4　评价估计量的标准

在抽样法中，对总体未知参数（总体平均数 $\bar{X}$、总体成数 P、总体方差 σ_x^2 等）进行估计，是借助样本统计量（样本平均数 $\bar{x}$、样本成数 p、样本方差 s_x^2 等）进行的，即用样本统计量作为总体参数的估计值。因此，需要样本统计量对总体被估计的参数具有良好的代表性，即需要使样本的分布结构与总体的分布结构一致。但是，样本统计量是一个随机变量，随着抽取的样本不同，会有不同的估计值（作为总体参数估计量的某一统计量的数值）。因而，在抽样估计之前需要对某种估计量的好坏进行判断，即要看该估计量是否在某种意义上最接近被估计参数的实际值。

一般，用样本统计量作为总体参数的估计量，应该满足无偏性、一致性和有效性 3 个标准。只要满足了这 3 个标准，就可以认为该统计量是总体参数的优良估计量。

1. 无偏性

设 $\hat{\theta}$ 代表作为总体参数估计量的样本统计量，θ 代表被估计的总体未知参数。若 E

$(\hat{\theta})=\theta$，则 $\hat{\theta}$ 是 θ 的无偏估计量。

通过对简单随机抽样的分析可知，无论采用重复抽样还是不重复抽样的方法，样本平均数 $\bar{x}$ 的数学期望均等于总体平均数 $\bar{X}$，即 $E(\bar{x})=\bar{X}$；样本成数 p 的数学期望等于总体成数 P，即 $E(p)=P$。因此，在简单随机抽样中，样本平均数是总体平均数的无偏估计量，样本成数 p 是总体成数 P 的无偏估计量。

2．一致性

就数量关系而言，抽样法建立在概率论大数法则的基础上。大数法则的内容如下：如果随机变量总体存在有限的平均数和方差，则对于充分大的样本容量 n，可以用几乎趋近于 1 的概率来期望样本统计量与总体参数的绝对离差为任意小，即对于任意正数 α，有

$$\lim_{n \to \infty} P(|\hat{\theta}-\theta|<\alpha)=1$$

说明当样本容量足够大（$n>30$）时，样本统计量与总体参数趋于一致。因而在抽样时，只要适当加大样本容量，就可以使样本统计量与总体参数趋于一致。

3．有效性

抽样估计的有效性要求是用样本统计量作为总体参数的优良估计量的方差应该比用其他估计量的方差小。因为样本统计量的方差的平方根是样本统计量的标准误差（抽样标准误差或抽样平均误差），其一般计算式为

$$\sqrt{\frac{\sum_{i=1}^{M}(\hat{\theta}-\theta)^2}{M}}$$

式中，$\sum_{i=1}^{M}(\hat{\theta}-\theta)^2=\min$，即样本统计量（估计值）与总体参数的离差的平方和最小。所以，用样本统计量作为总体参数的估计量符合抽样估计的有效性要求。

6.3 样本容量的确定

▶️ 6.3.1 影响样本容量的因素

在样本数目一定的条件下，当对某总体参数进行估计时，要想提高估计结果的可靠性，就需要扩大置信区间，这就要增加估计中的误差。可见，在样本数目一定的条件下，估计的精确性和估计的可靠性不能同时得到满足。既要提高估计的精确性，减少误差，又要提高可靠性的办法就是增加样本容量。但是增加样本就要同时增加抽样调查的成本，同时又可能延误时间。因此，就需要研究能够满足对估计的可靠性和精确性要求的最小的样本数问题。

样本容量的多少直接影响抽样误差的大小。抽取的单位数越多，样本的代表性越强，抽样误差越小，抽样推断越可靠。但是，从另一个角度讲，样本单位越多，调查的工作量越大，耗费的时间和经费越多，体现不出抽样调查的优越性。反之，如果样本容量小，虽然耗费少，但抽样误差太大，抽样推断就会失去价值。所以，抽样调查中的一个重要内容就是确定必要的样本单位数。所谓必要的样本单位数，是指为了使抽样误差不超过给定的允许范围至少应抽取的样本单位数目。

为了正确地确定必要的样本单位数，必须清楚影响样本容量的因素。影响样本容量的因素主要有以下 4 个方面。

1. 总体各单位标志值的变异程度

总体各单位标志值的变异程度，即总体方差。一般来说，总体方差越大，样本单位数应越多；反之，就越少。样本容量的多少与总体方差成正比。

2. 抽样极限误差

抽样极限误差，即允许误差的大小。这是确定样本容量的最主要依据。一般来说，允许误差越小，即精确度越高，则要求样本容量越大；反之，则越小。样本容量与允许误差成反比。允许误差是在调查前，根据调查对象的性质、调查目的和调查力量的多少来规定的。

3. 抽样估计的把握程度

抽样估计的把握程度，即概率 $F(t)$ 的大小。因为把握程度 $F(t)$ 是概率度 t 的函数，所以，一般来说，t 越大，要求把握程度越高，则必须多抽取单位；反之，则可以少抽。把握程度也是在调查之前根据调查对象的性质、数据的使用要求确定的。一般的调查把握程度为 90%～95%即可。对于某些精确度较高的，如药品的质量检验，则应要求把握程度在 99%以上。

4. 抽样的方式方法

在其他条件不变的前提下，由于重复抽样比不重复抽样的抽样误差大一些，所以，重复抽样的必要抽样单位数要比不重复抽样的必要抽样单位数多一些。

抽样的不同方式对必要的抽样单位数也会有影响。这主要是因为不同的抽样方式对抽样误差的影响是不同的。例如，类型抽样和等距抽样比简单随机抽样的抽样误差小一些，因此，可以少抽一些单位。

> **知识链接**
>
> **计算必要样本容量的注意事项**
>
> 在计算必要样本容量时，应注意以下 4 点。
>
> （1）当计算的必要样本容量为小数时，不能采用四舍五入原则，而应采用小数进位原则。因为必要样本容量是满足调查要求的最小样本单位数。
>
> （2）在确定样本容量时，需要知道总体的方差，这在抽样调查中是不可能的。同

样，样本的方差在此时也是未知的。这时可用总体方差的近似值来代替，即根据以往调查的经验数据或通过试调查来取得。而成数可以用标准差的最大值，即取 $P(1-P)$ 的最大值来代替总体方差。

（3）对同一总体既要进行样本平均数的推断，又要进行样本成数的推断时，为了兼顾两者共同的需要，通常采用其中较大的 n 值作为统一的抽样单位数。

（4）在实际工作中，抽样比例一般很小，虽然采用的是不重复抽样，但仍可按重复抽样的公式来计算必要样本容量。

▶ 6.3.2 估计总体均值时样本容量的确定

在简单随机重复抽样下，设样本 $(X_1,X_2,\cdots,X_n)$ 来自正态总体 $N(\mu,\sigma^2)$，总体均值 μ 的点估计为样本均值 $\bar{x}$。如果要求以 $\bar{x}$ 估计 μ 时的绝对误差为 Δ，可靠度为 $1-\alpha$，即要求

$$P\{|\bar{x}-\mu|\leqslant \Delta\}=1-\alpha$$

由 $P\left\{\left|\dfrac{\bar{x}-\mu}{\sigma/\sqrt{n}}\right|\leqslant z_{\frac{\alpha}{2}}\right\}=1-\alpha$ 知 $P\left\{|\bar{x}-\mu|\leqslant z_{\frac{\alpha}{2}}\dfrac{\sigma}{\sqrt{n}}\right\}=1-\alpha$

故只要取绝对误差 $\Delta=z_{\frac{\alpha}{2}}\dfrac{\sigma}{\sqrt{n}}$，从而解得 $n=\dfrac{z_{\frac{\alpha}{2}}^2\sigma^2}{\Delta^2}$（重复抽样）。同理，在简单随机不重复抽样下，可以得出估计总体均值时样本容量的计算公式为

$$n=\frac{Nz_{\frac{\alpha}{2}}^2\sigma^2}{N\Delta^2+z_{\frac{\alpha}{2}}^2\sigma^2}\quad(\text{不重复抽样})$$

例 6.8 在某企业中采用简单随机抽样调查职工月平均奖金额，设职工月奖金额服从标准差为 15 元的正态分布，要求估计的绝对误差为 4.5 元，可靠度为 95%，应抽取多少名职工作为样本？

解：已知 $\sigma=15$，$\Delta=4.5$，$1-\alpha=0.95$，$z_{\frac{\alpha}{2}}=1.96$，则

$$n=\frac{z_{\frac{\alpha}{2}}^2\sigma^2}{\Delta^2}=\frac{1.96^2\times15^2}{4.5^2}=42.68\approx43\ (\text{名})$$

即需抽取 43 名职工作为样本进行调查。

▶ 6.3.3 估计总体比例时样本容量的确定

在简单随机重复抽样条件下，估计总体比例时，根据绝对误差可得到样本容量：

$$n=\frac{Z_{\frac{\alpha}{2}}^2P(1-P)}{\Delta_P^2}\quad(\text{重复抽样})$$

同理，在简单随机不重复抽样条件下，可以得出估计总体比例时样本容量的计算公式为

$$n = \frac{NZ_{\frac{\alpha}{2}}^2 P(1-P)}{N\Delta_P^2 + Z_{\frac{\alpha}{2}}^2 P(1-P)} \quad （不重复抽样）$$

例 6.9 根据以往的生产统计，某种产品的合格率为 90%，现要求绝对误差为 5%，在置信水平为 95% 的置信区间内，应抽取多少个产品作为样本？

解： 已知 $P=90\%$，$\Delta_p=5\%$，$Z_{\frac{\alpha}{2}}=1.96$，则

$$n = \frac{Z_{\frac{\alpha}{2}}^2 P(1-P)}{\Delta_P^2} = \frac{1.96^2 \times 0.9 \times (1-0.9)}{0.05^2} = 139 \quad （个）$$

即应抽取 139 个产品作为样本。

6.4 Excel 在抽样推断中的应用

6.4.1 概率计算

1. NORMDIST（返回正态分布的累积函数）函数计算

某地区居民家庭的人均收入服从均值为 2400 元、标准差为 400 元的正态分布。那么某户居民家庭的人均收入不低于 2600 元的可能性有多大？

解： 因为 $p(X>2600)=1-p(X<2600)$，所以，可在某一空单元格内输入如下公式："=1-NORMDIST(2600,2400,400,TRUE)"，计算结果是 0.308538。公式中的"TRUE"表示函数返回的是累计概率。

如果问该户家庭的人均收入为 2300~2600 元的概率，那么可按以下方法计算。

因为 $p(2300<X<2600)=p(X<2600)-p(X<2300)$，所以，在某一空单元格内输入如下公式："=1-NORMDIST(2600,2400,400,TRUE)-NORMDIST(2300,2400,400,TRUE)"，结果是 0.532807。

某地区居民家庭的人均收入服从均值为 2400 元、标准差为 400 元的正态分布。现采用简单重复抽样方法，从总体中随机抽取出 16 户进行调查，人均收入不低于 2600 元的可能性有多大？

解： 先计算抽样平均误差：$\sigma_{\bar{x}} = \frac{\sigma_x}{\sqrt{n}}$，在某一空单元格内输入公式"-400/SQRT(16)"。其中，"SQRT"为返回正平方根函数。

再计算概率，输入公式"=1-NORMDIST(2600,2400,100,TRUE)"，结果是 0.02275。

2. NORMSDIST（返回标准正态分布的累积函数）函数计算

经过标准化后，上题中的概率 $p(X>2600)=p(Z>0.5)=1-p(Z<0.5)$，所以，在某一空单

元格内输入公式"=1–NORMSDIST(0.5)",计算结果也是 0.308538。

此外,其他一些分布(如 t 分布、二项分布等)的概率计算,与正态分布的计算类似,只是所应用的函数不同而已。

6.4.2 区间估计

某厂对一批产品的质量进行抽样检验,抽样数据和要求如下:采用重复抽样抽取样品 400 只,样本优质品率为 85%,试计算当把握程度为 90% 时优质品率的允许误差。

计算步骤如下:

[Step 1] 打开 Excel 表格,在 B1 单元格中输入样本容量 400。

[Step 2] 在 B2 单元格中输入样本比率 85%。

[Step 3] 在 B3 单元格中输入计算样本比率的标准差,即抽样平均误差 $\sqrt{p(1-p)}$,公式为"=ROUND(SQRT(B2*(1–B2)),2)",式中"ROUND"为"按指定位置对数值进行四舍五入"。

[Step 4] 在 B4 单元格中输入 α 为 10%。

[Step 5] 在 B5 单元格中计算极限误差 Δ_p,输入表达式:"=CONFIDENCE (B4,B3,B1)",即得到 $Z_{\frac{\alpha}{2}}\sqrt{\dfrac{p(1-P)}{N}}$ 等于 2.9607%,如图 6-2 所示。也可由 Excel 系统中的函数命令计算,过程如图 6-3 和图 6-4 所示。在图 6-3 中,"alpha"即 α(如果 α 为 0.05,则置信度为 0.95);"standard_dev"为数据区域的总体标准差,假设为已知(实际中,当总体标准差未知时,通常用样本标准差代替);"size"为样本容量(n)。最后计算得出:

总体优质品的 90% 置信区间的下限为"=B2–B5"。

总体优质品的 90% 置信区间的上限为"=B2+B5"。

图 6-2　总体优质品率的区间估计

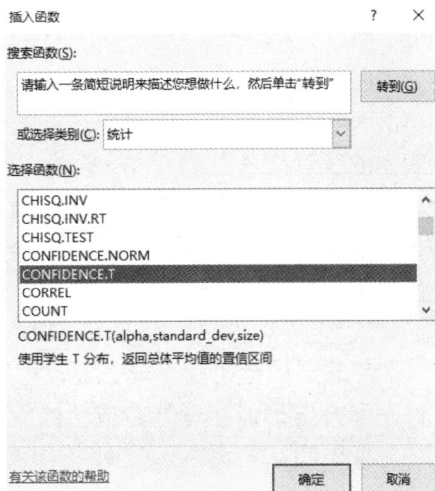

图 6-3　插入函数

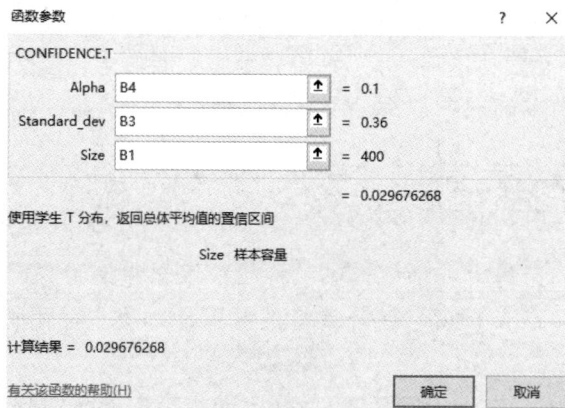

图 6-4　函数参数

拓展实训

【实训目标】

通过实训，使学生初步了解抽样分布与参数估计的相关内容，包括抽样概述、参数估计的原理、样本容量的确定等。

【实训内容】

了解并掌握统计数据的搜集，统计调查方案与问卷的设计。

【实训步骤】

（1）以 2~3 人为单位组成 1 个团队，设负责人 1 名，负责整个团队的分工协作。

（2）团队成员通过分工协作，多渠道搜集相关资料，完成统计工作。

（3）团队成员对搜集的材料进行整理，总结并分析如何有效地利用抽样分布的相关内容来完成统计工作。

（4）各团队将总结制作成表格，派 1 人作为代表上台演讲，阐述自己团队的成果。

（5）教师对各团队的成果进行总结评价，指出不足与改进措施。

【实训要求】

（1）考虑到课堂时间有限，实训可采取"课外+课内"的方式进行，即团队组成、分工、讨论和方案形成在课外完成，成果展示安排在课内。

（2）每个团队方案展示时间为 10 分钟左右，老师和学生提问时间为 5 分钟左右。

复习思考题

1. 抽样推断的特点是什么？
2. 抽样方法有哪些？
3. 抽样平均误差的概念是什么？
4. 点估计的概念是什么？
5. 影响样本容量的因素有哪些？

第7章
假设检验与方差分析

假设检验是统计推断的一个重要组成部分，与参数估计共同构成了统计推断的两类基本问题。它们从不同的角度推断总体分布中的某些参数，参数估计解决定量问题，假设检验解决定性问题；参数估计是根据样本信息估计总体参数或分布，假设检验是对总体分布函数中的未知参数提出某种假设，然后利用样本信息对所提出的假设进行检验，根据检验的结果对所提出的假设做出拒绝或接受的判断过程。方差分析是基于样本方差对总体均值进行统计推断的方法，它通过实验观察某一种或多种因素的变化对实验结果是否带来显著影响，进而鉴别各种因素的效应，从而选取一种最优方案。从形式上看，方差分析是比较多个总体的均值是否相同，但在本质上，它是研究一个（或多个）定性自变量与定量因变量之间的统计关联性的主要方法之一。方差分析包括单因素方差分析、多因素方差分析和协方差分析。

➥ 教学目标

本章教学目标		
1	知识目标	● 了解假设检验的含义及种类
		● 明确假设检验的方法
		● 理解方差分析的基本概念
		● 掌握单因素和双因素方差分析方法
2	能力目标	● 能够根据实际资料进行假设检验与方差分析
3	素质目标	● 培养学生的开拓创新、团结协作精神，使学生树立正确的世界观、价值观、人生观

7.1　假设检验

7.1.1　假设检验概述

1. 假设检验问题的提出

假设检验，简单来说就是对做出的假设进行检验。具体而言，假设检验是以样本统计量来验证假设的总体参数是否成立，主要用于判别一个总体是否属于原来已经明确的总体，或者与原来已经明确的总体是否有差异，借以决定采取适当决策的统计方法。这与参数估计的思想恰好相反。假设检验就是利用反证法和小概率事件进行分析。

例 7.1　某工厂的包装部门欲对其包装进行检测。如果包装过程操作正确，每袋大米的质量服从均值为 10 千克、标准差为 0.50 千克的正态分布。现随机抽取 10 袋大米作为样本，样本的平均质量是 10.43 千克。问样本平均质量与总体平均质量是否具有显著差异？以上数据能否证明包装工作过程正常？

解：表面上看，10.43 千克的确低于 11 千克，这种差异可能是人为造成的，也可能来自抽样的随机性。因此，需要设立一个"样本质量均值与总体质量均值没有差异"的假设，检验这个假设是否成立，即检验总体均值是否等于 16 千克，这便是一个假设检验问题。在统计学中，把需要通过样本去推断其正确与否的命题称为"原假设"，用 H_0 表示。于是这个问题可以表示为

$$原假设\ H_0 : \mu = 11$$

与原假设相对立的假设便是备择假设，用 H_1 表示。备择假设意味着"样本质量均值与总体质量均值存在明显差异"，可以表示为

$$备择假设\ H_1 : \mu \neq 16$$

因为假设检验的目的是判断原假设是否正确，所以，这里首先假定原假设正确，即每袋的平均质量是 11 千克；然后从总体中获得样本，判断样本均值 10.43 千克是否符合条件。如果符合，则说明样本与原假设是一致的；如果不符合，则说明样本与原假设不一致。

2. 两类假设：原假设与备择假设

统计假设检验是借助样本统计量来检验关于总体的假设是"是"还是"否"。在假设检验中，首先需要根据已知的信息提出两种假设：原假设和备择假设。

原假设（或称零假设、虚假设、解消假设）通常是研究者想收集证据予以反对的假设。一般来说，原假设建立的依据都是已有的、具有稳定性的。从经验来看，没有发生条件变化的原假设是不会轻易被否定的。换句话讲，进行假设检验的基本目的，就在于做出决策：是接受还是拒绝原假设。

备择假设（或称对立假设）通常是研究者想收集证据予以支持的假设。备择假设是原假设被否定之后应该选择的、与原假设逻辑对立的假设。原假设一般是稳定的，但这并不能保证原假设永远正确，不会被否定。如果原假设被拒绝，就等于接受了备择假设。备择假设通常用于支持研究者的想法。例如，假设研究者开发了一种新药以提高疗效，如果研究者想要提供这种药物疗效有显著提高的证据（这自然是研究者想要支持的），就应该把研究者想要支持的说法假设作为备择假设。

3. 单侧检验与双侧检验

在假设检验中，研究者感兴趣的备择假设内容，可以是原假设 H_0 在某一特定方向的变化，也可以是一种没有特定方向的变化。根据研究问题的性质，可以将统计假设检验分为单侧检验和双侧检验两种类型。

如果备择假设 H_1 具有特定的方向性，并含有 "<" 或 ">" 符号，则称这样的假设检验为单侧检验或单尾检验，即所要检验的是样本所取自的总体的参数值高于（大于）或低于（小于）某个特定值时，使用的一种单方面的检验方法。由于研究者感兴趣的方向不同，所以，可以将单侧检验分为左侧检验和右侧检验。如果研究者感兴趣的备择假设的方向为 "<"，则称为左侧检验；如果研究者感兴趣的备择假设的方向为 ">"，则称为右侧检验。

相反，如果研究者感兴趣的备择假设没有特定的方向，只关心备择假设 H_1 是否不同于原假设 H_0，并不关心是大于还是小于，并含有符号 "=" 或 "≠" 的假设检验，则称为双侧检验或双尾检验。即当我们关心的问题是要检验样本平均数和总体平均数有没有显著性差异，而不关心差异的方向是正还是负时使用的一种统计检验的方法。

4. 小概率事件原理与两类错误

假设检验是已知总体的某种性质特征（如平均体重为 3.4 千克），在此基础上需要判断某样本是否来自该总体（该贫困地区新生儿体重是否为 3.4 千克）。假设检验理论中，需要做出相应的假设，分别称为原假设和备择假设，具体如下。

1）显著性水平、小概率事件与检验 p 值

根据某新生儿案例，体重差异的 0.05 千克，到底是来自随机性的误差，还是由根本性的营养不良造成的，需要利用抽样分布理论，并就事件设定一个临界水平，利用统计量的值与之相比较进行判断。

其中这个临界水平用两种形式表示：临界值和显著性水平。显著性水平是指事先给定的一个小概率，在此概率水平下，当原假设为正确时拒绝。通常取 $\alpha=1\%$（或 0.01）、$\alpha=5\%$（或 0.05）及 $\alpha=10\%$（或 0.1）。这表明，当做出接受原假设的决定时，其正确的可能性（概率）为 90%、95% 及 99%。临界值是根据抽样分布显著性水平对应分位数的值。例如，在正态分布且 5% 显著性水平下，双侧检验的临界值为 ±1.96，10% 显著性水平对应的临界值为 ±2.58。

如果原假设 $H_0: \mu=3.4$ 发生的概率非常小，则可以认为这样的事件在某次抽样中不可能发生，因此，可以否定原假设 $H_0: \mu=3.4$，转而只能接受备择假设 $H_1: \mu \neq 3.4$。

这种拒绝正确事件的原理为小概率事件原理。简言之，小概率事件是指发生的概率比较小，既然较小，则有理由拒绝它，那么，什么程度为小？需要事先给定一个临界概率（值）。具体而言，小概率事件是指发生概率小于给定的显著性水平（1%、5%或10%）的事件。

2）p 值法检验

p 值法检验就是通过计算 p 值，再将它与显著性水平 α 作比较，决定是拒绝还是接受原假设，其中 "p 值" 就是拒绝原假设所需的最低显著性水平。p 值判断的原则如下：如果 p 值小于给定的显著性水平 α，则拒绝原假设；否则，接受原假设。或者，更直观地说：如果 p 值很小，则拒绝原假设；如果 p 值很大，则接受原假设。在实际应用中，通常将统计量所计算的 z 值或 F 值转换成概率 p，然后与显著性水平 α 进行比较。如果 $P < \alpha$，则拒绝 H_0，说明样本描述的总体与原假设所描述的总体具有显著差异；如果 $p > \alpha$，则接受 H_0，说明所采用的检验方法不能证明样本描述的总体与原假设所描述的总体具有显著差异。

对于显著性水平已知的检验，两种方法是等效的，答案也是相同的。临界值法更为传统，但随着计算机的广泛应用，p 值法越来越流行，也更为方便。

📑 知识链接

假设分析的两类错误

假设检验是根据小概率来进行判断的，因此有可能判断失误。实际上在任何显著性水平下检验某个假设都是可能的，但是必须注意，不管选择什么样的显著性水平，都存在假设为真而被拒绝的可能性。另外，在检验同一个假设时，使用的显著性水平越高，原假设为真时而被拒绝的概率越高。对于同一组样本的均值 $\bar{x}$ 的位置，在 $\alpha=0.10$ 的显著性水平下可能是接受零假设的，而在 $\alpha=0.05$ 的显著性水平下拒绝零假设。这就需要研究假设检验中的错误。

在假设检验中，如果原假设正确而被拒绝，为第一类错误，称为"弃真"错误，记作 α。相反，如果原假设错误而被接受，为第二类错误，称为"取伪"错误，记作 β，如表 7-1 所示。这两种错误不能同时增大或减小，这就是说，在样本容量确定的情况下，要减少第一类错误的概率，就不得不增加发生第二类错误的概率，反之亦然。实际上，为了减少第一类错误的概率 α，就要增大接受区域，减少拒绝区域。但此时由于接受区域的增大，不正确的原假设被接受的概率也随之增大，即 β 增加了。

表 7-1　两类错误之间的关系

类型	接受 H_0	接受 H_{01}
H_0 为真	正确	弃真，第一类错误概率 α
H_0 为假	取伪，第二类错误概率 β	正确

由于两类错误之间的这种互补关系，在管理上决定检验第一类错误或第二类错误的显著性水平时就要具体考察同这两类错误相联系的费用和可能造成的损失。如需要同时减少这两类错误，只能依靠增加样本容量。

5. 假设检验的基本步骤

进行假设检验时，具体采用的步骤如下：

1）提出假设：原假设与备择假设

提出原假设 H_0 和备择假设 H_1。原假设和备择假设必须由实际情况决定。一般情况下，把检验目的作为备择假设，这样可以有充分的把握拒绝原假设。关于总体平均数 μ 的假设有 4 种状况。

① 如果样本均值高于或低于假设的总体均值很显著时都拒绝原假设，称为双侧检验。具体如下：$H_0 : \mu \geqslant \mu_0$；$H_0 : \mu \neq \mu_0$

② 如果只有在样本的均值高于（或低于）假设的总体均值很显著时才拒绝原假设，称为单侧检验。单侧检验只有一个拒绝区域。

③ 如果只有在样本均值低于假设的总体均值很显著时才拒绝原假设,则称为左侧检验，具体如下：$H_0 : \mu \geqslant \mu_0$；$H_0 : \mu < \mu_0$。

④ 如果假设检验只有在样本均值高于假设的总体均值很显著时才拒绝原假设,称为右侧检验。具体如下：$H_0 : \mu \leqslant \mu_0$；$H_0 : \mu > \mu_0$。

2）选择显著性水平，从而确定检验的拒绝域或临界点

一般人为规定，通常情况取 0.1、0.05 或 0.01。

3）确定样本的统计量和分布

样本统计量又称检验统计量。不同的统计量具有不同的分布，用于检验不同的假设，要根据所检验的假设来正确地选择检验统计量。这与参数估计中统计量的抽样分布是一样的。

4）计算检验统计量并由此做出决策

根据样本数据计算出检验统计量的值，如果统计量的值落在拒绝域（包括临界点）内，则说明原假设与样本所反映的情形有显著的差异，应该拒绝原假设。如果统计量的值落在接受域内，则说明原假设与样本所反映的情形的差异并不显著，应该接受原假设。

计算检验统计量或构建置信区间。不同的检验统计量有不同的计算公式，基本形式可表述为

$$检验统计量 = \frac{样本统计量 - 被假设参数}{统计量的标准差}$$

5）做出决策

根据样本资料计算出检验统计量的具体值，并与临界值比较，做出接受或拒绝原假设 H_0 的判断。如果检验统计量的值落在拒绝区域内，则说明样本所描述的情况与原假设有显著性差异，应拒绝原假设；反之，则接受原假设。

▶ 7.1.2 总体均值的假设检验

就大样本总体均值的假设检验而言，当总体服从正态分布且其方差已知时，通常采

用 z 检验。这种检验方法基于样本均值 $\bar{x}$、被假设的总体均值 μ_0、总体标准差 σ、样本容量 n 等关键参数。在假设检验的过程中，利用这些参数来构建一个统计量，该统计量能够反映样本均值与假设的总体均值之间的差异程度。以双侧检验为例，设假设的总体均值为 μ_0，当总体方差 σ^2 已知时，总体均值检验的统计量为 $\bar{z} = \dfrac{\bar{x} - \mu_0}{\sigma/\sqrt{n}} \sim N(0,1)$。

做出假设：原假设为 $H_0: \mu = \mu_0$，备择假设为 $H_1: \mu \neq \mu_0$。

在原假设成立的条件下，统计量抽样分布：

$$z = \frac{\bar{x} - \mu_0}{\sigma/\sqrt{n}} \sim N(0,1)$$

选择显著水平 α，查正态分布 z 的分位表，求得 $-z_{\alpha/2}$，$z_{\alpha/2}$ 两个临界值；然后判断检验统计量 z 是否落在两个临界值构成的区域内，即可做出是否接受原假设的决策。也可以根据 p 值进行判断。

同理，如果是单侧检验，以左侧检验为例。

原假设为 $H_0: \mu \geqslant \mu_0$，备择假设为 $H_1: \mu < \mu_0$。

在原假设成立的条件下，统计量抽样分布：$z = \dfrac{\bar{x} - \mu_0}{\sigma/\sqrt{n}} \sim N(0,1)$

选择显著性水平 α，查正态分布 z 的分位表，求得临界值 $-z_\alpha$；然后根据检验统计量是否落在临界值构成的区域内进行判断。

例 7.2 某运动鞋制造商声称男运动鞋平均价格小于 80 美元，为了证实他的想法，有人随机挑选了 36 双鞋男运动鞋，其价格为：70、60、80、50、75、60、50、40、75、75、50、95、110、100、75、80、85、70、100、65、80、80、90、40、80、60、90、90、60、100、105、90、40、90、60、80（单位：美元）。

解：为了验证运动鞋制造商的声明，即男运动鞋的平均价格小于 80 美元，需要进行假设检验。首先，设定原假设和备择假设。

原假设 H_0：男运动鞋的平均价格不小于 80 美元，即 $\mu \geqslant 80$。

备择假设 H_1：男运动鞋的平均价格小于 80 美元，即 $\mu < 80$。

由于总体标准差 σ 已知为 19.2，且样本容量 $n=36$ 较大，所以，可以使用 z 检验来进行假设检验。

首先，计算样本均值：

$$\bar{x} = \frac{1}{n}\sum_{i=1}^{n} x_i$$

式中，x_i 是每双鞋的价格。

然后，计算 z 统计量：

$$z = \frac{\bar{x} - \mu_0}{\sigma/\sqrt{n}}$$

式中，$\mu_0=80$ 是原假设中的总体均值。

接下来，根据 z 统计量和显著性水平 $\alpha=0.1$ 来确定拒绝域。在双侧检验中，拒绝域通常是 z 值小于某个负临界值或大于某个正临界值。由于进行的是左侧检验（检验均值是否小于某个值），所以，只需要考虑 z 值小于负临界值的情况。

在 $\alpha=0.1$ 的情况下，对应的 z 临界值为-1.28（从标准正态分布表中查找）。

如果计算得到的 z 值小于-1.28，则拒绝原假设 H_0，认为有足够的证据支持备择假设 H_1，即男运动鞋的平均价格小于 80 美元。

现在，需要计算样本均值 $\bar{x}$ 和 z 统计量的具体值，并进行比较。

在 $\alpha=0.1$ 的情况下，可得左侧检验的临界值即处于拒绝域之内，说明拒绝原假设。

若利用显著性 p 值，当 $z=-1.56$ 时，其对应的概率 p 值为 0.0594，即小于显著性水平 0.1，因此拒绝原假设。

即男运动鞋的平均价格小于 80 美元。

在小样本（$n<30$）情形下，假定总体服从正态分布，若总体方差已知，检验统计量仍服从标准正态分布，即检验程序与大样本时完全相同。

7.1.3　总体比例的检验

由比例的抽样分布定理可知，样本比例服从二项分布，因此，可由二项分布来确定对总体比例进行假设检验的临界值，但其计算往往十分烦琐。在大样本情况下，二项分布近似服从正态分布。因此，对总体比例的检验通常是在大样本条件下进行的，根据正态分布来近似确定临界值。其检验步骤与均值检验时的步骤基本相同，只是参数和检验统计量的形式不同。

总体比例检验的 3 种基本形式如下：

（1）双侧检验，$H_0:\pi=\pi_0$；$H_1:\pi\neq\pi_0$。

（2）左侧检验，$H_0:\pi\geq\pi_0$；$H_1:\pi<\pi_0$。

（3）右侧检验，$H_0:\pi\leq\pi_0$；$H_1:\pi>\pi_0$。

当 np 和 nq 都大于 5 时，样本比例 p 的抽样分布近似服从正态分布，于是构造检验统计量为

$$z=\frac{p-\pi_0}{\sqrt{\dfrac{\pi_0(1-\pi_0)}{n}}}\sim N(0,1)$$

表 7-2 所示为在大样本情况下总体比例检验的一般方法。

表 7-2　在大样本情况下总体比例检验的一般方法

项目	双侧检验	左侧检验	右侧检验
假设形式	$H_0:\pi=\pi_0$ $H_1:\pi\neq\pi_0$	$H_0:\pi\geq\pi_0$ $H_1:\pi<\pi_0$	$H_0:\pi\leq\pi_0$ $H_1:\pi>\pi_0$
检验统计量	$z=\dfrac{p-\pi_0}{\sqrt{\dfrac{\pi_0(1-\pi_0)}{n}}}$		
α 与拒绝域	$\|z\|>z_{\frac{\alpha}{2}}$	$z<-z_\alpha$	$z>z_\alpha$

例 7.3　调查人员在调查某企业的主要生产线时，被告知性能良好、生产稳定，产品合格率可达 99%。调查人员随机抽查了 300 件产品，其中 295 件产品合格，能否判断

厂方的宣传可信？（$\alpha = 10\%$）

解：依题意，可建立如下假设：

$H_0 : \pi = 0.99$；$H_1 : \pi \neq 0.99$

样本比例 $p = \dfrac{m}{n} = \dfrac{295}{300} = 0.983$

由于样本容量相当大，所以，可构建 z 检验统计量为

$$z = \frac{p - \pi_0}{\sqrt{\dfrac{\pi_0(1-\pi_0)}{n}}} = \frac{0.983 - 0.99}{\sqrt{\dfrac{0.99 \times 0.01}{300}}} = -1.219$$

给定 $\alpha = 0.1$，查正态分布表得 $z_{\frac{\alpha}{2}} = z_{0.02} = 0.861$

由于 $|z| > z_{\frac{\alpha}{2}}$，应拒绝原假设，即认为厂方的宣传不可信。

▶ 7.1.4　总体方差的检验

设总体 $X \sim N(\mu, \sigma^2)$，但总体方差 σ^2 未知，检验统计量 z 中包含了未知参数 σ，此时对总体均值的检验不能与上述检验相同。为了得到一个不含未知参数的检验统计量，很自然地会用总体方差的无偏估计量——样本方差 $s^2 = \dfrac{\sum\limits_{i=1}^{n}(x_i - \bar{x})^2}{n-1}$ 来代替总体方差 σ^2。此时，样本平均数 $\bar{x}$ 服从期望为 μ、方差为 s^2/n、自由度为 $n-1$ 的 t 分布，因此，可以选择 t 作为检验统计量，计算公式为

$$t = \frac{\bar{x} - \mu_0}{s/\sqrt{n}} \sim t(n-1)$$

根据题意提出假设，构造检验统计量 t，并根据样本信息计算其具体值；对于给定的检验水平 α，由 t 分布表查得临界值；将所计算的 t 值与临界值比较，得出检验结论。

双侧检验时，若 $|t| \geq t_{\frac{\alpha}{2}}$，则拒绝 H_0。

左侧检验时，若 $t \leq -t_\alpha$，则拒绝 H_0。

右侧检验时，若 $t \geq t_\alpha$，则拒绝 H_0。

例 7.4　从长期的资料可知，某厂生产的某种电子元件服从均值为 400 小时、标准差未知的正态分布。通过改变部分生产工艺后，抽得 10 件为样本，数据（单位：小时）为 404,418,416,396,412,420,390,416,400,414。试在 0.05 的显著性水平下，判断在新工艺下这种电子元件的平均值是否有所提高。

解：根据题意，可建立如下假设：

$H_0 : \mu \leq 400$；$H_1 : \mu > 400$。

根据已知数据求得 $\bar{x} = 409.6$，$s = 11.578$。

检测统计量：$t = \dfrac{\bar{x} - \mu_0}{s/\sqrt{n}} = \dfrac{409.6 - 400}{11.578/\sqrt{10}} = 2.622$

由 $\alpha=0.05$，查表得临界值 $t_\alpha(n-1)=t_{0.05}(10-1)=1.8331$。

由于 $t=2.622>t_\alpha(n-1)=1.8331$，因此拒绝 H_0，接受 H_1，即可以接受"在新工艺下，这种电子元件的平均值有所提高"的假设。

t 检验统计量适用于小样本且总体方差未知的情况下对正态总体均值的假设检验。随着样本容量 n 的增大，t 分布趋近于标准正态分布。因此，在大样本（$n>30$）且总体方差未知时，对正态总体均值 μ 的假设检验通常近似采用 z 检验统计量。同理，在大样本情况下对非正态分布总体均值的检验，也可用 z 检验统计量。这时，根据大样本的抽样分布定理，总体分布形式不明或为非正态分布总体时，样本平均数趋近于正态分布。检验统计量 z 中的总体标准差 σ 用样本标准差 s 来代替。

7.2 方差分析

7.2.1 方差分析概述

1. 基本原理

方差分析通过对数据误差来源的分析来判断不同总体均值是否相等，将总误差分解为由研究因素所造成的部分和由抽样误差所造成的部分，通过比较来自不同部分的误差，借助 F 分布做出统计推断。在方差分析中，数据误差用平方和来表示，反映全部数据误差大小的平方和称为总平方和（Total Sum of Squares），记为 SST，表达式为

$$SST = \sum_{i=1}^{k}\sum_{j=1}^{n}(x_{ij}-\overline{x})^2$$
$$= \sum_{i=1}^{k}\sum_{j=1}^{n}(x_{ij}-\overline{x}+\overline{x}-\overline{x})^2$$
$$= \sum_{i=1}^{k}\sum_{j=1}^{n}(x_{ij}-\overline{x})^2 + \sum_{i=1}^{k}\sum_{j=1}^{n}(x_{ij}-\overline{x}+\overline{x}-\overline{x})^2$$

该误差可以分解为两项，第一项反映各组内部的观测值离散情况，在同一处理组内，虽然同属相同类型，但测量值之间各有不同，反映了纯粹由随机抽样而导致的数据变异，这种变异称为组内变异（误差），又称组内离差平方和或残差平方和（Sum of Squares for Error，SSE）。组内误差只含有随机误差：

$$SSE = \sum_{i=1}^{k}\sum_{j=1}^{n}(x_{ij}-\overline{x})^2$$

第二项反映各组均值的差异程度，即不同水平之间数据的离差平方和，由于各处理组的样本均数大小不等，它既包含了由于随机抽样而导致的数据变异，也包含了水平间数据存在的系统性差异所导致的数据变异。这种差异反映了由抽样本身形成的随机误差和由研究因素的影响造成的系统误差之和，称为组间离差平方和（Sum of Squares Among

Groups，SSA ）：

$$SSA = \sum_{i=1}^{k}\sum_{j=1}^{n}(x_{ij} - \bar{x} + \bar{x} - \bar{x})^2$$

SST=SSE+SSA。SSE 与 SSA 的自由度分别为 $n-k$ 和 $k-1$，其中，$N=kn$ 是总的样本容量。

SST 可以用总均方来度量，SSA 和 SSE 分别用处理间均方和处理内均方来度量。总均方的拆分是通过将总均方的分子分成 SSE、SSA 两部分，将总均方的分母（总自由度 N）分成组内自由度（$N-k$）与组间自由度（$k-1$）两部分来实现的。

处理内均方（误差均方）为

$$MSE = \frac{SSE}{N-k}$$

处理间均方（处理均方）为

$$MSA = \frac{SSA}{k-1}$$

从而得到 F 统计量为

$$F = \frac{MSA}{MSE}$$

这样，可以采用均方来比较组内变异和组间变异的大小，均方的大小与观测值的多少有关。为了消除观测值的多少对 SST 大小的影响，将 SST 进行平均，用 SST 除以自由度。如果组间误差中只包含随机误差，而没有系统误差，组间均方和组内均方应该比较接近，其比值就会接近 1，这说明研究因素所造成的误差不存在。如果它们的比值大于 1，说明组间误差中除了包含随机误差，还包含系统误差，当比值大到一定程度，则可以认为研究因素造成的影响存在，即因素的不同水平之间存在显著的差异。

2. 方差分析的基本步骤

方差分析的基本步骤如下：

（1）设立统计假设：

$H_0 : \mu_1 = \mu_2 = \cdots = \mu_N$（或自变量与因变量无关）

$H_1 : \mu_i(i=1,2,3,\cdots,k)$ 不全相等（或自变量与因变量有关）

（2）构造 F 统计量，在原假设成立的条件下，该统计量服从 F 分布。根据样本数据计算 F 统计量的观测值。

（3）将计算的 F 值与 F 分布的临界值进行比较，从而做出决策。在前面的阐述中，方差分析是一个右侧检验，临界值为 $F_\alpha(df_1, df_2)$，其中，df_1 和 df_2 分别是 F 分布的两个自由度（分子的自由度和分母的自由度）。

7.2.2 单因素方差分析

单因素方差分析是方差分析类型中最基本的一种，研究的是一个因素对于试验结果的影响和作用，这一因素可以有不同的取值或分组。单因素方差分析要检验的问题是当因素选择不同的取值或分组时，对结果有无显著的影响。

单因素方差分析的基本原理在上一节已详细说明，通过建立 F 统计量来考察自变量与因变量之间的相互关系，其分析结果如表 7-3 所示。

表 7-3 方差分析表

方差来源	SS	df	MS	F	F 临界值
组间	SSA	$k-1$	MSA	MSA/MSE	
组内	SSE	$N-k$	MSE		
总合	SST	$N-1$			

7.2.3 双因素方差分析

单因素方差分析只是考虑一个分类型自变量对数值型因变量的影响。在对实际问题的研究中，有时需要考虑几个因素对试验结果的影响。例如，分析影响彩电销售量的因素时，需要考虑品牌、销售地区、价格、质量等多个因素的影响。当方差分析中涉及两个分类型自变量时，称为双因素方差分析（Twoway Analysis of Variance）。双因素方差分析的原理与单因素方差分析相同，也是对 SST 进行分解。在双因素方差分析中，有两个影响因素，如果这两个因素对因变量的影响是相互独立的，可以分别判断其影响的显著性，则称为无交互效应（Interaction）的双因素方差分析或无重复双因素（Two-Factor Without Replication）分析；如果双因素的搭配还会对因变量产生一种新的影响效应，这时的双因素方差分析称为有交互效应的双因素方差分析或称为可重复双因素（Two-Factor With Replication）分析。

1. 无交互影响的双因素方差分析

如果某一试验结果受到 A、B 两个因素的影响，这两个因素可分别取 k 和 m 种水平，则双因素方差分析实际上就是要比较因素 A 的 k 种水平的均值之间是否存在显著差异、因素 B 的 m 种水平的均值之间是否存在显著差异，目的是检验试验中这两个因素所起的作用有多大，是仅仅一个因素在起作用，还是两个因素在起作用或者是两个因素的作用都不显著。在假定两个因素无交互影响的情形下，通常采用不重复试验，即对于两个因素每种水平的组合只进行一次试验，这样共进行 $k \times m$ 次试验。假定试验的结果如表 7-4 所示。

表 7-4 双因素分析的试验结果观测值因素 B 的水平

		因素 B 的水平				
		1	2	...	m	行总和
因素 A 的水平	1	X_{11}	X_{12}	...	X_{1m}	A_1
	2	X_{21}	X_{22}	...	X_{2m}	A_2
	...	...	...	...	...	...
	k	X_{k1}	X_{k2}	...	X_{km}	A_k
	列总和	B_1	B_2	...	B_m	

其中，X_{ij} 是因素 A 为水平 i，因素 B 为水平 j 时的观测值。

$A_i = \sum\limits_{j=1}^{m} x_{ij}$ $(i=1,2\cdots,k)$ 是因素 A 在 i 水平下的所有观测值的总和。

$B_j = \sum\limits_{i=1}^{m} x_{ij}$ $(j=1,2,\cdots,m)$ 是因素 B 在 j 水平下的所有观测值的总和。

$\overline{A}_i = \dfrac{1}{m}\sum\limits_{j=1}^{m} x_{ij} = \dfrac{A_i}{m}$ 是因素 A 在 i 水平下的平均值。

$\overline{B}_j = \sum\limits_{i=1}^{m} x_{ij} = \dfrac{B_j}{k}$ 是因素 B 在 j 水平下的平均值。

$T = \sum\limits_{i=1}^{k}\sum\limits_{j=1}^{m} x_{ij} = \sum\limits_{i=1}^{k} A_i = \sum\limits_{j=1}^{m} B_j$ 是所有观测值的总和。

$\overline{x} = \dfrac{1}{N}\sum\limits_{i=1}^{k}\sum\limits_{j=1}^{m} x_{ij} = \dfrac{T}{N}$ 是所有观测值的平均值。

$N=km$ 是所有观测值的总数。

双因素的方差分析问题实际上也是一个假设检验问题。对于无交互影响的双因素方差分析，其方法和步骤如下：

1）形成假设

由于两个因素相互独立，所以，可以分别对每个因素进行检验。

对于因素 A，H_0：因素 A 的各种水平的影响无显著差异。

H_1：因素 A 的各种水平的影响有显著差异。

对于因素 B，H_0：因素 B 的各种水平的影响无显著差异。

H_1：因素 B 的各种水平的影响有显著差异。

2）进行离差平方和的分解

$$\mathrm{SST} = \sum_{i=1}^{k}\sum_{j=1}^{m}(x_{ij} - x)^2$$

$$= \sum_{i=1}^{k}\sum_{j=1}^{m}[(x_{ij} - \overline{A}_i - \overline{B}_j + \overline{x}) + (A_i - \overline{x}) + (\overline{B}_j - \overline{x})]^2$$

上式展开式中 3 个 2 倍乘积项均为 0。令

$$\mathrm{SSE} = \sum_{i=1}^{k}\sum_{j=1}^{m}[(x_{ij} - \overline{A}_i - \overline{B}_j + \overline{x})^2$$

$$\mathrm{SSA} = m*\sum_{i=1}^{k}(\overline{A}_i - \overline{x})^2$$

$$\mathrm{SSB} = m*\sum_{j=1}^{k}(\overline{B}_i - \overline{x})^2$$

于是就有 SST=SSA+SSB+SSE。

SST 的自由度为 $(N-1)$，SSA 和 SSB 的自由度分别为 $(k-1)$ 和 $(m-1)$，而 SSE 的自由度为 $(N-1)-(k-1)-(m-1)=N-k-m+1=(h-1)(m-1)$。

3）编制方差分析表，进行 F 检验

从方差分解式所得到的 SSA、SSB 和 SSE 除以各自的自由度，得到各自相应的均方差，然后与单因素方差分析时一样，可以得到无交互影响时双因素方差分析表如表 7-5 所示。

表 7-5　有交互影响的双因素方差分析表

方差来源	离差平方和	自 由 度	均 方 差	统计检验量 F
因素 A	SSA	$K-1$	$MSA=\dfrac{SSA}{k-1}$	$F_A=\dfrac{MSA}{MSE}$
因素 B	SSB	$M-1$	$MSB=\dfrac{MSB}{m-1}$	$F_B=\dfrac{MSB}{MSE}$
误差 E	SSE	$(k-1)(m-1)$	$MSE=\dfrac{MSE}{(k-1)(m-1)}$	
总方差	SST	$N-1$		

根据表 7-5 计算得到 F_A 和 F_B；以后，由问题的显著性水平 α，查表得到 $F_\alpha\{(k-1),(k-1)(m-1)\}$，再分别检验因素 A 和 B 的影响是否显著。对于因素 A，若 $F_A>F_\alpha\{(k-1),(k-1)(m-1)\}$，则拒绝关于因素 A 的原假设，说明因素 A 对结果有显著的影响；否则，接受原假设，说明因素 A 对结果没有显著的影响。对于因素 B，若 $F_B>F_\alpha\{(k-1),(k-1)(m-1)\}$，则拒绝关于因素 B 的原假设，说明因素 B 对结果有显著的影响；否则，接受原假设，说明因素 B 对结果没有显著的影响。

2. 有交互效应的双因素方差分析

1）基本原理

如果两个因素搭配会对因变量产生一种新的效应，则需要考虑交互作用对因变量的影响，这就是有交互作用的双因素方差分析。

在有交互效应的方差分析中，两个因子之间有相互影响，即一个因子与因变量的关系会随着另一个因子的水平不同而变化，因此，不仅需要研究两个因子与因变量的关系，而且需要研究它们的不同组合与因变量的关系。其中，两个因子与因变量的关系称为主效应，而其组合与因变量的关系称为交互效应。此时，两个因子的每个组合都应视为一个总体，因此，各个组合就不能只有一个观测值，而应抽取一定的样本容量。有交互效应的双因素方差分析的数据结构如表 7-6 所示。

表 7-6　有交互效应的双因素方差分析的数据结构

	B_1	B_2	...	B_q
A_1	X_{11r}	X_{12r}	...	X_{1qr}
A_2	X_{21r}	X_{22r}	...	X_{2qr}
⋮	⋮	⋮	x_{ijr}	⋮
A_p	X_{p1r}	X_{p2r}	...	x_{pqr}

$$SSE = \sum_{i=1}^{p}\sum_{j=1}^{q}\sum_{r=1}^{n}(X_{ijr} - \bar{x})^2$$
$$= SSA + SSB + SSR + SSE$$

式中，SSE 为组内离差平方和；SSA 为 A 因子的主效应对应的组间离差平方和；SSB 为 B 因子的主效应对应的组间离差平方和；SSR 为两个因子的交互效应所对应的组间离差平方和。

SSE、SSA、SSB 和 SSR 的自由度分别为 $pq(n-1)$、$p-1$、$q-1$ 和 $(p-1)(q-1)$。用组内离差平方和与组间离差平方和分别除以相应的自由度，得到均方，从而建立相应的 F 统计量。

组内离差平方和的均方为

$$MSE = \frac{SSE}{pq(n-1)}$$

行因素 A 的均方为

$$MSA = \frac{SSA}{p-1}$$

列因素 B 的均方为

$$MSB = \frac{SSB}{q-1}$$

交互效应所对应的组间离差平方和为

$$MSB = \frac{SSR}{(p-1)(q-1)}$$

检验行因素 A 对因变量的影响是否显著，则统计量 F_A 为

$$F_A = \frac{MSA}{MSE} \sim F\{(p-1), pq(n-1)\}$$

检验列因素 B 对因变量的影响是否显著，则统计量 F_B 为

$$F_B = \frac{MSB}{MSE} \sim F\{(q-1), pq(n-1)\}$$

检验行因素 A 与列因素 B 的交互效应对因变量的影响是否显著，则统计量 F_R 为

$$F_R = \frac{MSR}{MSE} \sim F\{(p-1)(q-1), pq(n-1)\}$$

2）编制方差分析表，进行 F 检验

从方差分解式所得到的 SSA、SSB、SSAB 和 SSE 除以各自的自由度，得到各自相应的均方差，然后对因素 A、因素 B 和因素 AB 的交互作用分别作 F 检验。与前面讨论的情形一样，这一过程也可以用表格来表示，如表 7-7 所示。

表 7-7　有交互影响的双因素方差分析表

方 差 来 源	离差平方和	自 由 度	均 方 差	统计检验量 F
因素 A	SSA	$a-1$	$MSA = \dfrac{SSA}{a-1}$	$F_A = \dfrac{MSA}{MSE}$

续表

方差来源	离差平方和	自由度	均方差	统计检验量 F
因素 B	SSB	$b-1$	$\text{MSA}=\dfrac{\text{SSB}}{b-1}$	$F_B=\dfrac{\text{MSB}}{\text{MSE}}$
交互作用	SSAB	$(a-1)(b-1)$	$\text{MSB}=\dfrac{\text{SSAB}}{(a-1)(b-1)}$	$F_{AB}=\dfrac{\text{MSAB}}{\text{MSE}}$
误差 E	SSE	$N-ab$	$\text{MSE}=\dfrac{\text{SSE}}{n-ab}$	
总方差	SST	$N-1$		

对于因素 A 而言，若 $F_A>F_a\{(a-1),(N-ab)\}$，则拒绝关于因素 A 的原假设，说明因素 A 对结果有显著的影响；否则，接受原假设，说明因素 A 对结果没有显著的影响。对于因素 B 而言，若 $F_B>F_a\{(b-1),(N-ab)\}$，则拒绝关于因素 B 的原假设，说明因素 B 对结果有显著的影响；否则，接受原假设，说明因素 B 对结果没有显著的影响。对于两因素的交互作用，若 $F_{AB}>F_a\{(a-1)(b-1),(N-ab)\}$，则拒绝关于两因素交互作用的原假设，说明因素 A 和因素 B 对结果有显著交互影响；否则，接受原假设，说明两因素对结果没有显著的交互影响。

7.3 Excel 在假设检验与方差分析中的应用

📺 7.3.1 Excel 在假设检验中的应用

1. 利用数据分析宏程序中的假设检验

在 Excel 界面中，切换到"数据"选项卡，在该选项卡中有"数据分析"选项。其使用方法如下：

Step 1 在 Excel 中输入样本数据。

Step 2 切换到"数据"选项卡，在"分析"组中单击"数据分析"按钮，弹出"数据分析"对话框，如图 7-1 所示。

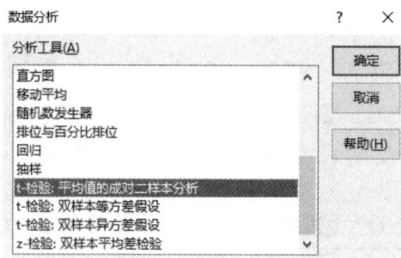

图 7-1 "数据分析"对话框

Step 3 在"分析工具（A）"列表框中提供了如下几种假设检验选项："t-检验：

平均值的成对二样本分析""t-检验：双样本等方差假设""t-检验：双样本异方差假设"
"z-检验：双样本平均差检验"。

Step 4 当选择某一选项，如选择"z-检验：双样本平均差检验"选项后，会弹出
图 7-2 所示的对话框。

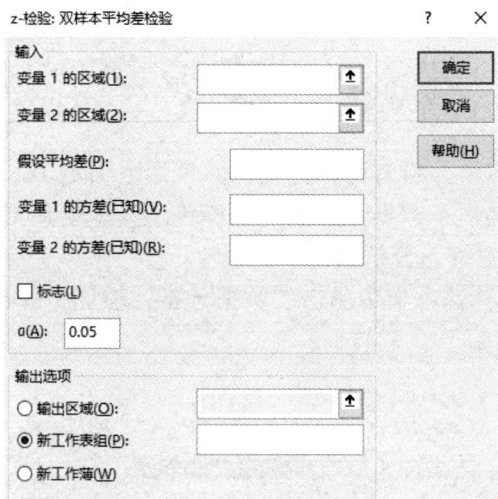

图 7-2 "z-检验：双样本平均差检验"对话框

在"变量 1 的区域"文本框中输入样本 1 的数据区域；在"变量 2 的区域"文本框
中输入样本 2 的数据区域；在"α"文本框中输入给定检验的显著性水平；选择"新工
作表组（P）"单选按钮，单击"确定"按钮，即可得到检验的输出报告，如图 7-3 所示。

z-检验：双样本均值分析		
	变量 1	变量 2
平均	29.67	31.4
已知协方差	4	4
观测值	10	10
假设平均差	1	
z	-3.052232789	
P(Z<=z) 单尾	0.001135729	
z 单尾临界	1.644853627	
P(Z<=z) 双尾	0.002271459	
z 双尾临界	1.959963985	

图 7-3 检验输出报告

2. 利用各种统计分布函数

假设检验主要是通过计算各类检验统计量，并将这些统计量与相应的检验临界值进
行比较来进行的。各类检验统计量及临界值的计算在上述各节中都已介绍过了，这里将
各分布下的临界值的计算总结如下：

（1）正态分布的临界值"=NORMSINV(β)"。其中，β 是临界值左侧的概率。

（2）t 分布临界值"=TINV(a,n)"。其中，α 是双侧概率之和，n 是 t 分布的自由度。

（3）x^2分布的临界值"=CHIINV(a,n)"。其中，α是右侧收尾的概率，n是自由度。

（4）F分布的临界值"=FINV(a,n,m)"。其中，α是右侧收尾的概率，n是子项自由度，m是母项自由度。

（5）二项分布的临界值"=CRITBINOM(n,P,a)"。其中，n为伯努利试验次数，P是每次试验的成功概率，α为累积概率水平。

7.3.2 方差分析的 Excel 实现

利用 Excel 来实现方差分析有两种途径，除使用前面的 FINV 和 FDIST 函数外，在 Excel 1997—2003 版中提供了数据分析的宏程序包，具体使用方法如下：

Step 1 在 Excel 中输入分析数据。

Step 2 在"工具"选项卡中单击"数据分析"按钮，弹出"数据分析"对话框，如图 7-4 所示。

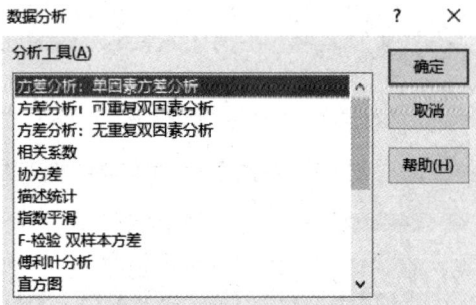

图 7-4 "数据分析"对话框

Step 3 在"分析工具（A）"列表框中选择"方差分析：单因素方差分析"选项，单击"确定"按钮。

Step 4 弹出图 7-5 所示的"方差分析：单因素方差分析"对话框，在"输入区域（I）"文本框中输入数据单元格区域；在"α"文本框中输入"0.05"（可根据需要确定）；在"输出选项"选项组中选择"新工作表组（P）"单选按钮；单击"确定"按钮，可得到常规的输出报告单，如图 7-5 所示。

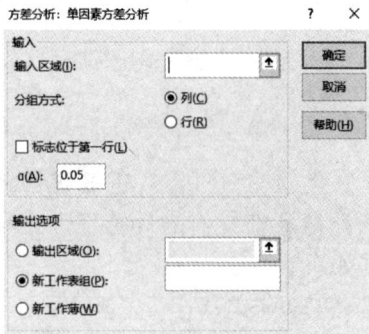

图 7-5 "方差分析：单因素方差分析"对话框

拓展实训

【实训目标】

通过实训，使学生初步了解假设检验与方差分析的相关知识，能够在 Excel 中应用假设检验与方差分析。

【实训内容】

了解并掌握如何在 Excel 中应用假设检验与方差分析。

【实训步骤】

（1）以 2～3 人为单位组成 1 个团队，设负责人 1 名，负责整个团队的分工协作。
（2）团队成员通过分工协作，多渠道搜集相关资料。
（3）团队成员对搜集的材料进行整理，总结并分析如何检验总体方差。
（4）各团队将总结制作成表格，派 1 人作为代表上台演讲，阐述自己团队的成果。
（5）教师对各团队的成果进行总结评价，指出不足与改进措施。

【实训要求】

（1）考虑到课堂时间有限，实训可采取"课外+课内"的方式进行，即团队组成、分工、讨论和方案形成在课外完成，成果展示安排在课内。
（2）每个团队方案展示时间为 10 分钟左右，老师和学生提问时间为 5 分钟左右。

复习思考题

1. 方差分析的基本步骤是怎样的？
2. 有交互效应的双因素方差分析的基本原理是什么？

第8章
相关分析与回归分析

　　研究客观现象之间的相互关系，既要做定性分析，也要做定量分析，测定它们联系的紧密程度，揭示其变化的具体形式和规律。相关分析和回归分析便是这种定量分析的重要统计方法，在许多领域都得到了广泛应用。特别是在计量经济的研究中，相关和回归的统计方法已经成为构造各种经济模型，进行预测和控制的重要工具。

➤ 教学目标

本章教学目标		
1	知识目标	● 了解相关关系的含义及种类
		● 理解相关分析与回归分析的区别与联系
		● 掌握相关分析与回归分析的特点与方法
2	能力目标	● 能依据实际资料进行直线相关分析与直线回归分析和预测
3	素质目标	● 培养学生的开拓创新、团结协作精神，使学生树立正确的世界观、价值观、人生观

8.1 相关分析

8.1.1 相关分析的概念

在自然界和社会现象中，任何现象都不是孤立的，而是普遍联系和相互制约的。例如，商品的销售量与价格、圆的面积与半径、居民的消费与收入之间等，在数量上都存在一定的依存关系。现象之间的这种依存关系通常分为函数关系和相关关系。

1. 函数关系

函数关系是指现象之间客观存在的确定性的数量依存关系。

设有两个变量 z 和 y，变量 y 随变量 z 的变化而变化，当变量 z 取某个数值时，y 根据确定的数量关系取相应的值，则称 y 是 z 的函数，记为 $y=f(z)$，其中 z 称为自变量，y 称为因变量。

在函数关系中，对于某一变量（自变量）的每个数值，都有另外一个变量（因变量）的确定数值与之相对应。这种关系可以用数学上的函数式反映出来。例如，圆的面积（S）与半径（r）之间的关系可以表示为 $S=\pi r^2$。

圆的面积随半径的变化而变化，每给定一个圆的半径就有唯一一个确定的圆面积和它对应，面积是半径的函数。在社会经济现象中，同样存在这种关系。例如，在销售价格一定时，销售收入完全由销售量确定。

2. 相关关系

相关关系是不完全确定的随机关系，是一种不完全的依存关系。相关关系的特征如下：一种现象发生变化，会引起另一种现象的变化，但这种变动关系不是唯一确定的，它可以有多种不同的数量表现。例如，粮食平均亩产量与施肥量之间存在一定的依存关系，即随着施肥量的增加，平均亩产量也会相应地增加，但平均亩产量随施肥量而变化的数量同时还受种子、温度、密植程度等因素的影响，这种关系就是相关关系。再如，企业的销售利润与销售额之间就是一种相关关系。一般来说，当企业的销售额增加时，利润也随之增加。但是，当销售额取一定值时，可能有多个销售利润数值与之对应，即销售利润的数值不是确定的。这是因为企业的销售利润除了与销售额有关，还受到企业的管理费用、毛利率等其他因素的影响。所以，对于同样的销售额，所得的利润却不尽相同。尽管如此，利润与销售额毕竟有着很密切的关系。在许多社会经济现象中都存在这种相关关系。例如，提高劳动生产率会使成本降低、利润增加等。因此，研究现象之间的相关关系，是统计分析的一项重要内容。

相关关系与函数关系的区别与联系

相关关系与函数关系是两种不同的数量依存关系。函数关系反映了现象之间关系的理想化状态,用数学分析方法研究;相关关系反映了现象之间关系的现实化状态,是借助统计学中的相关与回归分析方法。但这两者之间并无严格的界限,在一定条件下可以相互转化。由于有观察或测量误差等原因,函数关系在实际中往往通过相关关系表现出来;而在研究相关关系时,又常常要使用函数关系的形式来表现,以便找到相关关系的一般数量表现形式。

3. 相关分析的概念

相关分析是研究一个变量(y)与另一个变量(x)或另一组变量($x, x_2, \cdots, x_k$)之间相关方向和密切程度的一种统计分析方法。

8.1.2 相关关系的种类

客观现象之间相关关系的种类是复杂的,它们可以按照不同的标志进行划分。

1. 按变量之间相关程度划分

按变量之间相关程度可分为完全相关、不相关和不完全相关。

1)完全相关
当因变量的数量变化完全由自变量的数量变化所确定时,这两个变量之间的关系称为完全相关。完全相关中变量之间的变动是一一对应的、严格的依存关系,此种关系实际上就是函数关系。例如,在价格不变的情况下,商品的销售总额与其销售量总是成正比。

2)不相关
不相关又称零相关,是指变量之间没有任何关系,各自独立,互不影响。

3)不完全相关
若变量之间的关系介于完全相关与不相关之间,则称为不完全相关。

2. 按变量之间相关方向划分

按变量之间相关方向可分为正相关和负相关。

1)正相关
相关的变量按同一方向变化,即当自变量 z 的数值增加(或减少)时,因变量 y 的数值也随之相应地增加(或减少),这种相关关系称为正相关。例如,工人的工资随着劳动生产率的提高而增加;商品的销售额随着销售量的增加而增加。

2）负相关

相关的变量按相反方向变化，也就是当自变量 x 的数值增加（或减少）时，因变量 y 的数值则随之减少（或增加），这种相关关系称为负相关。例如，产品产量增加，单位产品成本降低；商品价格下降，销售量增加。

3. 按相关的变量多少划分

按相关的变量多少可分为一元相关、多元相关和偏相关。

1）一元相关

一元相关又称单相关，是指两个变量之间的相关关系，即一个因变量与一个自变量的相关关系。例如，居民的收入与储蓄额之间的相关关系。

2）多元相关

多元相关又称复相关，是指 3 个或 3 个以上变量之间的相关关系，即一个因变量与多个自变量之间的相关关系。例如，亩产量、施肥量和浇水量之间的相关关系。

3）偏相关

偏相关是指在某一变量与多个变量相关的条件下，假定其他变量不变，专门考察其中两个变量的相关关系。例如，在假定人们的收入水平不变的条件下，某种商品的需求与其价格水平的相关关系就是一种偏相关。

4. 按相关的表现形式分类

按相关的表现形式可分为线性相关和非线性相关。

1）线性相关

线性相关又称直线相关，当一个变量每增减一个单位，另一相关变量按一个大致固定的增（减）量变化，从平面图上观察其各点的分布近似地表现为一直线，这种相关关系称为"线性相关"。例如，人均消费水平与人均收入水平通常为线性关系。

2）非线性相关

非线性相关又称曲线相关，如果相关变量之间并不表现为直线的关系，而是近似某种曲线方程的关系，则把这种相关关系称为非线性相关。

▶ 8.1.3　相关分析指标的测定

在进行相关分析之前，首先要确定现象之间是否存在相关关系，当现象之间确实存在相关关系时，才有进一步分析的必要。通常，通过绘制相关图表来确定现象之间是否存在相关关系。

1. 相关表

相关表是一种反映变量之间相关关系的统计表。将某一变量按其取值的大小排列，然后将与其相关的另一变量的对应值平行排列，便可得到简单的相关表。编制相关表是相关分析的重要方法。相关表可分为简单相关表和分组相关表。

1）简单相关表

简单相关表是资料未经分组的相关表，它是把因素标志值按照从小到大的顺序并配合结果标志值一一对应而平行排列起来的统计表。

为了研究产品产量（单位：台）与单位成本（单位：元）之间的关系，设有 30 个同类企业调查得到的原始资料如表 8-1 所示。

表 8-1　产量和单位成本原始资料

产品产量/台	30	40	30	30	50	40	50	70	70	60	50	30	30	70	60
单位成本/元	20	18	18	17	18	17	17	16	17	17	17	18	20	16	16

根据上述资料，编成简单相关表，如表 8-2 所示。

从表 8-2 中可以直观地发现，随着产品产量的增加，产品单位成本也有降低的趋势。尽管在同一产量的情况下，单位成本存在差异，但是仍然体现出产品产量与单位成本之间存在一定的负依存关系。

表 8-2　产量和单位成本简单相关表

产品产量/台	30	30	30	30	30	40	40	50	50	50	60	60	70	70	70
单位成本/元	17	18	18	20	20	17	18	17	17	18	16	17	16	16	17

2）分组相关表

（1）单变量分组相关表。单变量分组相关表是对自变量分组并计算次数，而对应的因变量不分组，只计算平均值。

单变量分组相关表是在具有相关关系的两个变量中，只对自变量进行分组的相关表。根据表 8-1，按产品产量分组而形成的单变量分组相关表如表 8-3 所示。

表 8-3　单变量分组相关表

产品产量/台	企业数/个	平均单位成本/元
30	5	18.6
40	2	17.5
50	3	17.3
60	2	16.5
70	3	16.3

如果将单变量分组相关表与简单相关表加以比较，不难发现，单变量分组相关表不仅使得冗长的资料简单化了，而且能够更清晰地反映出两个变量之间的相关关系。由表 8-3 可以看出，产品产量与单位成本之间存在负相关的直线趋势。

（2）双变量分组相关表是对自变量和因变量都进行分组的相关表。这种表形似棋盘，又称棋盘式相关表。其编制程序如下：首先，分别确定自变量和因变量的组数；其次，按两个变量的组数设计棋盘式的表格；最后，计算各组次数并置于相对应的方格中。根据资料，按单项式分组而形成的双变量分组相关表如表 8-4 所示。

表 8-4 双变量分组相关表

单位成本 y/元	产品产量 x/台					合计
	30	40	50	60	70	
20	2					2
18	2	1	1			4
17	1	1	2	1	1	6
16			1	1	2	3
合计	5	2	3	2	3	15

由表 8-4 可以看出，单位成本主要集中在左上角至右下角的斜线上，这表示产品产量与产品单位成本之间存在负相关关系。

2. 相关图

相关图也称相关散点图或散点图。相关图是将相关表中的观测数据在平面直角坐标系中用点描绘出来，用以表明相关点分布状况的图形，具体绘制方法如下：在平面直角坐标系中，以横轴表示自变量 x，以纵轴表示因变量 y，将相关表中对应的观察值在平面直角坐标系中一一标出坐标点（又称相关点或散点），由所有相关点组成的图形就是相关图。根据表 8-4 中的数据可以绘制相关图，如图 8-1 所示。

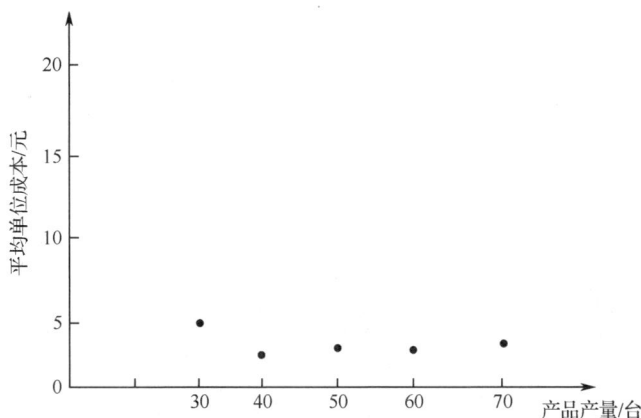

图 8-1 产品产量

由图 8-1 可以看出，产品产量数值小，其对应的产品平均单位成本数值大；产品产量数值大，其对应的产品平均单位成本数值小；近似地表现为直线的下降趋势。由此可以初步判断产品产量与产品单位成本之间存在直线负相关关系。

由以上分析可以看出，相关表和相关图均具有粗略观察现象之间相关关系的功能。相关图与相关表相比，还有观察相关形态的作用，但相关图应以相关表提供的资料为依据。

3. 相关系数

1）相关系数的范围及判定标准

线性相关关系的密切程度是通过相关系数来测量的。相关系数是在直线相关的条件下说明两个现象之间相关关系密切程度的统计分析指标，通常用 r 表示。

相关系数的取值范围为 $-1 \sim 1$，即 $-1 \leqslant r \leqslant 1$ 或 $|r| \leqslant 1$。$|r|$ 越接近 1，表明相关的密切程度越高；$|r|$ 越接近 0，表明相关的密切程度越低。r 的符号表示相关的方向，r 为正，表示正相关关系；r 为负，表示负相关关系。

（1）当 $|r|=1$ 时，表示变量之间是完全的线性相关关系。其中，$r=1$ 表示完全正相关；$r=-1$ 表示完全负相关。

（2）当 $r=0$ 时，表示变量之间完全无线性相关关系，但并不表示变量之间不存在其他非线性的相关关系。

（3）当 $r<1$ 时，表示变量之间是不完全相关关系。其中，$0<r<1$ 表示变量之间是不完全正相关；$-1<r<0$ 表示变量之间是不完全负相关。

在实际分析时，判断两个变量之间线性相关密切程度通常采用表 8-5 所示的标准。

表 8-5　相关密切程度判断标准

相关系数的绝对值 $|r|$	相关密切程度等级
$0<|r|<0.3$	微弱相关
$0.3 \leqslant |r|<0.5$	低度相关
$0.5 \leqslant |r|<0.8$	显著相关
$0.8 \leqslant |r|<1$	高度相关

注意：应用上述标准进行判断时，要求计算相关系数的原始资料比较多。

2）相关系数的计算

根据相关系数的定义，可按以下公式计算：

$$r = \frac{\sigma_{xy}^2}{\sigma_x \sigma_y} = \frac{\dfrac{1}{n}\sum(x-\overline{x})(y-\overline{y})}{\sqrt{\dfrac{1}{n}\Sigma(x-\overline{x})^2}\sqrt{\dfrac{1}{n}\Sigma(y-\overline{y})^2}} = \frac{\sum(x-\overline{x})(y-\overline{y})}{\sqrt{\sum(x-\overline{x})^2}\sqrt{\sum(y-\overline{y})^2}}$$

式中，n 为资料项数；$\overline{x}$ 为 x 变量数列的算术平均数；$\overline{y}$ 为 y 变量数列的算术平均数；σ_x 为 x 变量数列的标准差；σ_y 为 y 变量数列的标准差；σ_{xy} 为 x,y 两个变量数列的协方差。

子项为变量 x 的离差与变量 y 的离差的乘积的均数（又称协方差）；母项为变量 x 的标准差与变量 y 的标准差的乘积。

利用定义公式计算相关系数不仅运算量大、过程烦琐，而且变量的平均数常常是除不尽的小数，因而其计算结果往往缺乏准确性。在实践中多采用由定义公式推导出的简捷公式计算相关系数。简捷计算公式为

$$r = \frac{n\sum xy - \sum x \sum y}{\sqrt{n\sum x^2 - (\sum x)^2} \cdot \sqrt{n\sum y^2 - (\sum y)^2}}$$

式中，n 为变量项数。

按照简捷计算公式计算相关系数，只需计算出 xy, x^2, y^2 就可以了，大大简化了运算过程。通常通过列表的方式计算 xy, x^2, y^2。下面举例说明 r 的计算方法。

已知某企业产品产量和单位成本有关资料如表 8-6 所示，通过表 8-6 来说明计算相关系数的方法。具体计算过程如表 8-7 所示。

表 8-6 某企业产品产量和单位成本有关资料

月 份	产品产量 x/千件	单位成本 y/元
1	4	77
2	5	76
3	6	75
4	5	77
5	6	73
6	7	72

表 8-7 相关系数简化计算表

月 份	产量 x/千件	单位成本 y/元	x^2	y^2	xy
1	4	77	16	5929	308
2	5	76	25	5776	380
3	6	75	36	5625	450
4	5	77	25	5929	385
5	6	73	36	5329	438
6	7	72	49	5184	511
合计	33	450	187	33772	2472

将表 8-7 中的数值代入公式，得

$$r = \frac{n\sum xy - \sum x \sum y}{\sqrt{n\sum x^2 - (\sum x)^2} \cdot \sqrt{n\sum y^2 - (\sum y)^2}}$$

$$= \frac{6 \times 2472 - 33 \times 450}{\sqrt{6 \times 187 - 33^2} \cdot \sqrt{6 \times 33772 - 450^2}} = -0.9091$$

根据相关密切程度判断标准，由上例中相关系数的计算结果 $r = -0.9091$ 可知，产品产量（千件）与单位产品成本（元）之间存在高度的负相关关系。

8.2 回归分析

8.2.1 一元线性回归分析

1. 一元线性回归模型

一元线性回归模型又称简单回归模型，是用来描述因变量 y 依赖于自变量 x 和误差项 ε 的方程。一元线性回归模型可表示为

$$y=\alpha+\beta x+\varepsilon$$

在一元线性回归模型中，y 是 x 的线性函数（$\alpha+\beta x$ 部分）加上误差项 ε。$\alpha+\beta x$ 反映了由于 x 的变化而引起的 y 的线性变化；ε 被称为随机误差项，反映了除 x 和 y 之间的线性关系外的其他因素对 y 的影响，是不能由 x 和 y 之间的线性关系所解释的变异性。通常，假定误差项 ε 是一个服从正态分布的随机变量，且相互独立，即 $\varepsilon \sim N(0,\sigma^2)$。对于所有的 x 值，ε 的均值均为零，方差 σ^2 都相同。式中的 α 和 β 称为模型的参数。

由于 ε 的均值均为零，故一元线性回归模型还可以表现为如下形式：

$$E(y)=\alpha+\beta x$$

该方程也称一元线性回归方程，在图形上表示为一条截距为 α、斜率为 β 的直线，这条直线称为一元线性回归直线。斜率 β 表示 x 每变动一个单位时 y 的均值的变化，即当 x 每增加一个单位时，y 平均变化 β 个单位。回归分析的主要任务之一就是对参数 α 和 β 进行估计。

一元线性回归模型应具备以下 3 个条件。

（1）两个变量之间确实存在显著的相关关系。如果相关关系不显著或没有相关关系，则配合的回归模型就没有意义。

（2）两个变量之间确实存在直线相关关系。表现在相关图中，相关点的分布大致呈直线形，才能配合一元回归直线模型。

（3）必须具备一定数量的变量观测值。若观测值太少，受随机因素的影响较大，则不易观察出现象变动的规律性。

> **知识链接**
>
> **相关分析与回归分析的联系与区别**
>
> "回归"一词是英国生物学家、统计学家高尔顿于 1877 年首次作为统计概念加以使用的。高尔顿创用的"回归"这个名词以后为许多生物学家和统计学家所沿用，现已成为统计上研究现象之间相互关系的通用语，用来泛指变量之间的数量关系。
>
> 就一般意义而言，相关分析包括回归与相关两方面的内容，因为回归与相关都是研究变量之间相互关系的分析方法。但就具体方法所解决的问题而言，相关分析与回

归分析是有明显的差别的。相关分析中的相关系数可以从数量上说明在直线相关的条件下，变量之间相关的方向和相关的密切程度，但不能说明一个变量发生一定数量的变化时，另一变量相应地发生多少变动。为解决这一问题，必须采用回归分析法。

2. 一元线性回归方程参数估计

一元线性回归方程又称简单直线回归方程，其基本形式为 $y=a+bx$。

运用最小二乘法进行估计，便得到如下求 a,b 的计算公式：

$$b = \frac{n\sum xy - \sum x\sum y}{n\sum x^2 - (\sum x)^2}$$

$$a = \bar{y} - b\bar{x}$$

下面以表 8-6 中的资料来介绍简单直线回归方程的步骤。

第一步，求解 a,b 两个参数。将表 8-7 中的相应数据代入求 a,b 的计算公式中：

$$b = \frac{n\sum x - \sum x\sum y}{n\sum x^2 - (\sum x)^2} = \frac{6\times 2472 - 33\times 450}{6\times 187 - 33^2} = -1.82$$

$$a = \bar{y} - b\bar{x} = 75 + 1.82\times 5.5 = 85.01$$

第二步，将求得的 a,b 两个参数的具体数值代入直线回归方程，则得 $y=85.01-1.82x$。

这个方程就是表明某企业产品产量变动，影响产品单位成本变动的简单直线回归方程。式中，$a=85.01$（元）是产品单位成本的起点值，在相关图上表现为 y 轴上 85.01（元）处的一个点；$b=-1.82$（元）是回归系数，表示产量每增加 1 千件单位成本平均下降 1.82 元。

第三步，依据直线回归方程可以给出一个自变量，来估计和预测因变量的平均可能值。例如，此例中产量为 8 千件时，产品单位成本的估计值为 $y=85.01-1.82\times 8=70.45$（元）。

在此再次说明，对上面所求的直线回归方程，只能给出自变量 x 的值去推算因变量 y 的值，而不能由 y 的已知值去推算 x 的值。

回归分析的目的就是要通过直线回归方程在所有的相关点中，配合一条直线来代表两个变量的一般关系值及其变动趋势，这条直线称为回归直线。其意思是把分散的每对变量值的相关点都回归到这条直线上来，因此，回归直线是理论直线而不是实际直线。

3. 一元线性回归模型的评价

拟合优度是指估计出的样本回归方程（样本回归直线）对样本观测值数据拟合的优劣程度，即样本观测值聚集在样本回归线周围的紧密程度。

1）可决系数

最常用的拟合优度评价指标是可决系数 R^2，又称判定系数，它是建立在对因变量 y 总离差平方和进行分解的基础上的。

在直线回归中，观测值 y 的取值大小是上下波动的，但这种波动总是围绕其均值在一定范围内。统计上将 y 取值的这种波动现象称为变差，变差的产生是由如下两个原因引起的：

① 受自变量变动的影响。

② 随机因素的影响。

为了分析这两个方面的影响，需要对总的变差进行分解。

$$\sum_{i=1}^{n}(\overline{y_i}-\overline{y})^2 = \sum_{i=1}^{n}(\hat{y}_i-\overline{y})^2 + \sum_{i=1}^{n}(y_i-\hat{y}_i)^2$$

式中，因变量 y 的样本观测值与其平均值的离差平方和 $\sum_{i=1}^{n}(y_i-\overline{y})^2$ 称为总离差平方和（Total Sum of Squares，SST）；因变量 y 的样本估计值与其平均值的离差平方和 $\sum_{i=1}^{n}(\hat{y}_i-\overline{y})^2$ 称为可解释平方和（Residual Sum of Squares，SSR），又称回归平方和，是由回归直线做出解释的离差平方和；因变量 y 的样本观测值与估计值之差的平方和 $\sum_{i=1}^{n}(y_i-\hat{y}_i)^2$ 称为残差平方和（Explained Sum of Squares，SSE），是回归直线未做出解释的离差平方和。可以证明，SST=SSR+SSE。

显然，在总的离差平方和中，可解释平方和所占的比重越大，则回归效果越好，说明回归直线与样本观测值拟合得好；如果残差平方和所占的比重大，则回归直线与样本观测值拟合得不理想。把可解释平方和与总离差平方和之比定义为可决系数（判决系数）R^2，其计算公式为

$$R^2 = \frac{\text{SSR}}{\text{SST}} = \frac{\sum_{i=1}^{n}(\hat{y}_i-\overline{y})^2}{\sum_{i=1}^{n}(y_i-\overline{y})^2}$$

可决系数是对回归模型拟合程度的综合度量，可决系数越大，回归模型拟合程度越高。R^2 表示全部偏差中有百分之几的偏差可由 x 与 y 的回归关系来解释。可决系数具有非负性，取值范围为 $0\sim1$，即 $0\leqslant R^2\leqslant1$，R^2 越接近 1，说明回归方程对样本观测值的拟合效果越好；反之，则越差。在一元线性回归中，可决系数在数值上是简单相关系数的平方，即 $R^2=r^2$。

2）估计标准误差

估计标准误差又称估计标准差，也是用来反映估计出的回归方程对实际样本观测值拟合优度的指标。估计标准误差越大，说明估计的回归方程的拟合度越差。

（1）估计标准误差的计算方法。估计标准误差是因变量的实际值与估计值的残差的平均数，其计算公式为

$$S_e = \sqrt{\frac{\sum_{i=1}^{n}(y_i-\hat{y}_i)^2}{n-2}} = \sqrt{\frac{\text{SSE}}{n-2}} = \sqrt{\frac{\sum_{i=1}^{n}e_i^2}{n-2}}$$

式中，S_e 表示估计标准误差；SSR 是残差平方和；e_i 是估计残差；$n-2$ 是自由度；n 是样本观测值个数；2 是一元线性回归中要估计的回归个数。除以自由度 $n-2$ 的原因是想得到对随机误差项 ε 的标准差 σ 的无偏估计。回归估计标准误差 S_e 不仅可以衡量样本回归方差的拟合效果，更是回归预测必须了解的一个指标。S_e 越小，平均来看回归估计的误

差就越小。对预测来说，只要影响变量的因素没有重大变化，S_e 越小，预测误差通常也会越小。

（2）估计标准误差与相关系数的关系。根据相关系数和估计标准误差的计算公式可以推导出二者之间的如下关系式：

$$r = \sqrt{1 - \frac{s_y^2}{\sigma_y^2}}$$

$$S_e = \sigma_y \sqrt{1 - r^2}$$

式中，r 为相关系数；σ_y 为因变量的标准差；S_e 为估计标准误差。

由此可以看出，r 与 S_e 的变化方向相反，r 越大，S_e 就越小，表明变量之间的相关关系越密切，估计的回归方程拟合优度就越高；r 越小，S_e 就越大，表明变量之间的相关关系越不密切，估计的回归方程对样本观测值的拟合优度就越低。

4. 一元线性回归模型的显著性检验

回归系数的显著性检验，就是根据样本估计的结果对总体回归系数的有关假设进行检验。在一元线性回归模型中，主要是检验模型系数理论值 α 和 b 是否显著地为 0。若 a 为 0，则意味着模型的截距项可舍去，构造无截距模型；若 b 等于 0，则意味着方程中的自变量对于回归模型的影响是不显著的。

为了进行显著性检验，首先有必要了解 α 和 b 的概率分布，因为 a 和 b 均为线性估计量，而且是因变量 y 的线性估计量，而 y 是服从正态分布的变量，所以，α 和 b 也服从正态分布，且

$$a \sim N\left\{\alpha,\ \sigma^2\left[\frac{1}{n} + \frac{\bar{x}^2}{(x - \bar{x})^2}\right]\right\}$$

$$b \sim N\left[\beta, \frac{\sigma^2}{\sum(x - \bar{x})^2}\right]$$

一般情况下，总体方差是未知的，通常用其无偏估计量 σ^2 代替。当样本为小样本时，回归参数估计值的标准化变换值服从 t 分布，即

$$t_a = \frac{a - \alpha}{S_a} = \frac{a - \alpha}{\sigma^2\left[\dfrac{1}{n} + \dfrac{\bar{x}^2}{(x - \bar{x})^2}\right]} \sim t(n-2)$$

$$t_b = \frac{b - \beta}{S_b} = \frac{b - \beta}{\sqrt{\sum(x - \bar{x})^2}} = \frac{b - \beta}{\sigma}\left[\sqrt{\sum(x - \bar{x})^2}\right] \sim t(n-2)$$

式中，S_a 代表 a 的标准差的估计值；S_b 代表 b 的标准差的估计值；n 为样本容量，$n-2$ 为自由度。

因此，可以利用 t 检验对回归参数进行显著性检验。a 和 b 的检验方法是相同的，但 b 的检验更为重要，因为它表明自变量对因变量线性影响的程度。

下面以回归系数 b 的检验为例，介绍检验的步骤。

（1）提出假设：$H_0 : b=0$，$H_1 : b \neq 0$。

（2）计算检验统计量的值：$t_b = \dfrac{b}{\hat{\sigma}} \left[\sqrt{\sum (x - \bar{x})^2} \right]$。

（3）根据显著性水平和自由度查 t 分布表，确定临界值。

（4）比较检验统计量与临界值的大小，若 $|t_b| > t_{a/2}$，则拒绝 H_0，认为回归系数对方程的影响是显著的；否则，说明该参数显著为 0，该自变量对模型的影响不显著，应该考虑更换该变量。

8.2.2　多元线性回归分析

1. 多元线性回归模型

描述因变量 y 依赖于自变量 $x_1, x_2, \cdots, x_p$ 和误差项 ε 的方程，称为多元回归线性模型。

多元线性回归模型可表示为

$$y = \beta_0 + \beta_1 x_1 + \beta_2 x_2 + \cdots + \beta_p x_p + \varepsilon$$

式中，$\beta_0, \beta_1, \beta_2, \cdots, \beta_p$ 是 $p+1$ 个未知参数，称为回归系数；$x_1, x_2, \cdots, x_p$ 是 p 个解释变量；ε 是随机误差项，表示除了 p 个解释变量外的其他因素对因变量 y 的影响。与一元线性回归模型一样，通常假定误差项 ε 是一个均值均为零、方差 σ^2 都相同、相互独立且服从正态分布的随机变量。

多元线性回归模型还可以表现为如下均值的形式：

$$E_{(Y)} = \beta_0 + \beta_1 x_1 + \beta_2 x_2 + \cdots + \beta_p x_p$$

该式也称多元线性回归方程，$\beta_0, \beta_1, \beta_2, \cdots, \beta_p$ 称为偏回归系数。β_i 表示假定其他变量不变，当 x_i 每变动一个单位时，因变量 y 的平均变动值。

2. 多元线性回归模型的参数估计

多元线性回归方程中未知参数 $\beta_0, \beta_1, \beta_2, \cdots, \beta_p$ 的估计与一元线性回归方程的参数估计原理一样，均采用最小二乘法，即使得估计值 $\hat{y}$ 与观测值 y 之间的残差平方和达到最小。

估计的多元线性回归方程可表示为

$$\hat{y} = \hat{\beta}_0 + \hat{\beta}_1 x_1 + \hat{\beta}_2 x_2 + \cdots + \hat{\beta}_p x_p$$

式中，$\hat{y}$ 表示对 y 的期望值（均值）$E(y)$ 的回归估计值或拟合值；$\hat{\beta}_0, \hat{\beta}_1, \hat{\beta}_2, \cdots, \hat{\beta}_p$ 是对多元线性回归模型中 $p+1$ 个参数的估计。最小二乘法要求 $\sum_{i=1}^{n}(y_i - \hat{y}_i)^2 = \sum_{i-1}^{n}(y_i - \hat{\beta}_0 + \hat{\beta}_1 x_{1i} + \hat{\beta}_2 x_{2i} + \cdots + \hat{\beta}_p x_{pi})^2 = \sum_{i=1}^{n} e_i^2$ 为最小值，由多元函数求极值的方法求出 $\beta_0, \beta_1, \beta_2, \cdots, \beta_p$ 的估计值。

3. 多元线性回归模型的评价

1）拟合优度检验

在多元线性回归分析中，总离差平方和的分解公式［总偏差（SST）=回归偏差（SST）+剩余偏差（SSE）］依然成立。可以用判定系数来评价多元线性回归模型的拟合优度，即

$$R^2 = \frac{SSR}{SST} = \frac{\sum (\hat{y}_i - \overline{y})^2}{\sum (y_i - \overline{y})^2}$$

由判定系数的定义可知，R 的大小取决于残差平方和（SSE）在总离差平方和（SST）中的比重。在样本量一定的条件下，总离差平方和与自变量的个数无关，而残差平方和则会随着方程中自变量个数的增加而减小。因此，R 是关于自变量个数的非递减函数。在一元线性回归方程中，由于所有方程中所包含的变量个数都相同，所以，判定系数便可以直接作为评价一元线性回归方程拟合程度的标准。而在多元线性回归方程中，各回归方程中所包含的变量个数未必相同，以 R 的大小来衡量拟合优度是不合适的。因此，在多元线性回归分析中，通常采用"修正自由度判定系数"来判定多元回归方程的拟合优度：

$$R_{修}^2 = 1 - (1 - R^2) \times \frac{n-1}{n-p-1}$$

式中，p 是解释变量的个数；n 为样本容量。可以看出，对于给定的 R^2 和 n，值越大则 $R_{修}^2$ 越小。在进行回归分析时，一般总是希望以尽可能少的自变量去达到尽可能高的拟合程度。$R_{修}^2$ 作为综合评价这方面情况的一个指标显然比 R^2 更为合适。但要注意，当 n 为小样本且解释变量数很大时，$R_{修}^2$ 为负。

同样，可以导出多元线性回归的估计标准误差的计算公式：

$$S_{y(x_1, x_2, \cdots, x_p)} = \sqrt{\frac{(y_i - \hat{y})^2}{n-p-1}}$$

式中，$n-p-1$ 是自由度，因为 p 元回归模型有 $p+1$ 个参数，求解该回归方程时将失去 $p+1$ 个自由度。估计标准误差也是一个反映多元线性回归模型拟合度好坏的指标，不过它的值越小越好。

2）多元线性回归模型的显著性检验

多元线性回归模型的显著性检验包括两个方面：一是对各回归系数的显著性检验（t 检验），二是对整个回归方程的显著性检验（F 检验）。

（1）回归系数的显著性检验。首先，提出假设。$H_0: b_i = 0$；$H_1: b_i \neq 0 (i = 1, 2, \cdots, p)$。

然后，计算检验统计量，公式为 $t_{b_i} = \dfrac{\hat{b}_i}{S_{b_i}}$，其中，$S_{b_i}$ 是回归系数 b_i 的标准误差，t 值应该有 p 个。

再次，按给定的显著性水平 α 和自由度 $n-p-1$，查 t 分布表确定临界值 $t_{\alpha/2}(n-p-1)$。

最后，比较检验统计量与临界值的大小并做出判断，若 $|t_{b_i}| > t_{\alpha/2}$，则拒绝原假设，即

回归系数 $b\neq 0$。通过偏回归系数检验，逐一认定或剔除与之相联系的自变量，使多元回归方程具有实际的应用价值。

（2）整个回归方程的显著性检验。多元线性回归模型包含多个回归系数，因此，对于多元回归模型，除了要对单个回归系数进行显著性检验，还要对整个回归模型进行显著性检验。由离差平方和的分解公式可知，回归模型的总离差平方和等于回归平方和与残差平方和之和。回归模型总体方程的线性关系是否显著，其实质就是判断回归平方和与残差平方和的比值的大小问题。由于回归平方和与残差平方和的数值会随观测值的样本容量和自变量个数的不同而发生变化，因此，不宜直接比较，需要在方差分析的基础上利用 F 检验进行比较。具体步骤如下：

① 提出假设：$H_0: b_i = 0(i=1,2,\cdots,p)$。

② 构建 F 统计量，如表 8-8 所示。

表 8-8　F 检验统计量的构建

方差来源	平方和	自由度	F 值	临界值
回归	SSR	p	$F=\dfrac{\text{SSR}/p}{\text{SSE}/(n-p-1)}$	$F_\alpha(p,n-p-1)$
残差	SSE	$n-p-1$		
总计	SST	$n-1$		

③ 根据给定的显著性水平和自由度查 F 分布表来确定临界值 $F_\alpha(p,n-p-1)$。

④ 比较大小，做出判断。若 $F>F_\alpha(p,n-p-1)$，则拒绝原假设，说明总体回归系数 b_i 不全为 0，即回归方程是显著的；反之，则认为回归方程不显著。

8.3　Excel 在相关分析与回归分析中的应用

8.3.1　Excel 在相关分析中的应用

将相关数据输入 Excel 中，如图 8-2 所示，对产量和总成本用 Excel 进行相关分析。

	A	B	C	D
1	月份	产量	总成本（元）	
2	1	10	250	
3	2	11	275	
4	3	12	300	
5	4	13	326	
6	5	14	350	
7	6	15	375	
8	7	16	400	
9	8	17	425	
10	9	18	450	
11	合计	126	3151	
12				

图 8-2　产量和总成本数据

1. 利用函数计算相关系数

在 Excel 中提供了两个计算变量之间相关系数的函数——CORREL 函数和 PERSON 函数，这两个函数是等价的，这里只介绍前者。

操作步骤如下：

Step 1 单击任意一个空白单元格，在"公式"选项卡中单击"插入函数"按钮，弹出"插入函数"对话框，在"或选择类别（C）"下拉列表框中选择"统计"选项，在"选择函数"列表框中选择"CORREL"选项，如图 8-3 所示。

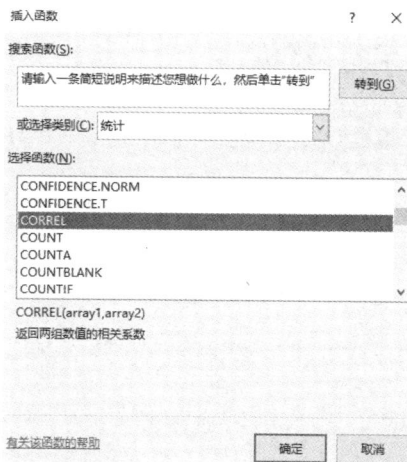

图 8-3 "插入函数"对话框

Step 2 单击"确定"按钮，弹出"函数参数"对话框，在"Array1"文本框中输入"B2:B10"；在"Array2"文本框中输入"C2:C10"，即可在对话框下方显示出计算结果为 0.999988355，如图 8-4 所示。

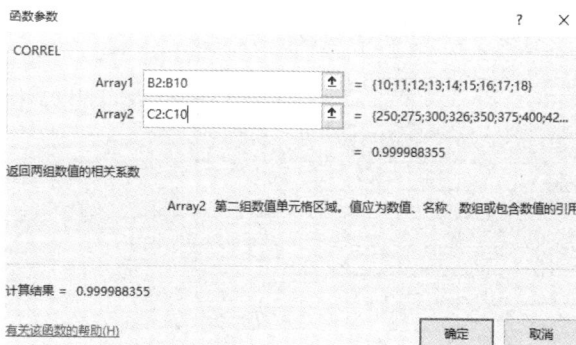

图 8-4 "函数参数"对话框及输出结果

2. 用相关分析工具计算相关系数

Step 1 在"数据"选项卡中单击"数据分析"按钮，弹出"数据分析"对话框，在"分析工具（A）"列表框中选择"相关系数"选项，如图 8-5 所示。

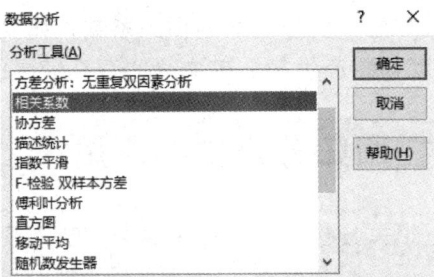

图 8-5 "数据分析"对话框

Step 2 单击"确定"按钮，弹出"相关系数"对话框，在"输入区域（I）"文本框中输入"$B$2:$C$10"，"分组方式"选择"逐列（C）"，取消选中"标志位于第一行（L）"复选框，在"输出区域（D）"文本框中任意选择一个单元格（如$B$16），如图 8-6所示。

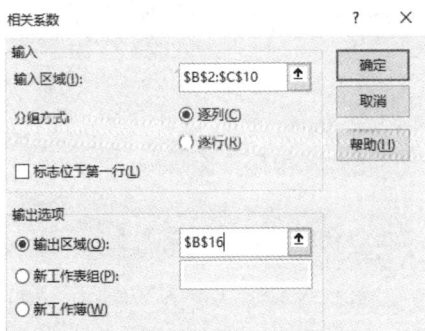

图 8-6 "相关系数"对话框

Step 3 单击"确定"按钮，得到输出结果，如图 8-7 所示。

	A	B	C	D	E
1	月份	产量	总成本（元）		
2	1	10	250		
3	2	11	275		
4	3	12	300		
5	4	13	326		
6	5	14	350		
7	6	15	375		
8	7	16	400		
9	8	17	425		
10	9	18	450		
11	合计	126	3151		
12					
13					
14					
15					
16			列1	列2	
17		列1	1		
18		列2	0.999988355	1	
19					
20					
21					

图 8-7 "相关分析"输出结果

以系数矩阵的形式计算出两个变量之间的相关系数，如变量产量与总成本之间的相关系数为 0.996874893，可以判断产量与总成本之间存在较高的正线性相关关系。

8.3.2 Excel 在回归分析中的应用

前面讲了用 Excel 进行相关分析，用 Excel 也可以进行变量之间的回归分析，还是用前面的例子对产量和成本进行回归分析。进行回归分析时也有函数法、回归分析宏和添加趋势线法等多种形式，Excel 中提供了几种函数用于建立回归模型和进行预测，但用函数进行回归分析比较麻烦，这里介绍用回归分析宏和添加趋势线法进行变量之间的回归分析。利用回归分析"宏"进行回归分析的步骤如下：

Step 1 将有关数据输入 Excel 中，如前所述。

Step 2 单击"工具"选项卡中的"数据分析"按钮，弹出"数据分析"对话框，在"分析工具（A）"列表框中选择"回归"选项，如图 8-8 所示。

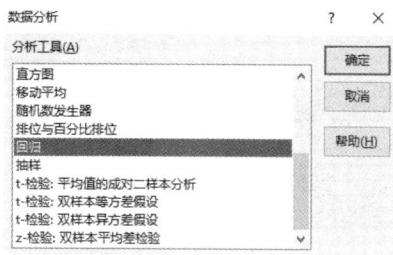

图 8-8 "数据分析"对话框

Step 3 单击"确定"按钮，弹出"回归"对话框，在"Y 值输入区域（Y）"文本框中输入"$C$2:$C$10"；在"X 值输入区域（X）"文本框中输入"$B$2:$B$10"，在"输出选项"选项组中选择"新工作表组（P）"单选按钮，如图 8-9 所示。

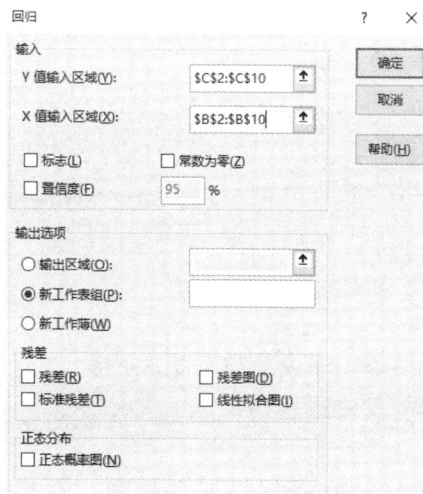

图 8-9 "回归"对话框

Step 4 单击"确定"按钮，得到回归分析结果，如图 8-10 所示。

由分析结果可以看出，用 Excel 模拟出来的结果与前面的计算结果一致。

在上面的输出结果中，第一部分为汇总统计，"Multiple"是指复相关系数，"R Square"是指判定系数，"Adjusted"是指调整的判定系数，"标准误差"是指估计标准误差，"观测值"是指样本容量。第二部分为方差分析，"df"是指自由度，"SS"是指平方和，"MS"是指均方，"F"是指 F 统计量，"Significance F"是指 p 值。第三部分中"Intercept"是指截距，"Coefficients"是指系数，"t Stat"是指 t 统计量。

	A	B	C	D	E	F	G	H	I
1	SUMMARY OUTPUT								
2									
3		回归统计							
4	Multiple	0.999988355							
5	R Square	0.99997671							
6	Adjusted	0.999973383							
7	标准误差	0.352991749							
8	观测值	9							
9									
10	方差分析								
11		df	SS	MS	F	Significance F			
12	回归分析	1	37450.01667	37450.0167	300554.2739	1.77424E-17			
13	残差	7	0.872222222	0.12460317					
14	总计	8	37450.88889						
15									
16		Coefficients	标准误差	t Stat	P-value	Lower 95%	Upper 95%	下限 95.0%	上限 95.0%
17	Intercept	0.344444444	0.648754063	0.53093223	0.611887893	-1.189615146	1.878504035	-1.189615146	1.878504035
18	X Variabl	24.98333333	0.045571039	540.238205	1.77424E-17	24.87557495	25.09109172	24.87557495	25.09109172
19									
20									
21									

图 8-10　回归分析结果

拓展实训

【实训目标】

通过实训，使学生初步了解相关分析与回归分析的相关知识，能够熟练运用 Excel 进行相关分析与回归分析。

【实训内容】

了解并掌握一元线性与多元线性回归分析，能够利用函数计算相关系数。

【实训步骤】

（1）以 2～3 人为单位组成 1 个团队，设负责人 1 名，负责整个团队的分工协作。

（2）团队成员通过分工协作，多渠道搜集相关资料。

（3）团队成员对搜集的材料进行整理，总结并分析如何利用相关分析与回归分析做统计工作。

（4）各团队将总结制作成表格，派 1 人作为代表上台演讲，阐述自己团队的成果。

（5）教师对各团队的成果进行总结评价，指出不足与改进措施。

【实训要求】

（1）考虑到课堂时间有限，实训可采取"课外+课内"的方式进行，即团队组成、分工、讨论和方案形成在课外完成，成果展示安排在课内。

（2）每个团队方案展示时间为10分钟左右，老师和学生的提问时间为5分钟左右。

复习思考题

1. 相关关系与函数关系的区别与联系是什么？
2. 相关分析的概念是什么？
3. 相关关系的划分标准有哪些？
4. 整个回归方程的显著性检验是怎样的？

第9章
统计预测与决策

统计预测不仅可以用于统计工作中，还可以用于人类活动各个领域中的实质性预测。例如，用于预测经济的未来，就是经济预测；用于预测人类社会的未来，就是社会预测，等等。从统计预测的分析中可知，对经济现象和经济活动采取不同的预测方法，可以获得不同的预测方案。对于预测者来说，其预测目的就是要从各种预测方案中选择最优方案。为此，就需要进行决策。决策就是为了实现特定的目标，根据客观的可能性，在占有一定信息和经验的基础上，借助一定的工具、技巧和方法，对影响目标实现的诸多因素进行准确计算和判断选优后，对未来行动做出决定。

➜ **教学目标**

本章教学目标		
1	知识目标	● 了解统计预测的概念 ● 明确统计预测的方法 ● 理解统计决策的概念 ● 掌握单目标决策方法和多目标决策方法
2	能力目标	● 能运用统计决策与预测相关方法进行一般经济统计现象的分析、预测与决策
3	素质目标	● 培养学生的开拓创新、团结协作精神，使学生树立正确的世界观、价值观、人生观

9.1 统计预测

9.1.1 统计预测概述

1. 统计预测的概念

预测就是根据过去和现在估计未来、预测未来。统计预测属于预测方法研究范畴，即如何用科学的统计方法对事物的未来发展进行定量推测，并计算概率置信区间。在这种推测中，不仅有数学计算，而且有直觉判断。统计预测的方法论性质与统计学的方法论性质是一致的。

统计预测方法是一种具有通用性的方法。实际资料是预测的依据，经济理论是预测的基础，数学模型是预测的手段，它们共同构成统计预测的 3 个要素。

> **知识链接**
>
> **统计预测与实质性预测之间的联系与区别**
>
> 明确统计预测和各种实质性预测之间的联系和区别是十分重要的。下面以统计预测和经济预测为例，说明两者的联系和区别。
>
> 两者的主要联系体现在以下 3 个方面：
>
> （1）它们都以经济现象的数值作为其研究的对象。
>
> （2）它们都直接或间接地为宏观和微观的市场预测、管理决策、制定政策和检查政策等提供信息。
>
> （3）统计预测为经济定量预测提供所需的统计方法论。实践证明，如果没有科学的统计预测方法，经济定量预测就难以取得迅速的发展和较准确的结果。同时，统计预测也对经济预测结果的准确性进行研究，以便使预测方法得到不断完善。
>
> 两者的主要区别体现在以下两个方面：
>
> （1）从研究的角度来看，统计预测和经济预测都以经济现象的数值作为其研究对象，但着眼点不同。前者属于方法论研究，其研究的结果表现为预测方法的完善程度；后者则是对实际经济现象进行预测，是一种实质性预测，其结果表现为对某种经济现象的未来发展做出判断。
>
> （2）从研究的领域来看，经济预测是研究经济领域的问题，统计预测则被广泛地应用于人类活动的各个领域。

2. 统计预测的基本类型

1）按预测对象范围的不同，可分为宏观预测和微观预测

宏观预测是指对整个国家或一个地区、一个部门技术经济发展前景的预测，以整个社会经济发展作为考察对象，研究社会经济发展中各项有关指标的发展水平、发展速度、

增长速度以及相互间结构、比例和影响的关系。例如,国民经济发展速度预测、某地物价总水平预测等。微观预测是指对企业等基层单位小范围发展前景所做的预测。例如,某商店销售利润额预测等。

2)按预测方法属性的不同,可分为定性预测和定量预测

定性预测是指通过调查研究的方式进行的一种直观预测。该预测主要用于对预测对象的发展方向和程度做出判断,而非推算具体数值。例如,投资方向预测、消费者需求倾向预测等。定量预测是指对预测对象未来发展规模,以及水平、速度等数量方面做出的预测。例如,某地区国民支出预测、某商品销售量预测等。

3)按预测时期长短不同,可分为短期预测、中期预测和长期预测

短期预测是指对预测对象未来 1~2 年的预测;中期预测是指对预测对象未来 3~5 年的预测;长期预测是指对预测对象未来 5 年以上的预测。需要说明的是,按预测时期的长短所做的划分只是相对的,不能一概而论。

3. 统计预测的作用

统计预测作为一种科学的认识方法,有着极其重要的作用。首先,统计预测使统计的认识与服务功能得到更充分的体现。开展统计预测,使得统计工作从单纯地对历史资料的描述这一传统领域扩展到了面向未来的统计推断领域,大大提高了统计的认识能力。把统计工作做在事前,充分利用各种数据和信息及预测结果,使统计的服务功能得到进一步的发挥,丰富了统计工作的内涵。其次,统计预测可为编制计划和管理决策提供科学的依据。从宏观角度上讲,只有建立在科学的统计预测基础上的社会发展计划和宏观调控,才能有效地根据我们的目标来解决供求、地区等方面的矛盾,使得整个国民经济处于良性循环的发展状态;从微观角度上讲,只有掌握准确的市场信息并做出科学的推测,才能制订合理的生产计划,提高经营效益,使企业处于良性循环状态,在激烈的市场竞争中得以生存和发展。

4. 统计预测的原则

在统计预测中的定量预测要使用模型外推法。使用模型外推法要遵循以下两条重要原则:

1)连贯原则

所谓连贯原则,是指事物的发展是按一定规律进行的,在其发展过程中,这种规律贯彻始终,不应受到破坏,它的未来发展与其过去和现在的发展没有什么根本不同。

2)类推原则

所谓类推原则,是指事物必须有某种结构,其升降起伏变动不是杂乱无章的,而是有章可循的。事物变动的这种结构性可用数学方法加以模拟,根据所测定的模型,类比现在,预测未来。

由以上两条原则可知,统计资料的稳定结构是应用统计预测的必要条件。在准备使用统计方法进行预测时,必须对所占有的大量统计资料进行认真审核,查明有无可用某种模型测定的稳定结构。凡是没有一定结构，或虽有结构但很不稳定，经常出现突然变化的资料，是很难据以进行预测的。

5. 统计预测的步骤

统计预测工作主要分为以下 5 个步骤。

1）确定预测目的

统计预测的目的是整个预测过程的核心，只有预测目的明确，才能有的放矢地收集各种必需的统计资料，选用合适的统计预测方法。确定预测目的包括确定预测的对象、范围、项目、指标、时间和期限等。

2）收集整理资料

在明确预测目标以后，必须根据预测目标的要求，广泛收集大量的、全面的、准确有用的统计资料，然后对资料进行必要的审核、调整、推算等初步分析，找出其变化的规律。在收集资料的过程中，应注意资料的真实性和可靠性；在对资料进行分析时，应排除偶发事件，剔除一些由偶然因素造成的不适用的数据。

3）选择预测方法

选择预测方法主要是指选择适当预测模型和求解模型参数的方法。这主要根据预测对象的特点和预测分析要求来确定。首先，根据预测对象的发展特征确定所使用预测模型；其次，根据掌握资料情况和预测分析要求，选择求解参数的方法。对同一预测目标，应允许同时运用多种预测方法进行预测，以便相互比较、分析和修正，使预测结果更加准确。

4）评价预测结果

对初步预测结果，要进行多方面的评价和检验，才能最终使用。检验与评价预测初步结果，通常有理论检验、资料检验和专家检验。

5）提出预测报告

将最终预测结果编制成文件或报告，以一定的形式对外公布或向有关部门呈报，以提供和发布预测信息，供有关部门和企业在决策时应用或参考。

9.1.2 统计预测的方法

按预测方法的性质，统计预测大致上可分为定性预测法、回归预测法和时间序列预测法 3 种方法。

1. 定性预测法

定性预测法是以逻辑判断为主的预测方法。定性预测法主要是通过预测者所掌握的信息和情报，结合各种因素对事物的发展前景做出判断，并把这种判断定量化。定性预测法普遍适用于对缺乏历史统计资料的事件进行预测，或对趋势转折进行预测，具体方法有德尔菲法、主观概率法、领先指标法、厂长（经理）评判意见法、推销人员估计法、相互影响分析法和情景预测法等。

2. 回归预测法

回归预测法是研究变量与变量之间相互关系的一种数理统计方法，应用回归分析从一个或几个自变量的值去预测因变量的值。回归预测中的因变量和自变量在时间上是并进关系，即因变量的预测值要由并进的自变量的值来旁推。回归预测法不仅考虑了时间因素，而且考虑了变量之间的因果关系。具体方法有一元线性回归预测法、多元线性回归预测法、非线性回归预测法等。

3. 时间序列预测法

时间序列预测法是一种考虑变量随时间发展变化规律并用该变量以往的统计资料建立数学模型做外推的预测方法。由于时间序列预测法所需要的只是序列本身的历史数据，所以，时间序列预测法应用得非常广泛，具体方法有时间序列分解分析法、移动平均法、指数平滑法、趋势外推法、自适应过滤法、平稳时间序列预测法、灰色预测法、状态空间模型和卡尔曼滤波等。

在实际应用中，往往各种预测方法交叉运用，相互渗透，很难做出截然的划分。因此，对上述分类不能绝对化。例如，回归预测法和时间序列预测法的共同特点都是偏重于统计资料，以便建立数学模型进行预测。我们把以数学模型为主的预测方法习惯上称为定量预测法。因此，统计预测方法又可归纳成定性预测法和定量预测法两类。

按预测的时间长短，可分为近期预测、短期预测、中期预测和长期预测。一般来讲，近期预测是指 1 个月以内的预测，短期预测是指 1～3 个月的预测，中期预测是指 3 个月到 2 年的预测，2 年以上的预测称为长期预测。向未来预测的时间越长，预测误差就越大。

按预测是否重复，可分为一次性预测和反复预测。在根据某种预测模型进行外推预测时，有的模型可以一次计算出所需的远近任何时期的预测值，称为一次性预测，例如，回归预测法和时间序列趋势外推预测法等；另外一些模型每次只能预测一期，称为反复预测，如指数平滑法、自适应过滤法等。

9.2 统计决策

9.2.1 统计决策概述

1. 统计决策的基本特征

统计决策具有以下 3 个基本特征。

1）未来性

决策总是面对未来的，已经发生的事和正在发生的事是不需要决策的，决策产生于行动之前。未来是不确定的，因此，决策具有风险性，决策的风险来自未来的不确定性。科学的预测可以减少未来的不确定性。

2）选择性

决策离不开决断，决断离不开比较选择，决策过程存在目标的比较选择和决策方案的比较选择，如果没有比较选择，也就没有决策。

3）实践性

比较选择后得到的最优方案只是思维结果，要付诸实施才能实现决策目标，通过实践，使决策者在认识上产生又一次飞跃。不实施的决策是毫无意义的，其最优决策方案也是毫无价值的。

2. 组成决策系统的基本因素

决策是一项系统工程，组成决策系统的基本因素有 4 个，即决策主体、决策目标、决策对象和决策环境。

1）决策主体

决策是由人做出的，人是决策的主体，决策主体既可以是单个的个人，也可以是一个组织——由决策者所构成的系统。决策者进行决策的客观条件是他必须具有判断、选择和决断能力，承担决策后果的法定责任。

2）决策目标

决策是围绕着目标展开的，决策的开端是确定目标，终端是实现目标。决策目标既体现了决策主体的主观意志，又反映了客观现实，没有决策目标就没有决策。

3）决策对象

决策对象是决策的客体。决策对象涉及的领域十分广泛，可以包括人类活动的各个方面。决策对象具有一个共同点，即人可以对决策对象施加影响。凡是人的行为不能施加影响的事物，不能作为决策对象。

4）决策环境

决策环境是指相对于主体，构成主体存在条件的物质实体或社会文化要素。决策不是在一个孤立的封闭系统中进行的，而是依存于一定的环境，同环境进行物质、能量和信息的交换。决策系统与环境构成一个密不可分的整体，它们之间相互影响、相互制约、息息相关。

统计决策有广义和狭义之分。凡是使用统计方法进行决策的决策方法，称为广义的统计决策。狭义的统计决策是指不确定情况下的决策。

> **📖 知识链接**
>
> **狭义的统计决策需具备的条件**
>
> 在不确定情况下进行决策，需要具备以下 4 个条件：
>
> （1）决策人要求达到的一定目标，如利润最大、损失最小、质量最高等。从不同的目的出发，往往有不同的决策标准。
>
> （2）存在两个或两个以上可供选择的方案。所有的方案构成一个方案的集合。
>
> （3）存在不以决策者主观意志为转移的客观状态，或称为自然状态。所有可能出现的自然状态构成状态空间。
>
> （4）不同情况下采取不同方案所产生的结果是可以计量的。所有的结果构成一个结果空间。

3. 统计决策的作用

预测是决策的基础，决策是根据预测做出的决断。在市场经济条件下，统计决策发挥着巨大的作用。这是因为在充满激烈竞争的市场中，决策者对信息掌握不足，对事物发展导致的结果往往捉摸不透，而决策者面前又有很多行动方案可供采用，这时统计决策可以帮助决策者选择行动方案。

决策的功能可表达为目标→决策→行动→结果，即由目标出发做出决策，由决策指挥行动，由行动产生相应的结果。可见，科学的统计决策起着由目标到达结果的媒介作用，能够避免盲目行动造成的风险。在卫生管理领域，从基础医疗机构的决策到部门卫生决策、地区卫生决策，以致全国性的卫生决策，都需要在统计决策的基础上采用有事实依据的最优行动方案，尽可能减少盲目决定造成的损失。

信息是现代社会的重要资源，是决策的基础。没有信息，就无法进行决策或只能做出盲目的决策。决策信息包括决策系统内外的信息，例如，决策主体需求信息、实现目标可能性信息、决策对象信息及决策环境信息等。决策信息的搜集必须花费一定的费用，包括人力的耗费、财力的耗费乃至决策方案更改的机会成本等，因此，在搜集到一定的信息之后就应立即做出决策，即使仍有很多信息没有搜集全，也应如此。

4. 决策的步骤

一个完整的统计决策过程必须经历以下 4 个步骤。

1）确定决策目标

确定决策目标是决策的重要一步，没有决策目标，也就不存在决策。所谓决策目标，是指在一定的环境和条件下，在预测的基础上所希望达到的结果。确定目标首先要确定问题的特点、范围，其次要分析问题产生的原因，同时还应搜集与确定目标相关的信息，然后确定合理的目标。

合理的决策目标能满足以下要求：

第一，含义准确，便于把握，易于评估。

第二，尽可能将目标数量化，并明确目标的时间约束条件。

第三，目标应有实现的可能性，并富于挑战性。

2）拟订备选方案

目标确定后，接下来的工作就是分析目标实现的可能途径，即拟订备选方案。拟订备选方案必须广泛搜集与决策对象及环境有关的信息，并从多角度预测各种可能达到目标的途径及每一途径的可能后果。

拟订备选方案是一个创新过程。方案拟订应具有创新精神，扩展思路，既要充分发挥经验和知识的作用，又要充分发挥人的想象力和创造力，力图从新的角度、新的视野去看待决策问题，以期拟订新颖的决策方案。

3）方案抉择

方案抉择是指对几种可行备选方案进行评价、比较和选择，形成一个最佳行动方案的过程。在评价分析中，要根据预定的决策目标和所建立的价值标准，确定方案的评价要素、评价标准和评价方法，有时还要做一些敏感性分析。此外，在选择方案时，除备选方案原型外，也可以是某一方案的修正方案或综合几个备选方案而得出新的方案。在条件允许时，评价过程应尽可能进行典型试验或运用计算机对有关方案进行模拟试验。

4）方案实施

方案确定后，就应当组织人力、物力及财力资源，实施决策方案。在决策实施过程中，决策机构必须加强监督，及时将实施过程的信息反馈给决策制定者，当发现偏差时，应及时采取措施予以纠正。如果决策实施情况出乎意料，或者环境状态发生重大变化，应暂停实施决策，重新审查决策目标及决策方案，通过修正目标或更换决策方案来适应客观形势的变化。实施方案应当具有灵活性。

5. 统计决策的原则

1）全局性原则

企业作为社会的一个组成单位，一方面，它是整个国民经济的子系统，要贯彻执行政府的有关方针、政策、法令、制度，适应社会的限制条件；另一方面，企业自身又是一个系统，企业的经营决策要保证总体优化，必须协调好企业内部各部门、各单位、各环节之间的关系，进行综合平衡。这是决策的首要原则。

2）科学性原则

决策是一个复杂的过程，必须遵循科学的决策程序，尊重客观规律，尊重科学，从实际出发，实事求是。要确定有效的决策标准，采用科学的决策方法，建立有效的决策体系，做好决策的组织工作。

3）满意原则

决策遵循的是满意原则，而不是最优原则。对决策者来说，要想决策达到最优，必须获得决策所需要的全部信息，拟订所有可能达到目标的方案，准确预测每种方案在未来执行的结果。然而，由于人的有限理性，这些条件都是无法达到的，现实情况决定了决策者难以做出最优决策，只能做出相对满意的决策，这就是决策的满意原则。

4）可行性原则

每项决策都会有若干条件的制约，必须从实际出发，使决策方案切实可行，提高效率，获得更多收益，避免浪费，减少风险程度。应采用定性和定量相结合的方法，认真进行可行性研究和分析论证，量力而行，选取切实可行的满意方案。

5）创新性原则

科学的决策，要求决策者既要有技术经济分析的能力，又要有战略眼光和进取精神，勇于开拓新路子，提出新设想，创造新方法。

6）经济性原则

经济性原则具体体现为决策的效益原则和节约原则。讲求效益是决策的根本目的。要把速度与效益、短期效益与长期效益、企业效益与社会效益有机地结合起来。节约原则有两重含义：决策过程所使用的费用最少；决策内容力求成本最低。

▶ 9.2.2 单目标决策

1. 非确定型决策法

非确定是指对自然状态出现的概率无法确定，即决策问题中涉及的条件有些是未知的。对其中有些概率分布未知的随机变量，要采取一些不必知道状态概率的决策方法。以下介绍一些常见的方法，这些方法只是决策者优选的原则，所选原则不同，得到的最优方案也不同。

1）悲观决策法（Max-Min决策法）

悲观决策法也称为"小中取大法"或"Wald法"，其基本思想是把事情估计得很不利（效益最小），最优方案则是从各方案的最坏情形中取一个最好的方案。

设有一非确定型决策，备选方案为 $A_i(i=1,2,\cdots,m)$，自然状态有 n 种，损益值为 $\theta_{ij}(i=1,2,\cdots,m; j=1,2,\cdots,n)$。若用 $f(A_i)$ 表示采取方案 A_i 时的最小收益，即

$$f(A_i) = \min\{\theta_{i1},\theta_{i2},\cdots,\theta_{in}\}, \quad i=1,2,\cdots,m$$

则满足

$$f(A_*) = \max_{1\leq i\leq m} f(A_i)$$

的方案 A_* 为最优。

2）乐观决策法（Max-Max决策法）

乐观决策法也称为"大中取大法"，与Max-Min决策法相反。Max-Max总把事情估计得最好（效益最大），最优方案则是从最好情形的各方案中取一个最好的方案。

若用 $g(A_i)$ 表示采取方案 A_i 时的最大收益，即

$$g(A_i) = \max\{\theta_{i1},\theta_{i2},\cdots,\theta_{in}\}, \quad i=1,2,\cdots,m$$

则满足

$$g(A_*) = \max_{1\leq i\leq m} g(A_i)$$

的方案 A_k 为最优。

这个原则是从最好情况着眼的、带有冒险性质的一种决策方法，它反映了决策者的乐观情绪。当决策者估计出现最好状态的可能性甚大，而且即使出现最坏状态损失也不十分严重时，可以采用这一决策原则。

3）折中决策法（Hurwicz 决策法）

折中决策法是决策者为克服上面完全乐观或完全悲观的情绪而采取的一种折中办法。根据历史经验先确定一个乐观系数 α ($0 < \alpha < 1$)，然后求每个方案的折中效益值 H_i，即

$$H_i = \alpha \min_{1 \le i \le m} \{\alpha_{ij}\} + (1-\alpha) \max_{1 \le i \le m} \{\alpha_{ij}\} \ (i = 1, 2, 3 \cdots, m; \ j = 1, 2, 3 \cdots, n)$$

最后比较多个方案的折中值，选择其中最大者所对应的方案作为最优方案。

显然，当 $\alpha=1$ 时就是悲观决策法，$\alpha=0$ 时就是乐观决策法。

4）最小遗憾决策法（Savage 决策法）

最小遗憾决策法又称"Min-Max 后悔值决策法"。其基本思想是将每种状态下的最优值（效益最大）定为理想目标，并将该状态下其他效益值与最优值的差称为未达到理想的后悔值，然后把每个方案的最大后悔值找出来，再从中找出最小值所对应的方案作为最优方案，即先求后悔值

$$N_{ij} = \max_{1 \le i \le m} (\alpha_{kj} - \alpha_{ij}) \ (i = 1, 2, 3, \cdots, m; \ j = 1, 2, 3, \cdots, n)$$

这样就构成一个后悔矩阵 $N = (N_{ij})_{m \times n}$，然后根据该矩阵选取每个方案对应的最大后悔值，最后从中选取最小值。

2. 决策树法

以上讨论的均是某一阶段的决策问题，当面对多阶段决策问题时，通常采用决策树法，其目标可以是最大期望值，也可以是最大期望效用。

1）决策树的含义

决策树又称"决策流程网络"或"决策图"，是把方案的一系列因素按它们的相互关系用树状结构表示出来，再按一定程序进行优选和决策的技术和方法。

2）决策树构成及符号说明

□——决策点。由它引出的分枝为策略方案分枝，分枝数反映可能的策略方案数。

○——策略方案节点，节点上方注有该策略方案的期望值。由它引出的分枝为概率分枝，每个分枝上注明自然状态及其出现的概率，分枝数反映可能的自然状态数。

△——事件节点，又称"末梢"。它的旁边注有每个策略方案在相应状态下的期望值（或损益值）。

3）决策树的计算

从右向左依次进行计算，在策略方案节点上计算该方案的期望值，而后在决策点上比较各策略方案的期望值并进行决策。

4）决策树进行决策和方案优选的步骤

第一步，绘制决策树图。

第二步，预计可能事件（可能出现的自然状态）及其发生的概率。

第三步，计算各策略方案的损益期望值。

第四步，比较各策略方案的损益期望值，进行择优决策。

判断准则：若决策目标是效益，应取期望值大的方案；若决策目标是费用或损失，应取期望值小的方案。

9.2.3　多目标决策

1. 多目标决策的特点

统计决策中的目标通常不会只有一个，以企业目标决策为例，企业不仅要追求经济目标，如利润等，而且要承担一定的社会责任，例如，保护生态环境，促进社区精神文明建设等，即还有非经济目标。很难想象，一个不顾社会公德、不顾消费者利益、只追求利润最大化的企业，能够在现代社会中生存下去。类似这样的企业目标决策问题等的决策问题均具有多目标特点，属于多目标决策问题。

多目标决策具有如下两个较明显的特点：

1）目标之间的不可公度性。即众多目标之间没有一个统一的标准。例如，提高经济效益与加强精神文明建设，经济效益提高的效果可以用价值量指标来衡量，而精神文明建设的成果则不能用价值量指标来衡量，因此，不同目标之间难以进行比较。

2）目标之间的矛盾性。某一目标的改善往往会损害其他目标的实现，例如，经济建设与环境保护等，经济开发往往会对环境造成破坏性影响。

常用的多目标决策的目标体系可以分为如下 3 类：

1）单层目标体系。即各目标同属于总目标之下，各目标之间是并列的关系。

2）树形多层目标体系。即目标分为多层，每个下层目标都隶属于一个而且只隶属于一个上层目标，下层目标是对上层目标的具体说明。

3）非树形多层目标体系。即目标分为多层，每个下层目标隶属于某几个上层目标（至少有一个下层目标隶属于不止一个上层目标）。

处理多目标决策问题，一般遵循以下两个原则：

1）在满足决策需要的前提下，应尽量减少目标个数。常用的方法有如下 3 种：一是除去从属目标，归并类似目标；二是把那些只要求达到一般标准而不要求达到最优的目标降为约束条件；三是采取综合方法，将能够归并的目标用一个综合指数来反映。例如，反映一个企业的经济效益，可以把各项反映企业经济效益的主要指标，如产值、利润率、资金利润率等，归并为一个类似于企业经济效益指数的综合指标。

2）分析各目标重要性的大小、优劣程度，分别赋予不同的权数。将注意力首先集中到必须达到且重要性大的目标，然后考虑次要目标。例如，一个连续两年亏损的上市公司，由于面临被摘牌下市的可能，可以将第三年的扭亏作为优先目标，将保护员工权益作为次要目标。

2. 多目标决策的方法

多目标决策问题一般属于复杂大系统的决策问题。解决复杂大系统决策问题是目前决策领域正在探索的较前沿的领域，目前较为成熟的方法有多属性效用理论、字典序数法、多目标规划、层次分析法。

1）多属性效用理论

多属性效用理论是反映决策者对备选方案属性偏好程度的一种多目标决策理论。它利用决策者的偏好信息，构造一个多属性效用函数，以更加准确地反映决策者对后果的偏好，并通过使多属性效用问题转变成单值问题，使求解更加简单。

2）字典序数法

字典序数法的基本概念比较简单。决策者首先对目标按重要性分等级，用最重要的目标对各方案进行筛选，保留满足此目标的那些方案，然后用次重要目标对已筛选方案进行再次筛选，如此反复进行，直到剩下最后一个方案，此方案即为该决策问题的决策方案。

3）多目标规划

多目标规划是规划论的一个分支，是在给定的约束条件下，使目标值与实际能达到的值之间的偏差最小。多目标规划中通常没有决策变量，只有目标的正负偏差变量。多目标规划的真正价值在于按照决策者的目标优先次序，求解存在矛盾的多目标决策问题。多目标规划可广泛应用于生产计划、财务决策、市场销售、行政管理、学校管理、医院护理计划及政府决策分析等许多方面。

4）层次分析法

层次分析法作为系统工程对非定量事件进行评价的一种分析方法。运用层次分析法解决问题，可以分为4个步骤：一是分解原问题，并建立层次结构模型；二是收集数据，用相互比较的办法构造判断矩阵；三是层次单排序及一致性检验；四是进行总排序和一致性检验，找出各个子目标对总目标的影响权重，并以此作为决策依据。

此处以供应链绩效评价为例来说明层次分析法在决策中的应用。纵观企业绩效评价的大量研究成果，不难发现，传统的企业绩效评价指标一般是基于功能的，主要体现在会计和财务指标上，注重的是对结果的反映。在评价过程中显得比较单一和被动。层次分析法正好弥补了这一缺陷，它首先将复杂的问题层次化，将问题分解为不同的组成因素，并按照因素的相互关联和隶属关系将其按不同层次聚集组合，形成一个多层次的分析结构。一般层次分析结构可分为目标层、准则层和方案层3层。现以基于顾客满意度的供应链绩效评价为例介绍层次分析的决策步骤。

（1）分解原问题，并建立层次结构模型。以顾客满意度为目标层（A），并根据企业生产的产品性质和特点，以及实现商业化的基本条件，将评价指标确立为柔性（B_1）、可靠性（B_2）、价格（B_3）、质量（B_4）这4个指标为准则层。接着将上述4个指标进行进一步分解，确立13个评议指标作为第三层。其中柔性包括产品柔性（C_1）、时间柔性（C_2）和数量柔性（C_3）；可靠性包括失去销售比（C_4）、准时交货率（C_5）和顾客抱怨率（C_6）；

統计学基础

价格包括平均单品促销率（C_7）和同比价格优势（C_8）；质量包括服务质量（C_9）、顾客满意率（C_{10}）、修退货率（C_{11}），差错率（C_{12}）和产品残损率（C_{13}），如图 9-1 所示。

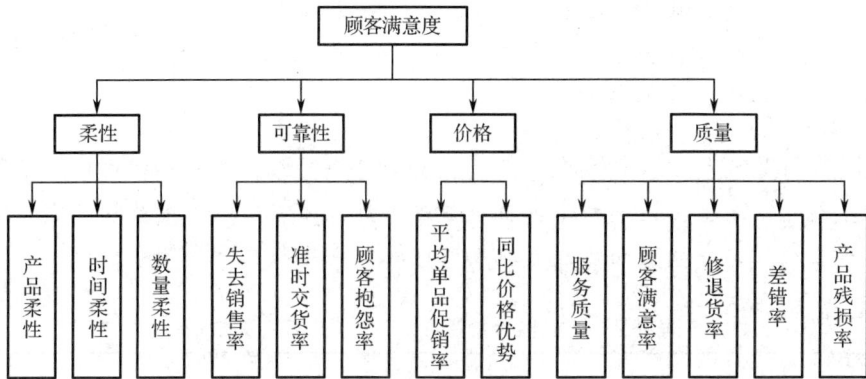

图 9-1　供应链绩效评价指标层次结构

（2）构造判断矩阵。AHP 方法的信息基础是判断矩阵，为了减少主观因素的影响，一般采用 Saaty 提出的"1～9 比率标度法"，如表 9-1 所示。根据各指标的相对重要程度，将隶属于同一指标的各指标进行两两比较，形成判断矩阵。如 B_{ij} 表示在隶属于 A_i 各个指标中，指标 B_i 对于指标 b 的相对重要程度。一般地，隶属于指标 A_l 的指标 $B_j(j=1,2,3,\cdots,n)$，其判断矩阵为 n 维方阵。通过专家、财务分析人员对影响因素的相对重要性予以量化，构成判断矩阵 A。各目标层对准则层的判断矩阵是由专家对各影响指标的相对重要性做出的评价，结果如表 9-1 所示。

表 9-1　判断矩阵标度

标　度　值	1	3	5	7	9	倒　　数	2,4,6,8
含义	B_i 比 B_j 同等重要	B_i 比 B_j 稍微重要	B_i 比 B_j 明显重要	B_i 比 B_j 强烈重要	B_i 比 B_j 极端重要	$B_{ji}=1/B_{ij}$	重要程度介于上述奇数之间

（3）单排序计算方法。利用排序原理，求得各指标排序矢量。排序计算的方法有方根法、和积法和幂法，此处采用方根法。其计算过程如下：

第一步，计算判断矩阵每行元素的乘积 M_i

$$M_i = \prod_{i=1}^{n} B_{ij}, i=1,2,3,\cdots,n$$

第二步，计算各行元素乘积 M_i 的 n 次方根 W_i

$$W_i = \sqrt[n]{M_i}, i=1,2,3,\cdots,n$$

第三步，将向量（$W_1,W_2,W_3,\cdots,W_n$）归一化，计算如下：

$$\bar{W}_i = \frac{W_i}{\sum_{i=1}^{n} W_i}, i=1,2,3,\cdots,n$$

第四步，计算判断矩阵的最大特征值 $\lambda_{\max}$：

$$\lambda_{\max} = \sum_{i=1}^{n} \frac{(AW)_i}{nW_i}, i = 1, 2, 3, \cdots, n$$

其中，$(AW)_i$ 为向量 AW 的第 i 个元素；矩阵 A 为 $[b_{ij}]_{n \times n}$。

（4）一致性检验。在评价的过程中，为了保证得到权重的合理性，必须对每个判断矩阵进行一致性检验，看是否满足

$$CR = \frac{\lambda_{\max} - n}{(n-1)RI} < 0.1$$

如果不满足，则应该对判断矩阵进行修正，直到满足一致性要求为止。式中 RI 表示平均随机一致性指标，其具体数值如表 9-2 所示。

表 9-2　随机检验指标在 1～9 阶矩阵下的数值

矩阵阶数	1	2	3	4	5	6	7	8	9
RI 的值	0	0	0.58	0.90	1.12	1.24	1.32	1.41	1.45

（5）总排序计算。对总排序指标的计算，采取自上而下的方法，将每个单一准则的权重进行合成，直到计算出最底层中各个评价指标的权重。

与其他方法相比，应用层次分析法对供应链绩效实施评价，能把复杂系统分解为各种组成因素，形成有序的层次结构指标体系，且大部分数据都可通过实际测得，能被决策者接受，对实施供应链管理有一定的借鉴意义。该方法除应用于供应链绩效评价外，在企业价值评价、供应商选择、零售商绩效评价、供应链风险评价等方面也有一定的应用。

9.3　Excel 在统计预测中的应用

9.3.1　Excel 在移动平均预测法中的应用

已知某企业某年前 11 个月的销售额如表 9-3 所示，现用移动平均法预测该企业这年第 12 个月的销售额情况。

表 9-3　某企业月销售额

月份	1	2	3	4	5	6
销售额	255	294.4	299.8	337.3	290.1	325.6
月份	7	8	9	10	11	12
销售额	320.2	364.3	354.6	328.4	345.8	

1. Excel 在一次移动平均法中的应用

Step 1 单击"工具"选项卡中的"数据分析"按钮，弹出"数据分析"对话框。在"分析工具（A）"列表框中选择"移动平均"选项，弹出"移动平均"对话框，如

图 9-2 所示。

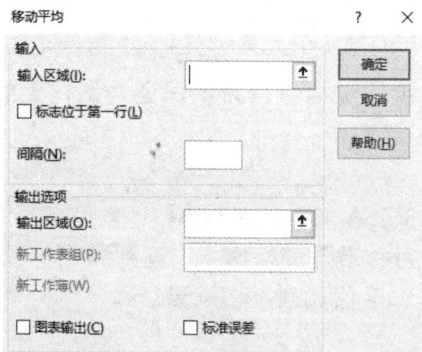

图 9-2 "移动平均"对话框

Step 2 在"输入区域（I）"文本框中指定统计数据所在区域 B1:B12；因指定的输入区域包含标志行，所以选中"标志位于第一行（L）"复选框；在"间隔（N）"文本框中输入移动平均的项数"3"（本例选取移动平均项数 $n=3$），如图 9-3 所示。

Step 3 在"输出区域（O）"文本框中输入输出区域左上角单元格地址 C3；选中"图表输出（C）"复选框。若需要输出实际值与一次移动平均值之差，还可以选中"标准误差"复选框，如图 9-4 所示。

图 9-3 输入数据

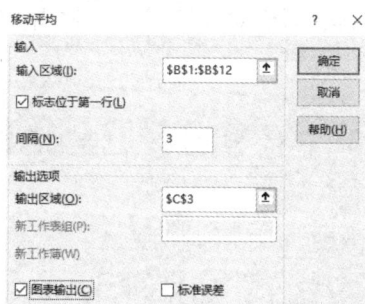

图 9-4 选中"图表输出"复选框

Step 4 单击"确定"按钮。这时，Excel 给出一次移动平均的计算结果及实际值与一次移动平均值的曲线图，如图 9-5 所示。

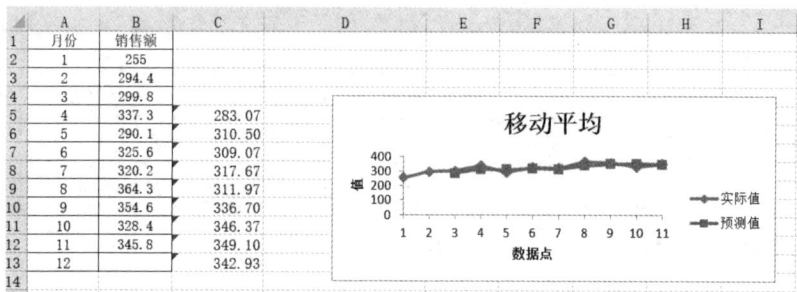

图 9-5 Excel 移动平均分析图

2. Excel 在二次移动平均法中的应用

二次移动平均法是以一次移动平均值作为时间数列，再计算一次移动平均值数列，在此基础上分析这两次平均值的滞后偏差，并利用其变化规律建立线性方程来进行预测的方法。这种方法适用于具有线性变动趋势的预测。

二次移动平均值一般不直接用于预测，而是利用它来求取线性预测模型的模型参数。线性预测模型为

$$\overline{y}_t = \frac{1}{n}(y_t + y_{t-1} + \cdots y_{t-n+1})$$

$$\overline{\overline{y}} = \frac{1}{n}(\overline{y}_t + \overline{y}_{t-1} + \cdots + \overline{y}_{t-n+1})$$

$$\begin{cases} a_t = 2\overline{y}_t - \overline{\overline{y}}_t \\ b_t = \frac{2}{n-1}\left(\overline{y}_t - \overline{\overline{y}}_t\right) \end{cases}$$

$$F_{t+m} = a_t + b_t mP$$

式中，m 为预测超前期数。

以上例数据为例，二次移动平均值的计算如图 9-6 所示（$n=2$）。

月份	y_t	$\overline{y}_t$	$\overline{\overline{y}}_t$	a_t	b_t
1	255				
2	294.4	274.7			
3	299.8	297.1	285.9	308.3	11.2
4	337.3	318.55	307.825	329.275	10.725
5	290.1	313.7	316.125	311.275	-2.425
6	325.6	307.85	310.775	304.925	-2.925
7	320.2	322.9	315.375	330.425	7.525
8	364.3	342.25	332.575	351.925	9.675
9	354.6	359.45	350.85	368.05	8.6
10	328.4	341.5	350.475	332.525	-8.975
11	345.8	337.1	339.3	334.9	-2.2

图 9-6 某企业销售额及其二次移动平均结果

利用直线方程即可计算未来某期的预测值。

$$F_{11+1}=334.96+(-2.2\times1)=342.93（万元）$$

9.3.2 Excel 在指数平滑预测法中的应用

某公司 2021 年前 8 个月的销售额资料如表 9-4 所示，用指数平滑法预测 9 月份该公司的销售额，$\alpha=0.8$。用 Excel 进行预测，具体操作步骤如下：

表 9-4 某公司 2021 年前 8 个月的销售额资料

月 份	实际销售额	一次指数平滑预测数	
		$\alpha = 0.2$	$\alpha = 0.8$
1	155	152.8	152.8

月　　份	实际销售额	一次指数平滑预测数	
		$\alpha = 0.2$	$\alpha = 0.8$
2	148	0.2*155+(1−0.2)*152.8=153.24	154.56
3	142	152.19	149.31
4	152	150.15	143.46
5	146	150.52	150.29
6	155	149.62	146.86
7	158	150.69	153.37
8	152	152.16	157.07
9		152.12	153.01

Step 1　单击"工具"选项卡中的"数据分析"按钮，弹出"数据分析"对话框。在"分析工具（A）"列表框中选择"指数平滑"选项，单击"确定"按钮，弹出"指数平滑"对话框，如图 9-7 所示。

Step 2　在"输入区域（I）"文本框中指定统计数据所在区域 B1:B9；因指定的输入区域包含标志行，所以选中"标志（L）"复选框；在"阻尼系数（D）"文本框中输入 0.2（本例选取阻尼系数=1−α=0.2），如图 9-8 所示。

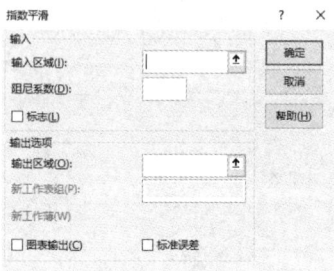

图 9-7　"指数平滑"对话框

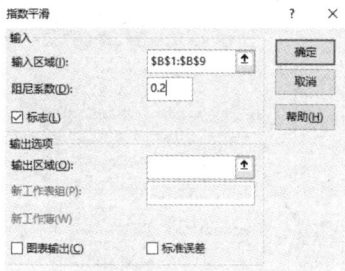

图 9-8　输入数据

Step 3　在"输出区域（O）"文本框中输入输出区域左上角单元格地址 C2；选中"图表输出（C）"复选框。若需要输出实际值与一次移动平均值之差，还可以选中"标准误差"复选框，如图 9-9 所示。

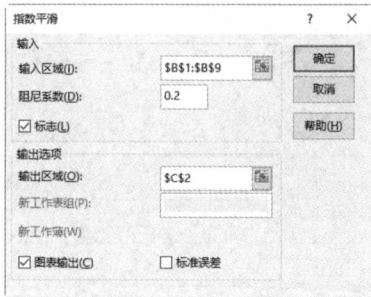

图 9-9　选中"图表输出"复选框

Step 4 单击"确定"按钮。这时，Excel 给出一次指数平滑法的计算结果及实际值与一次指数平滑预测值的曲线图，如图 9-10 所示。

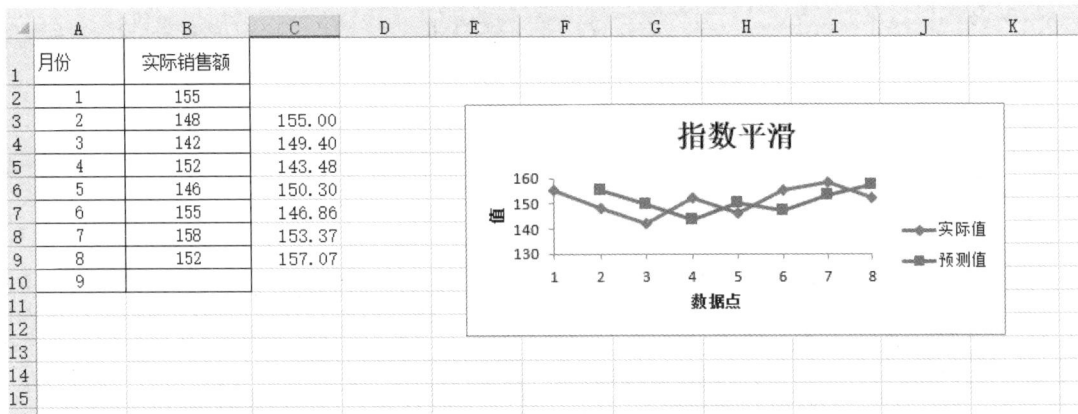

	A	B	C
1	月份	实际销售额	
2	1	155	
3	2	148	155.00
4	3	142	149.40
5	4	152	143.48
6	5	146	150.30
7	6	155	146.86
8	7	158	153.37
9	8	152	157.07
10	9		

图 9-10　某企业销售额一次指数平滑预测分析图

Step 5 第 9 期的预测值为 $\hat{y}_9 = 0.8 \times 152 + 0.2 \times 157.07 = 153.01$（万元）。

拓展实训

【实训目标】

通过实训，使学生初步了解统计预测与决策的相关知识，包括统计预测的方法、单目标决策方法及多目标决策方法等。

【实训内容】

了解并掌握统计预测与决策的方法。

【实训步骤】

（1）以 2～3 人为单位组成 1 个团队，设负责人 1 名，负责整个团队的分工协作。

（2）团队成员通过分工协作，多渠道搜集相关资料。

（3）团队成员对搜集的材料进行整理，总结并分析如何运用 Excel 完成统计预测与决策的工作。

（4）各团队将总结制作成表格，派 1 人作为代表上台演讲，阐述自己团队的成果。

（5）教师对各团队的成果进行总结评价，指出不足与改进措施。

【实训要求】

（1）考虑到课堂时间有限，实训可采取"课外+课内"的方式进行，即团队组成、分工、讨论和方案形成在课外完成，成果展示安排在课内。

（2）每个团队方案展示时间为 10 分钟左右，老师和学生的提问时间为 5 分钟左右。

复习思考题

1. 统计预测的概念是什么？
2. 统计预测的步骤有哪些？
3. 统计预测的方法有哪些？
4. 决策的步骤有哪些？
5. 统计决策的原则有哪些？

参考文献

[1] 田霞. 统计学入门：离真实世界更近的 91 个统计思维[M]. 北京：中国纺织工业出版社，2022.

[2] 刘泽. 统计学基础[M]. 4 版. 北京：人民邮电出版社，2022.

[3] 肖丹桂，郑敏华，毛莹，等. 统计学案例分析[M]. 武汉：武汉大学出版社，2022.

[4] 陈珍珍. 统计学[M]. 厦门：厦门大学出版社，2023.

[5] 贾俊平. 统计学基础[M]. 7 版. 北京：中国人民大学出版社，2023.

[6] 罗洪群，王青华. 统计学基础[M]. 3 版. 北京：清华大学出版社，2021.

[7] 王稼才. 统计学基础与应用[M]. 2 版. 合肥：中国科学技术大学出版社，2022.